古代の朱

松田壽男

筑摩書房

目次

古代の朱

古代の朱

はしがき

思いおこすと昭和四十五年の暮れのある日であった。かねて知っている大津輝男さんが学生社から私の研究室を訪ねてきた。こんど私が『丹生《にう》の研究――歴史地理学から見た日本の水銀』という書物を、早稲田大学出版部から出版したが、そのエッセンスを一般の人にも伝えたいので、一冊の書物にまとめてくれないか、という注文である。私はなんの気もなく引受けた。ところが定年退職ということもあって、忙しいままに私はこの仕事を放っておく。そして、ようやく出来あがったのが本書である。

だいたい『丹生の研究』は、日本として、いや世界としても、水銀を人文科学の対象として取扱った最初の書物だ。金・銀・銅・鉄などの歴史については、いくらも出版されている。しかし、同じ金属でも水銀は、縄文土器の時期いらい日本人の生活と密着していた。おそらく朱（硫化水銀）と砂金とは日本の石器人が最初に手にした金属だったといえる。それなのに研究書が一冊もなかったのは、いかにもふしぎに思われよう。それは、古代の水銀にかんする記録があまりにも乏しいからである。その記録を駆使するにはキメテが必要だ。そのキメテを工夫するには、従来の日本人の生活感情と因襲から、まことに困難だっ たのである。私が神社を史料に使ったことは、まったく戦後でなければ不可能であったろ う。

むかしから私はキメテを工夫するのが好きだった。記録がすくない時代や場所では、それが基礎作りになり、生命にもなる。そうした意味で水銀の史的研究は、私にはうってつけだったといえるかもしれない。だから、私は『丹生の研究』を出版してのちも、いろいろと考えて、本書では前著の所説をいちだんと徹底させてしまうことになった。ニウヅヒメ（丹生都比売）とニホツヒメ（爾保都比売）とを、同一神ながら、差異をはっきりさせることによって、丹生氏の植民的進出をひねりだしたのはその一例といえよう。

なにしろ記録がすくない。したがって神社を史料にした場合だけでなく、和歌も、コトバも歴史的に処理せねばならなかった。とくに水銀の検討には自然科学からの協力が絶対に必要である。この点で私は幸運に恵まれていた。私の研究を聞知された矢嶋澄策さん（早稲田大学客員教授、理学博士、日本で水銀の自然科学的研究者として第一人者）が分析を引受けて、私の人文科学からする検討を自然科学の面から裏づけてくださったのである。こうして私は全国をかけまわった。そして十五年以上も経過してしまったのである。古代の朱砂産地を捜して、ずいぶん山のなかまでいってみた。そのために各地の人にたいへんお世話になっている。この機会にもういちど感謝の気持を表明しておきたい。

ところが私の旅行もまた恵まれていた。なにしろ私が調査をはじめたころは、やれ道路とか、やれマンションの建設とか、日本の国土全体にわたって、さかんに掘返されはじめた時期に当っている。そのために人文科学では表土の観察がせいぜいなのに、なんとも好都合なことには、その土地土地で、土地の奥まで見透して試料を採ることができたわけだ。ある場所では山の上にテレビ塔が立つというので、その山肌に新しく道をつくる工事の最中であった。宅地造成のために、山を切りくずしていたところもある。新道建設中の場合も数しれず。それこそ水銀の研究にはもってこいの時期だった。いま行ってみると、たいてい草がぼうぼう。なかにはコンクリートでかためられて、土も見えない場所が多い。よくもよくも、よい時期に調査のほとんどを遂行したものよ、とわれながら感激することもしばしばである。

それに私の研究が開始されたころは、ちょうど微量分析が板についてきたときだった。いまではX線分析なども進んできたという。本文中にも書いておいたように、水銀はいままでのような一般の分析にかけると、飛んでしまって痕跡すら残さないものだ。朱砂や水銀は気化するからである。考古学者が「赤色塗料」なんてなまはんかなコトバを使ったり、「水銀はなはだしい場合には、北九州の彩色古墳の壁面に使われている赤色にたいして、「水銀に非ず」と断定をくだした学者もあった。みんな微量分析が発達していなかったせいだ。

矢嶋さんのような水銀の専門家が私の研究に握手してくれたおかげで、人文科学と自然科学との協力によって『丹生の研究』が生まれたわけである。むかしのコトバではないが、天の時、地の利、人の和のすべてが私に幸運をもたらしたことを、私は重ね重ね感謝せざるをえない。

なお、本書の挿図の大半は、私の調査ノートから直接に撮影したもの。この場合、調査の年月が大切であるから、それを一々註記しておいた。たいていその夜に宿屋で描き、かつ誌した。地形を立体式に表現したのは、環境の推理に必要だと認めたからにほかならない。

昭和五十年六月十九日

松田壽男

一　赤の世界

見落されていた朱砂

人間はまず石で道具を作った。それから金属の時代にはいる。この時代には青銅器の流行からはじまり、やがて鉄の使用を迎える。こういう人類の物質文明の進歩を原則として習われたことと思う。

しかし、ちょっと待ってほしい。人類の環境とその歴史的なあり方は、まったくまちまちである。石器時代から金属器時代への原則は崩れないにせよ、人間が長い石器時代のあげくに、銅や錫や亜鉛を発見し、それらを合金させて青銅を作りだす。その前に、場所によっては別の金属を知っていたのではなかろうか。

砂金と朱砂とはその候補としてまったくふさわしい。何よりも金色と赤色とは原始人の目を射る。だから産地では金や朱の使用がずいぶん古くから起っているにちがいない。その取引も早かったと思われる。

奥州にたいして「黄金花咲く」と形容されたのは、けっして空言でもないし、後世のオーバーな表現でもない。江戸時代ですら、吉野山から黄芽（黄金の自然に凝塊したもの）が出土した話が伝わっている。黄金や朱砂の産地では、今日から考えるとウソのように、あちらこちらに露頭があった。山奥の露頭部が流水のために削られ、それらが川に運びおろされ、川床の水速がゆるむ部分に堆積する。金属であるだけに、比重が重かったのが、そのおもな原因であろう。こうして川床のある部分に集まりつもった黄金や朱砂が、われわれの祖先の目をひかなかったはずはないであろう。

朱砂とは何か

朱砂は辰砂《しんしゃ》とか丹砂《たんしゃ》とか書かれる。それは水銀と硫黄との化合物（HgS）であって、じつに美しい赤色をかもしだす。現代の人たちの頭からすれば、朱は赤と黄とを混ぜあわせたミカン色。ヴァーミリオンである。しかしもともと朱は純粋な赤色。つまりアカ色の総称である。中国での最古の漢字とされる殷の甲骨文字で「朱」（）の字体を見るがよい。朱は牛（）のまんなかに一本の横棒を加えた形。すなわち牛を胴切りにした形なのである。そのときに吹きだす血の色でアカという色を示すなんて、まったく驚きだ。感覚の世界にまで立ち入っているではないか。また「見る」という五感に訴える行為にしても、甲骨文字ではみごとに表現されている。人間の頭を全部目にした形、つまりなのである。下部は人が座居した形、そして上部は目。この字形は目がタテになって、そのまま今日の「見」という字に移った。われわれが現在まで踏襲している漢字はこれほど高級なものである。古代世界では、象形文字は、他になお若干行われていたが、とてもそれらの及ぶところではない。

古代のアカ

原始日本人が使ったアカ色には二種があった。一は水銀系のアカ、つまり硫化水銀（HgS）。一は鉄系のアカ、すなわち酸化第二鉄（Fe_2O_3）である。水銀系のアカがすでに説明したように純粋のアカ色を呈するのに、鉄系のアカは俗にベンガラといわれ、やや黒ずんで紫色に近い。この鉄系のアカは古く「そほ」といわれた。古代の日本人は漢字を学んで「赭」という字をあてた。これにたいして水銀系のものは「まそほ」、つまり正真正銘のソホであるとし、「真赭」と表現されている。のちに、おそらく天平時代と推測されるが、鉛系のアカができた。化学的にいうと四酸化鉛（Pb_3O_4）である。いっぱんに鉛丹《えんたん》といわれた。鉛丹はまた黄丹《こうたん》と書かれているように、赤と黄の中間色で、俗にいうミカン色である。黄色味の強いアカであるし、このものそれ自体が自然の産物ではないから、これは問題にならない。

しかし後代の赤ぬりはたいてい鉛丹を使っている。広島近くの有名な厳島神社。安芸《あき》の宮島でも修理のばあいに朱の代用品として鉛丹を使ったようだ。海につき出した廻廊などで、朱塗りの部分と鉛丹で修理した部分とのツギメを見つけることは、さして困難ではない。それよりも、私が声を大きくして叫んでおきたいのは、こうして鉛丹が朱の代用品としてさかんに使用されて普及したために、朱にたいする日本人の感覚が変ってしまったことにほかならない。朱といえば、黄色味の強い赤色、つまり鉛丹色とする観念は、そこから出ている。

鉛系のアカ色（四酸化鉛）、つまり鉛丹を一に黄丹と称した点からしても、朱は元来が純粋なアカ色、そほにたいするまそほなのである。それを丹といった。われわれの祖先は、すでに縄文時代から土器や土偶に朱を塗った。古墳の時代になっても、その石室や石棺に朱を塗ったり、つめものに使っている。九州に多い彩色古墳でも、その石壁の文様に用いた。石壁のあのまぶしいような赤色は、朱砂を粉末にして塗りつけたものだ。

古文献中のアカ

その形跡は古典にも残っている。まず『古事記』から次の二カ条を注意しよう。一は神武天皇の話のなかにある。大和の宇陀（現奈良県宇陀郡）を統治していたエウカシすなわち兄のウカシ（宇迦斯）が、神武天皇つまりイワレヒコ（磐余彦）を謀略によって討ち取ろうとし、大殿のなかに押機《おしき》をしくむ。オトウカシすなわち弟のウカシがその謀計を知って、これをイワレヒコに密告する。その結果、エウカシは自分の仕かけた押機に打たれて死ぬ。その死体を斬ったところ、したたり流れた血が踝《くるぶし》を没するほどであり、いつまでもそれが消えなかったので、その土地を「宇陀の血原」とよんだ。

またもう一条は、息長帯日売《おきながたらしひめ》(神功皇后)に関する。その生んだ太子(応神天皇)が建内宿禰をつれて越前の敦賀に仮寓していたときの話である。太子は夜に夢のお告げで気比《けひ》の大神から入鹿魚をもらった。その入鹿魚が置かれていた海岸では、それが腐って血が流れていた。そこでその浦を「血浦」と称したという。

もうひとつ、『豊後風土記』の記事を紹介しよう。この書の大野郡のところに、九州を巡幸された景行天皇が土蜘蛛《つちぐも》を征服した話が見える。天皇はこの土地でツバキの木を伐って椎《つち》を作り、猛卒《もうそつ》にもたせて兵器として土蜘蛛を討った。このとき誅殺された賊兵の血が流れて踝を没するほどであったので、それによって「血田」の名が起ったと伝えられている(この話は『日本書紀』巻七の景行天皇紀にも見られる)。

まだ血坂とか血川などの例もあるが、これくらいにする。血原はいまの奈良県宇陀郡菟田野町の宇賀志に比定される。この地方にはたくさんの水銀鉱山が散在する。とくに菟田野町大沢にある大和水銀鉱山は有名だ。いまでも隣接する丹生谷には水銀含有の母岩が露頭しているところがある。おそらく宇賀志にはそのような母岩がまっ赤に野を染めて露頭していたので、これを血原とよんでいたのであろう。大和水銀鉱業所の井上純一所長は、大和水銀鉱山の母岩の傾斜度から見ても、宇賀志に露頭することは充分に考えられる、と私に教えてくれた。

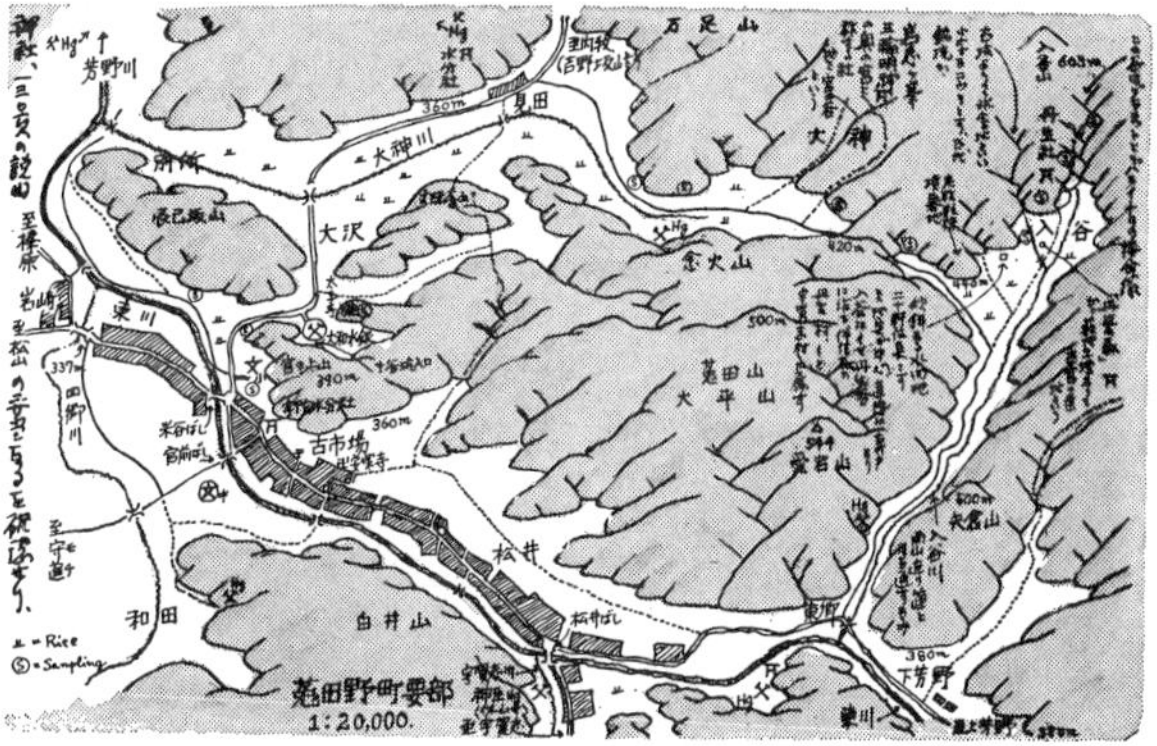

菟田野町の周辺（昭和38年7月29日）

血田も水銀産地である。豊後岡藩の唐橋世済（『箋釈豊後風土記』）は、海石榴市《つばきいち》と血田との条文は直入《なおいり》郡下に入れるべきもので、直入郡朽網郷稲葉村の海石榴山、柏原郷小塚村の田水の赤色なるもの、およびその北の蜘蛛塚などを指摘して、本文に錯簡《さっかん》ありとしている。しかしいずれにせよ、この両郡がひろがる大野川筋は、南に海部郡の丹生村があって、水銀の産地として有名である。北の大分郡には別府鉱山や別府の血の池地獄が水銀の産をもって知られる。大野・直入の両郡内では私も若干の古代水銀の産山を調査し指摘した。唐橋世済のいう田水の赤色なるものは、おそらく附近の朱砂露頭部から崩れ削られた朱砂が流水に運ばれ、その水の流れこむ部分であったか、あるいはその水田の床地が朱砂の露頭であったかの、いずれかであろう。

朱砂の露頭部から削り崩された朱砂が、河川を運ばれて海に流れこみ、河口部の海岸にたまる。この場合が血浦であろう。その赤さが人目をひいて、入鹿魚の血といい伝えられた。この伝承を記念した社が敦賀市に鎮座する気比《けひ》神宮。したがって社前の海浜がその血浦に当るわけだ。いま笙《しょう》川は敦賀市の主街で海に入る。しかしむかしの河口はだいぶ東に偏っていたようで、気比神宮の社前にあったらしい。この川が上流から朱砂を運んだのである。私が敦賀市の東部地区である高野、舞崎、大蔵の三地点で採取した試料は、すべて古代の朱産地だったことを明らかにした。また私は敦賀市在住の石井左近氏から古墳朱の分与をうけたが、金ヶ崎古墳や向出山古墳の石室に残っていたものはもとより、吉河《よしこ》古墳のものは五一・五%という高い数値を示した。

朱砂の産地

私は古代の朱砂産地を捜して、もう一五年も各地を歩きまわっている。そしてその間に三六五の地点でそれを確認した。日本という島は、まったく水銀鉱床の上に乗っているのではないか、と思うほどである。そのわけは古代の朱産地と確かめた諸地点は青森県から鹿児島県にわたり、全国的な分布を示すからである。だいたい水銀はガス状で地殻から吹きあがってくる。それが岩石の割れ目から地表にあらわれ、土壌のもつ硫黄分と化合して血のような赤色を呈するわけだ。

だから、朱砂は赤色の土壌として部分的に地表を染めたり、または粘土脈や石英脈、な

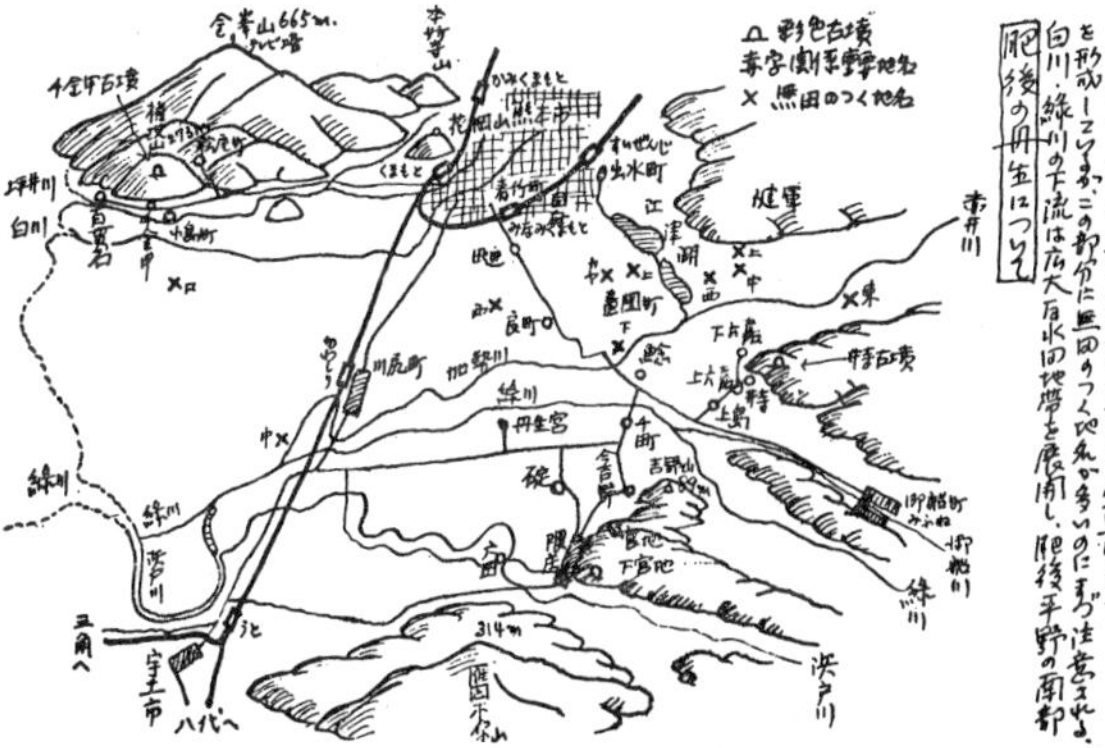

肥後・丹生宮の周辺（昭和40年8月9日）

いしは金・銀・銅などを含む母岩の割れ目などに岩石状になって見出される。そのうち赤色の鮮明なものを採って、古代人は土器や土偶に塗りつけて文様としたり、墳墓に使用したりしていたのだ。現在、実際に朱の使用を跡付けられる最古のものは、縄文土器や土偶であるが、その一例として津軽のものがある。あのみごとな赤色を示す文様は、津軽が古代の朱産地であったという事実からうなずかれよう。同じ青森県内でも東方に位する八戸市（是川遺跡）にもその形跡はみごとに残っている。そのほか群馬県や奈良県の古墳朱を調べてみると、やはり現地産の朱か、さして遠くないところに古代の朱産地が指摘される。九州の北部から中部にかけて数多く残存する彩色古墳。その石壁に文様を描くのに使われた赤色の塗料は、調べてみると、朱砂にちがいない。しかも福岡県田川市、大分県日田市、佐賀県神埼町、熊本市の南郊の城南町などに私は古代朱産地を確認している。ことに城南町には丹生宮という古代朱産地の名をいまに残す地名があるではないか。古代日本で使用された朱砂は、現地自給を建前としたといいきってよかろう。それならば、私たちの祖先が最初に利用した金属は朱砂と砂金とであったといえるではないか。

日本人の色彩感

あるとき、私は一人の有名な水彩画家（三浦巖氏）とお茶をのみながら、そのことに話がはずんでいた。

「日本人が最初に使いだした絵具は、朱であったといえるではありませんか」

「それならば、日本人の色彩は、もともとは赤の系列であったはずです」

「たしかに、そうでしょう。われわれ現代人の色彩は、なんといっても黒の系列です。それは、おそらく中国から墨画が学ばれ、文房具も墨を主としたために、長い伝統が作られてしまったせいでしょう」

「では、思いきって、いま黒の系列をはなれ、本来の赤の系列に立ち返ってみるのも、大切なことではありますまいか」

こうした会話のうちに、私は三浦さんを水銀鉱山に案内することになった。大和水銀鉱業所の所長井上純一さんの温かい配慮で、それは実現する。奈良県宇陀郡菟田野町は、町内に数カ所も水銀鉱山をもつ。もちろん現在では稼業中のものもあり、休山中のもの、あるいは廃山になっているばあいもある。大和水銀鉱山はそのうちの一つで、現在では北海道のイトムカ鉱山につぐ本邦第二位の生産を示し、外国産の朱砂から水銀をとる仕事も兼業している。

朱砂に魅せられて

「松田さんは、以前にも入坑されましたが、こんどはどうしますか。坑内の上り下りはずいぶん辛いですから」

と井上さんは私の体力に気をつかう。しかし即座に、こんどもぜひと答えるほど、私は水銀の原鉱がかもしだす美しい別世界に魅せられているのだ。

両壁は紅ひといろ。天井もまた紅ひといろ。足をのせている岩盤も紅ひといろ。カンテラの火は、まっかなトンネルを、どこまでも照らしていった。牛肉の切身さながらの、まだらな紅の縞文様もある。白い母岩にひとすじの美しい紅を刷《は》いた坑道も見られた。浦島太郎が竜宮城に足をふみ入れたときの感じは、さこそとしのばれる。

深遠な朱砂の色

朱砂とよばれる水銀の硫化物は、文字の上からはヴァーミリオンを思わせる。しかし実際はけっしてトキ色ではない。むしろ紅色であり、それもこの世のものとは思われない赤である。しかしよく見ると、そのなかにもいろいろな赤がある。三浦さんの絵具箱をひっくりかえして、赤系統のものを全部並べたてても、とうていこれには及ぶまい。三浦さんの眼で見分けたら、それこそ何百種かの赤になるであろう。しかもそれらがすべて、絵具などでは比較にもならないような、深みと潤いとに輝いているのだ。いかに人知が発達しても、とうていこのような生きた色は作れまい。しょせん人間は、やはり人間にすぎないのだ。

地下へ地下へと、次々につりさげられたようにつづく木の階段は、ハシゴの登り降りさながらの努力がいった。なかには、流れる水で小さな川となっているハシゴもある。カンテラをつけた鉄カブトは、坑道の天井をこすり、時にはひどく衝突して音をたてる。足も頭も油断はできない。鉱石をつんだトロッコが綱に引かれて楽々と、ゆっくり上っていくのを、うらやましく追いながら、ようやく坑道からはいだすと、そとの空気の甘さと、光の清さをしみじみと味わう。まぶしい。それにもまして、身につけた一枚の作業服の下は、全身が流汗でぬれきっていた。フクラハギはまだケイレンをつづけている。どうにもならない。鉱山の人たちは、それを「足が笑う」という。そう説明する井上さんでも、いかに馴れているとはいえ、多少は足が笑うらしい。

古代の赤の世界

古代の赤の世界について、三浦さんと話を混えながら、私の頭のなかには、敦煌《とんこう》の壁画が浮かんでいた。そのうちには北魏時代、すなわち四世紀から六世紀にかけての作品がある。表相が脱落してしまって、下塗りや素描が露出している部分が、かなり目につく。それらには赤色で描かれた下画の描線が見えている。このように下画を赤で描く方法は、インド起原と説明されているが、あながちインドにオリジンを求める必要があるであろうか。すくなくとも古代の日本人は、自然に産する朱砂をその周辺から採ってきて、それを顔料や絵具に使っていた。下書きをする素描にも黒い線よりも赤い線のほうが早かったのではなかろうか。もしそうだとすると、高野山で有名な赤不動の画（重文・高野山明王院蔵）なんかは、その系列の名残と見ることができそうである。

二　青丹よし

伝説と事実

神武天皇の伝説にかんして血原が語られた。血浦は応神天皇ないし神功皇后についての伝説に顔をだす。また景行天皇の九州めぐりに関連して血田があらわれる。しかも血原・血田・血浦はすでに観察したようにすべて朱砂の露頭や堆積であり、その発色が血に見たてられているわけだ。このように科学的な理由をもつにもかかわらず、それを伝えた話はすべて伝説とされて、歴史の材料にはされていない。なんとも割切れないではないか。

もっとも、『古事記』や『日本書紀』などは、いままで一度だって科学的な検証をうけずに、そのままで棚あげされてしまったではないか。つまりこれらの書物は、戦争が終るまで科学的研究なんかはタブーとされ、終戦とともに抹殺されている。しかし史家は、抹殺する前になぜこれらの書物の成立した事情をさえ調べることを怠ったのか。『古事記』は日本人が漢字を学び、漢文で表現できるようになった最初の書物であって、それ以前は語部《かたりべ》によって語り伝えられている。

たとえば、十数人の人たちが車座になって、そのうちの一人が隣りの一人に耳うちをしてある言葉を伝え、順々に進行して最後の一人がその言葉をみんなに告げる遊びがある。初めに伝えた言葉とたいへんちがっている場合が多いので、一座の人たちはおおいに笑う。語部はそういう危険性をもつ。

もちろん語部には、特別に記憶力のよい血統が選ばれていたであろうし、またそのような修練も忘れなかったろう。しかし、その語部に、この地点には朱砂が存在するなどと、教科書にでも出てきそうな事実を、そのままに伝えたにせよ、はたして子孫にどう伝わるであろうか。そこで一人の英雄をとりあげて、彼の行為としてかこつけてしまえば、その英雄のおかげでまがりなりにも事実は、口から口へとうけつがれていく。神武天皇とか、景行天皇とか、応神天皇とかは、こうして事実を保護する役目をもち、ひきあいに出されているだけだ。だから、事実を保護する英雄たちは、たんなる伝説だとして否定できるかもしれない。しかし、彼らにかこつけられた事実はどうするのか。

神武天皇の吉野巡り

もうひとつ、例として神武天皇の吉野巡りの話をとりあげよう。『古事記』に天皇が熊野から八咫烏《やたがらす》の導きによって宇陀に出られた一節をこう書いている。もちろん原文は漢文であるが、いまこう訳しておく。

故に、その教覚《みさとし》のままに、神のつかわした八咫烏の後《しり》に従って幸行されると、吉野河の河尻に到った。時に筌《やな》を作り魚を取る人があった。ここに天つ神の御子は「汝は誰か」と問われたのに対して、答えていうのに「僕は国つ神で、名は贄持《にえもつ》の子という」と（このものは阿陀の鵜養《うかい》の祖である）。その地より幸行されると、尾の生えた人が井のなかから出てきた。その井は光があった。ここに「汝は誰ぞ」と問われると、答えていうのに「僕は国つ神で、名は井氷鹿《いひか》という」と（このものは吉野首らの祖である）。そのまま山に入ってゆくと、また尾の生えた人に遇った。この人は巌《いわお》を押分けて出てきた。ここに「汝は誰ぞ」と問うたのに答えていうのに「僕は国つ神で、名を石押分《いわおしわく》の子という。いま天つ神の御子が幸行したのを聞いたので、参向したのみである」と（このものは吉野の国巣の祖である）。その地から穿越《うがちこえ》を蹈《ふ》んで宇陀《うだ》に幸した。故に（ここを）宇陀の穿《うがち》という。

ところが同じ話は『日本書紀』巻三にも見えている。しかしこれでは、いったん熊野から八咫烏に導かれて菟田（『記』の宇陀）にはいり、この地方の首領であったウカシを征服した天皇が、改めて菟田の穿邑《うがちむら》から出発して、吉野、国樔《くず》（『記』の国巣）を巡って阿太（『記』の阿陀）に至り、苞苴担《にえもつ》（『記』の贄持）の子に遇ったことになっている。まったく年次（もしあるならば）も違うし、巡幸の順序も違っているではないか。これは語部の記憶に差があっただけではすまされまい。思うに、『記』『紀』の間にこれだけの差があることは、天皇の吉野巡りの話が、それ自体に独立した話で、『記』『紀』のそれぞれが挿入する場所を異にしたためであろう。つまりこの話は、神武天皇にかこつけられた太古の吉野風土記ではないか。だから、主役の神武天皇の巡幸は、その土地土地の事情を保護して、後に伝えやすいようにしているだけのもの。したがってそれは伝説として排除されるかもしれないが、三地点の情勢だけは消し去ることができまい。

吉野族と国巣族

いま近鉄の電車が吉野口駅を後にして吉野川の畔に下ったところに大阿太《おおあだ》という一駅がある。阿陀(阿太)は、そのへん一帯にいた部族で、おそらく魚(鮎か)を貢納していたのであろう。そこから吉野川について上流にさかのぼると吉野の土地になる。吉野川の上流は現在の新子《あたらし》で二本に分かれる。伊勢への古い街道を導く高見川が、熊野への古街道を指向する吉野川の本流と合体してY字を描く地点に位する。そして、吉野川の本流すじが吉野族の、また高見川すじが国巣族の拠っていた部分と見なされよう。もちろん現在では谷道がバスを走らせているが、むかしはその谷が山の腰を深く切りさげていたので、人々は山にとりつくか、山腹の高地(九州でいうハル、原)に生活していた。その名残はいまでもこの地方のところどころに見うけられよう。

吉野に住む人たちはこのような生活をしていた。彼らは山仕事や狩猟に従い、あるいはやや山の傾斜のゆるやかな部分にアワなどを耕作していた。外界との交渉をつかさどる特殊な産物としては、鉱物の採取が行なわれる。それを、井戸のなかから出てきた人とか、岩を押しわけて出るとか形容したのであって、前者は鉱山の竪坑、後者は同じく横坑であったにちがいない。

だいたい神武天皇を天つ神の御子といい、阿太族や吉野族ないし国巣族の三人の酋長を国つ神としている点に注意すると、記紀の時代には、天孫族の祖先はすべて天つ神であり、それ以外のものは国つ神といわれたことがわかる。土着の大人であろう。とくに吉野・国巣の両族にたいしては、尾の生えた人と示されている。これは、異民族の形容であって、口から口に伝えやすいように、このような表現を使ったものらしい。

またこの一節に吉野首《おびと》があらわれているのも注意してよい。首《おびと》はオオヒトの短縮したもので、中国古代の大人つまり氏族や部族の長にほかならない。日本では漢字を学びとった結果、大人をそのまま採用してウシ、すなわちウジのカミにあてた。しかし記紀の時代にはもちろん純粋な氏族社会は崩れていたから、氏の上と同じ立場にある人を指し、またあるいは大人（ウシ）という尊称として使った。しかし大和朝廷の威光が及ばない異民族にたいしては、これを「首」という文字にして、その原始社会を伝えたのであろう。

吉野首と朱砂

こう見ると、『記』『紀』の伝承のなかには古い吉野地方の情勢がはさまれて、神武天皇の英雄話として保護されていると考えられるではないか。しかも問題を朱砂にしぼっていうならば、吉野首は光のある井戸から立ちあらわれている。これは朱砂を採取する竪坑であろう。なぜ、それがわかるのか。それは「其の井は光れり」といわれているからである。中国の最古の字典とされる『説文解字』（一〇〇年ごろの編集）に丹字を冃・⊍として掲げ「丹井」に象ったものと解されているように、日本でも朱砂は丹井つまり地表の露頭部からはじまり、露天掘の竪坑によって採掘されている。もちろんその竪坑が地下水位に達すると、湧水を排除する技術が未発達のために、竪坑そのものが放棄される。いままで採鉱に従事していた人たちは、他に地表の露頭部を捜し求めて移動しなければならない。それが丹生氏や井光氏の植民の原因になる。とにかく、こうして経営されていた丹井すなわち朱砂坑は、その壁面に自然水銀を汗のように吹きだしている。気温や地熱の関係などで、それがはなはだしい場合も珍しくない。その自然水銀は竪坑の底部にたまる。それはまさに光のある井戸ではないか。

　すでに説明したように、朱砂は縄文土器の時代からわれわれの祖先にとって生活に密着した鉱物であった。もちろんはじめは自然産の朱砂が利用される。水銀と硫黄とを化合させた人工のものではない。それにはいろいろな用途があった。

染料・塗料としての朱

はじめに染料や塗料の点から考えていこう。『万葉集』を見ると、それには「赤裳」(あかも)がさかんに出てくる。「紅の衣」(巻十九の上)とか「紅の玉裳」(巻七)という表現もあった。「紅に衣染めまく」(巻七)とか「紅に染めてし衣」(巻十六)の歌を見てもわかるように、赤色の染料を使っている。それは「紅の濃染の衣」(巻七、巻十一の上・下)や「紅の薄染衣」(巻十二の上)のように濃くも薄くも染められていた。ではその赤色の原料は何であったか。それには植物性のものが使われた。それと同時に鉱物性の染料も共存し、それが朱砂であったと推測される。

『日本書紀』巻七の景行天皇の条には、天皇の九州巡りにことよせて、豊の国(豊前・豊後)や火の国(肥前・肥後)の風土記が挿入されている。そのなかに、日向の中心部として天皇が思邦歌をよんだとある「子湯県の丹裳の小野」が顔をだす。これは『釈日本紀』巻八に引かれた『日向風土記』の佚文《いつぶん》にも見られる。子湯の県は現在でも宮崎県児湯郡にその名を伝える。そして丹裳の小野は、朱砂と関連ある地名であろう。この伝承地点の候補となるのは、児湯郡の新田《にうた》で、この附近を俗に新田原と称している。新田とは、けっして新しい田の意味ではない。この名はその土色から命名されたもので、この一画には地表に朱砂が露頭して、まっ赤な丘となっていたわけだ。新田と書きながらニフタと訓ませる例は全国にわたってけっして少ないとはいえない。そのうちにはこの場合と同様に、古代の朱砂の産地があった。だから、最近の町村合併の流行で、この新田は隣村の富田と合体して、新たに新富町を名のっているが、この新名称はまったく歴史を無視した無意味なものといえよう。

丹裳ということ

丹裳は丹つまり朱砂で染めた裳といういみである。『万葉集』にいう赤裳のうちには、鉱物を染料とするものがあったと推測した。これが木材に使用されたときには丹塗りといわれた。『古事記』の神武天皇の夫人イスケヨリ姫の伝説にかんして「丹塗の矢」がでてくる。また『万葉集』巻九には「さ丹塗の大橋」が見えるが、頭序に説明を加えてあるように、河内の大橋は朱塗りだったようだ。同じ『万葉集』の巻八・九・十三の下には『さ丹塗の小船」が見られる。「さ」は発頭語。これに関連して注意しておかねばならないのは、同じく巻十三の下(相聞)に、「難波の崎に引登る朱のそぼ船」があり、巻三の雑歌にも「朱のそぼ船」が見られることである。いったい「そほ」つまり万葉仮名で曾保(曾朋)と書かれたものは、漢字に直すと赭(ベンガラ)である。しかしこの両条とも「朱の」(原文では「赤の」である)と形容されているから、おそらく朱塗りの船であって、「さ丹塗の小船」と同じものを指すようだ。おそらく万葉時代の官船は朱塗りにして、一般と区別したものらしい。朱砂が朱漆として木材に塗布されていたことがわかる。むろん防腐の役目をも帯びていた。

「青丹よし」という枕詞

それにつけても、奈良の枕詞とされている「青丹よし」にもふれておきたい。もちろん枕詞は無意味に発生してはいない。『万葉集』の歌ですら二十余カ所もあらわれていることの枕詞は、巻三の大宰少弐小野老朝臣の、

青丹よし　奈良の都は　咲く花の　匂ふが如く　いま盛りなり

でよく知られている。おそらく原義は建造物の青色や赤色で塗装した美しい町にあったらしい。その赤色の塗料は朱砂から作られている。和銅三年の春三月に藤原の宮から奈良（寧楽）の宮に遷ったときの歌（巻一）に、

青丹よし　奈良の都の　佐保川に　い行き至りて　我が寝たる　衣の上ゆ……

とある歌を見ると、よほど美しく塗装されていたようだ。巻十七の下に見える「青丹よし奈良を来離《きはな》れ天離《あまざか》る鄙《ひな》……」を見るとその美しい町と田舎の村落とが対比され、巻十九の下の久米朝臣広縄の歌に、

青丹よし　奈良人見むと　我が背子が　占めけむもみぢ　地に落ちめやも

はモミヂの赤い葉で、赤や青に塗装されていて美しい奈良の町を思っている。

『万葉集』巻八の、

青丹よし　奈良の山なる　黒木もて　造れる宿は　座せど飽かぬかも

は、奈良の山から採った黒木で作った家屋に座っているわけだが、黒木にはいろいろと異説がある。しかし黒い座敷に座っていたことは事実で、そこに無意味に附加されている「青丹よし」という枕詞が生きているではないか。また巻十五の、

青丹よし　奈良の都に　棚引ける　天の白雲　見れど飽かぬかも

は、奈良の町に青や赤に塗られた建物が点在していたことを考えて、はじめて白雲が生きると思う。

三　まがね吹く

大仏誕生と水銀

「あまりにも有名な奈良の大仏さま。……お丈は一六・二一メートル。お手のひらには十人以上も人がのれるほどです。……」と美しい声で説明するバスガール。そして彼女はこうつけ加える。

「この仏さまは、お生れになってから、世の荒波にもまれて、いくたびか、いたみ傷つき、補修が加えられて、このお姿になったのでございます。しかし、はじめてできあがったときには、ぜんぶ鍍金《メッキ》してありました。ごらんください。今でもその痕跡が残っております」

これだけ大きな仏像を、造るだけでもたいしたこと。そのうえ鍍金をするとは、なんという大仕事ではないか。

今から一二〇〇年あまりのむかし。奈良が日本の首府であったころ。聖武天皇は仏教によって国家を鎮め護るという政策をとり、一国に一寺の割合で全国に国分寺を配置した。このときに東大寺は、その総元締の総国分寺として、天平十五年（七四三年）に、結構な姿を現わしたのである。この日本の宗教的センターには、栄えゆく仏教の国を表徴するかのように、金銅のビルシアナ仏が造られた。これが大仏さまのお誕生。金色に輝くお姿は、どんなにか美しかったにちがいない。

山のような大きい仏像に、どうして鍍金したのであろうか。奈良の大仏を造りあげるのに使った材料は、熟銅七三九、五六〇斤、白鑞（鉛と錫との合金）一二、六一八斤、錬金《こながね》一〇、四三六両、水銀五八、六二〇両、炭一六、六五〇斛《こく》と記録されている。そのうち、錬金と水銀と木炭が鍍金に用いられたもの。水銀五にたいして錬金一の割合でアマルガムをつくり、これを仏体の表面に塗る。そのあとで炭火で水銀を蒸発させてしまうと、純金が銅の肌にくいこむように、しっかりと附着する。なんとすばらしい化学の応用ではないか。これをアマルガム鍍金とよぶ。また後白河法皇のときに、東大寺が再興されたさいの記録には、

そもそも黄金ありといえども、もし水銀なければ、すなわち仏身は成りがたし。しかして伊勢の国の住人の大中臣は、水銀二万両を以て法皇に貢したてまつる。これすなわち彼の人の旧宅にて掘出されたるなり。

と書かれている。大仏のために伊勢産の水銀が多量に献上された報告にほかならない。奈良の大仏が金アマルガム法で鍍金されたことは、明らかであろう。

汗のように吹きだす水銀

水銀は、むかし「水がね」といわれた。この鉱物は、そのまま置けばコロコロところがる球体であり、器物に入れると器の形そのままになる。しかも水とはちがってたいへん重く、どんな重圧にも堪えるという、まるで人間の理想像をそのまま写しとったような、ふしぎな鉱物。その水銀の原鉱が朱砂なのだ。朱砂は赤色の土壌で、多くの場合は岩石状に塊となっている。あるいは粘土脈や石英脈ないし金・銀・銅などを含む母岩の割れ目に岩石状になって介在する。その朱砂が表面から汗のように水銀を吹きだすことも前述した。水銀はこうして自然水銀としてえられるわけだが、別に、朱砂から水銀をとるには、どうしたらよいか。朱砂（硫化水銀）を熱して水銀を気化させるのである。気化させたガスを水中に導くと、水銀は水中でコロコロと粒状になってしまう。空気中の酸素（O）をとって硫化水銀（HgS）のもつ硫黄（S）と化合させ、水銀を分離させるのである。この方法をエア・リダクションという。

伊勢の丹生大師の土釜

伊勢の丹生大師（三重県多気郡勢和町の神宮寺）には水銀の蒸溜に用いられた土製の釜が保存されている。この釜はいまから三百余年前に中国明朝の宋応星《そうおうせい》が著作した『天工開物』の丹青の項に見えている「升煉水銀」の図に見えるものと、ほとんど同じであるらしい。

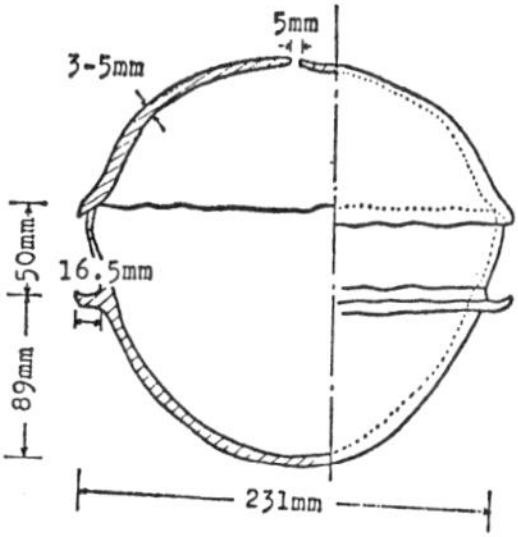

丹生大師の水銀の蒸溜に用いられた土釜（矢嶋氏復元）

『天工開物』の図

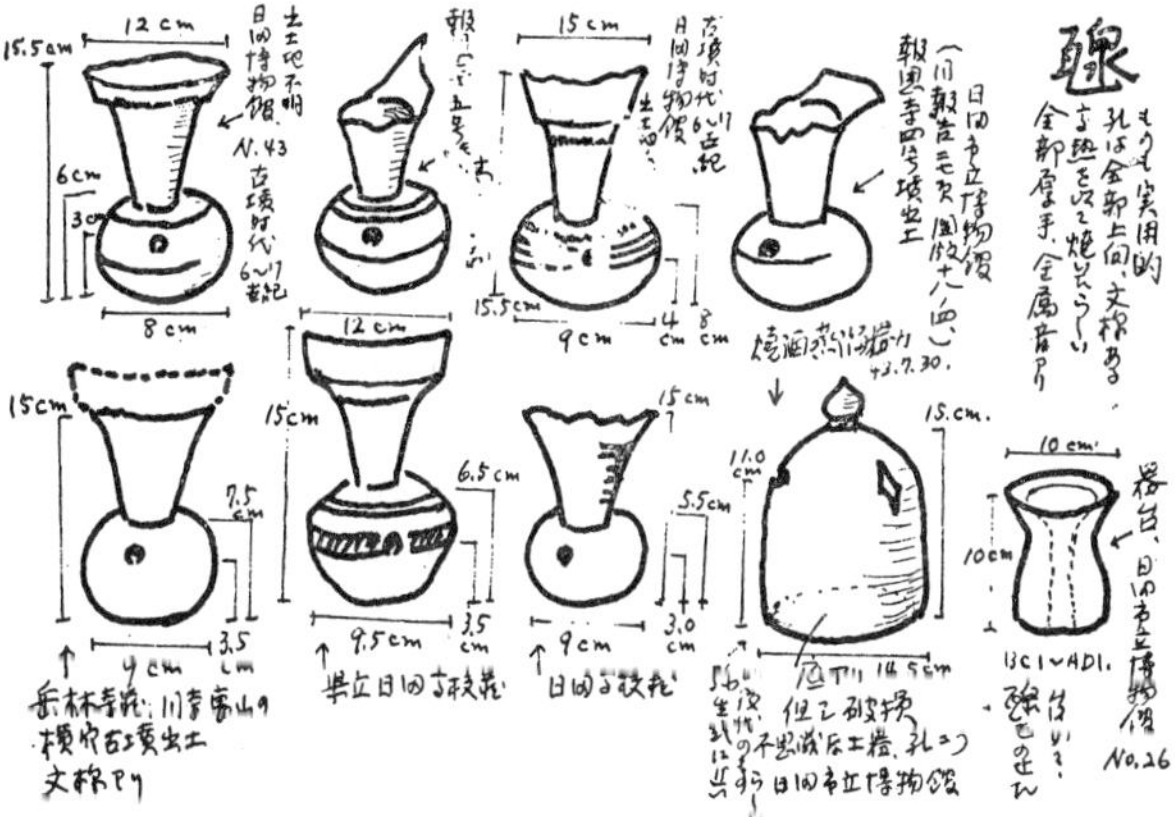

「はそう（𤭯）」の調査（昭和40年11月20日）

『天工開物』の説明文は、はなはだ難解であるから、一般に向くように大意をつかんで訳すと、こうなる。

およそ水銀を升煉するには、白味がかった品位の低い朱砂を用いる。これを水でこねて縄のようにし、とぐろをまかせ、三〇斤ごとに一つの釜にいれる。その上に別な一個の釜で蓋をし、その蓋釜の中央には小孔を残し、シックイで塗りかためる。別に弓なりに曲った空管《パイプ》をその小孔にとりつけ、末端までその空管に麻縄をビッシリとまきつけて、シックイで塗る。炭火が燃えあがったときに、その空管の末端を水をいれた瓶中にさしこむ。すると釜中の蒸気はすべて水中に導かれる。一〇時間のあいだ焼くと釜中の朱砂はすべて瓶中で水銀に変わる。

二つの土釜を上下から合わせ、それに火熱を加え、生じた蒸気を水中に送りこむところに秘訣があり、明らかにエア・リダクションではないか。『天工開物』には見えていないが、下部の朱砂をいれた釜には小孔があいていたはずである。それは丹生大師所蔵の蒸溜釜にはハッキリと認められるが、空気分解に必要な空気孔にほかならない。この点から太古に遡って考えてみると、それこそ考古学で扱っている「はそう」であろう。

はそう

「はそう」は𤭯と書く。古墳時代の須恵器の一種で、どれもがみな胴体がまるく、その球形の胴の中央部に一小孔があり、口縁が極端に広く作られているのが特色だ。もちろん祭祀用と実用とが区別される。とにかく今日でも正体がわかっていない。私はこれを古代の水銀蒸溜器と解している。だいいち胴の球体よりも口縁が広くつくられていることは、その上に蓋をしてシッカリと胴に密着させたことを思わせ、上部にのせた蓋釜には下部の胴体で気化したガスを水中に導く装置があったにちがいない。胴体にあけられた小孔はもちろん空気孔である。福井市本堂町から出土したハソウは明らかに実用品として再二使用されたもので、高熱で作製され、内部には朱砂が残留していた。祭事用のものは、これを薄手にして小形に作ってあって、ほとんど全国から出土している。いうまでもなく形だけ模倣すればよいのだから、低熱で作られ、装飾的な要素も加えてあるし、火にかける胴の球体だけでは安定が悪いから、底部に細工したものも多い。しかも、ハソウが実用にさかんに使用されていたからこそ祭具の一つに加えられたわけだ。反対に実用品は用途が用途だけに、壊れたら捨てる式となりがちであるから、残されたものが少ないだけであろう。

アマルガム精錬法

ただ自然水銀の利用だけでなく、こうして水銀は早くから作成されていた。その水銀を金・銀・銅などと任意の割合で合金するとアマルガムになる。この方法は古くから鉱物の精錬に使われた。金の場合を見よう。金の原鉱石といっても、混りものが大半である。これを粉末状に砕いて水銀を加えると、水銀は混りものとは合金しないから、金だけを選んで吸収した形になる。金のアマルガムだ。この餅のようになったアマルガムを炭火にかけて水銀を気化させてしまうと、金だけが残る。歯医者で虫歯の穴などに金アマルガムをつめ、ガスの熱で水銀をとばせ、金の充塡をすることは、どなたも経験されていると思う。この理窟である。金の精錬には現在いくつかの方法が用いられているが、古代日本人がこのアマルガム精錬法を知っていたことは、まさに驚きというほかはない。もちろん鍍金にも前に説明したように金アマルガムが用いられていたのだ。

東歌の中の丹生

われわれの祖先がこのように化学的だった形跡は、もちろん記録には直接見えていない。しかし『万葉集』の歌のなかに、それとなく詠みこんでいる。意識しないでそれを詠んでいることが、じつに歴史的に貴重なのだ。同書の巻十四、東歌のなかに、

まがね吹く　丹生のまそほの　色に出て　言はなくのみぞ　我が恋ふらくは

とある一首がそれ。東歌であるから、これは東国でよまれたものだ。丹生が朱砂、つまり丹《に》を産出する地点であることは、中国古代の四川省のことを書いた『華陽国志』という本のなかに、いまの四川省黔江県のことを丹興県としているのとまったく同じである。丹興県とは烏江（黔江）の本流をやや遡った地点で、朱砂の産地であるから、「に」が生ずる県

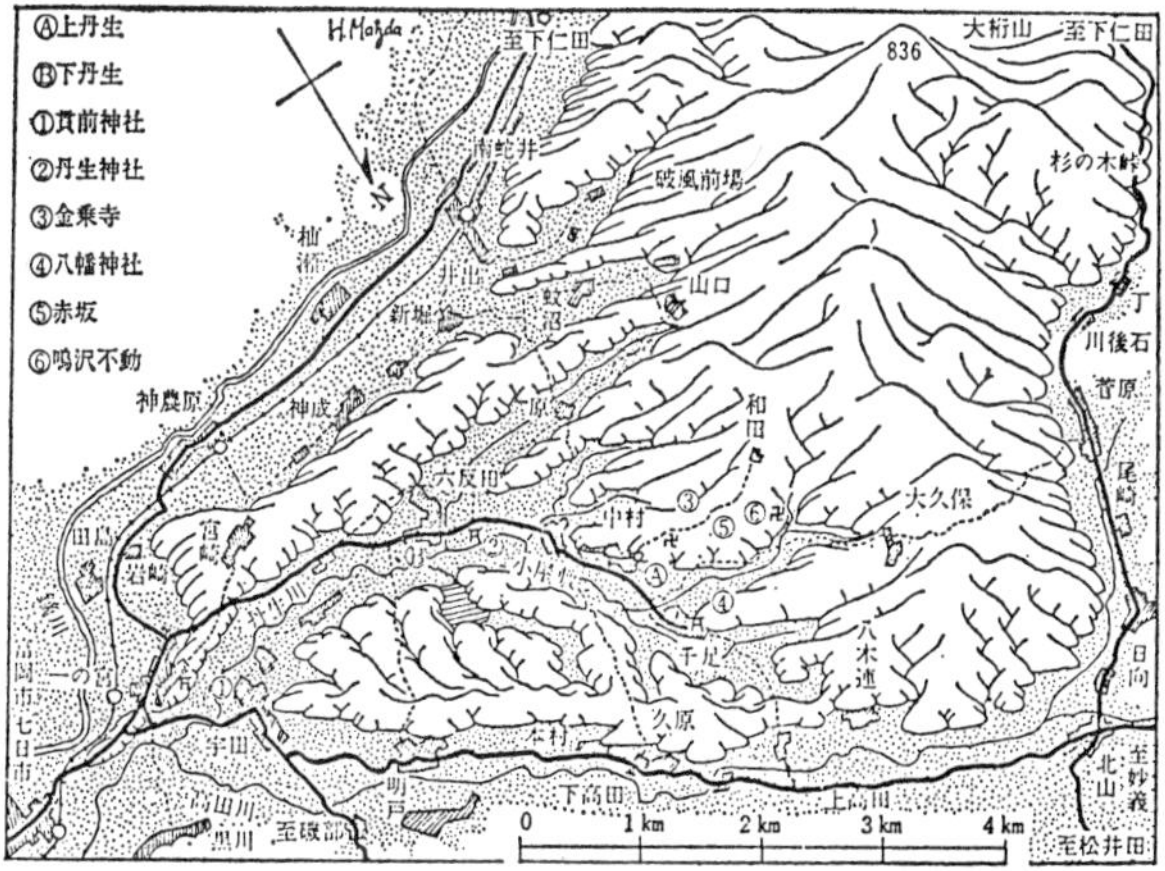

群馬・丹生の調査（『丹生の研究』222頁より）

の意味にほかならない。日本にも、丹生という地名が今日でもなお諸国に四十あまり残っている（後章の丹生の表を見よ）が、私の調査した限り、ことごとく朱砂の産地であった。ここにいう丹生は、おそらく群馬県甘楽郡丹生村（いまでは富岡市の下丹生と上丹生となっている）だろうと思われる。この村の中央には丹生神社があって、社傍の大樹の下には『万葉集』のこの歌が石に刻まれて立っている。

いうまでもなく、古代の記録は、平城京とか平安京といった都市中心に書かれ、しかも上層階級を主として取扱ったものだから、丹生は朱砂の産地であるなどと説明した記事は残されるはずもない。ただひとつ『豊後風土記』のなかに、いまの大分市坂の市の丹生について、ここから朱砂が採取されると告げてあるのが、せいぜいの手がかりだが、このほかにもうひとつ、作者が意識しないでそのことをよみこんだ歌がある。すこし時代が下って恐縮だが、足利八代将軍義政のころ、和歌の名人といわれた釈正徹（俗名は紀清巌で、招月と号した）の歌集である『草根集』の巻十一に、「名所杣」と題して、

ねを絶えて　消えぬ立木も　あれぬべし　水の金ほる　丹生の杣山

とある。この歌は享徳三年（一四五四年）のもので、水の金とは「みづがね」つまり水銀のこと。それが丹生で掘られていたことをはっきり伝えているではないか。

万葉の「まそほ」

また「まそほ」については、さきほど「そほ」と比較して解説しておいたが、赭《そほ》に対して朱砂を真赭と書く。だから問題としてとりあげた万葉の一首は、丹生から産出する朱砂のように真赤な顔になったから、口に出していわなくても、自分が恋をしていることは、おわかりでしょう、という意味である。だから歌そのものは、たとえば同じ『万葉集』の巻十一に

白真砂　三津の埴生の　色に出て　言はざるのみぞ　我が恋ふらくは

と見えている歌と比べてみても、まったく類型的なもので、いっこうに秀歌とは思えない。しかしそのなかによみこまれている事実についていえば、それこそ『万葉集』で一、二を

競うほどの貴重な一首としなければならない。

ついでながら、問題の歌と比較するためにあげた一首について、すこし論じておきたい。『万葉集』の大和仮名を後世の漢字混り文に改めるのにかなり無頓着な点である。いまの一首には「三津の埴生」とある。その原文は「三津之黄土」であって、黄土は粘土を表示したものと思われるから、訓字は埴生にちがいない。『万葉集』巻七の雑歌には「岸の埴生」が二首見え、そのいずれもが原文「岸之黄土」である。ところが同じ巻を見ると「彼方之赤土少屋爾」を「遠方の埴生の小屋に」云々とし、ここでは埴生を赤土の訓に使っている。赤土は粘土ではあるが色がちがう。それは赭《そほ》にほかならない。また同書巻七の雑歌のなかに「大和の　宇陀の真埴の　さ丹著かば　そこもか人の我を言はなむ」という一首がある。真埴と訓じられた原文は「真赤土」で、これはまさに真赭《まそほ》だ。宇陀の朱砂についてはすでに血原の部分で、その産出をはっきりさせた。だから「宇陀の真埴」は「宇陀の真赭」と改めねばならない。また「遠方の埴生の小屋に」は「遠方の赭《そほに》の小屋に」と訓ずるのが正しいであろう。埴生《はにう》の乱用なのである。『万葉集』に訓字をつけた時代の化学的知識を改めて考えさせられるではないか。

「まがね吹く」ということ

そこで、いよいよ『万葉集』の問題の一首にもどろう。この一首のだいじな点は丹生の朱砂だけではない。いままでわざと触れずにおいた「まがね吹く」という枕詞にもある。これは難解だ。それというのも、いままで「吹く」の解釈が決まっていなかったからである。「吹く」とは吹きわける、すなわち金属を精錬することである。それでは「まがね」とはいったい何か。これには真金という字が当てられている。

誰でも知っているように、『万葉集』の研究は江戸時代にさかんになったもので、契沖の『万葉代匠記』、橘千蔭の『万葉集略解』、あるいは鹿持雅澄の『万葉集古義』など、いくたの傑作を生み、それらは今日もなお万葉研究の基礎となっている。ところが、このときに、さすがの国学者たちを困らせたのは、この「まがね吹く」という枕詞の解釈であった。困ったあげくにかれらは、『古今集』の巻十一に、

まがね吹く　吉備の中山　帯にせる　細谷川の　音のさやけさ

とある一首に思いあたった。この歌もじつにつまらない歌で、ペンキで描いた風景画を思わせるような、およそ近代のセンスとは縁の遠いものだ。そのうえにこの一首は剽窃《ひょうせつ》もので、いわば泥棒版なのである。それは『万葉集』巻七の雑歌に収められている、

大君の　三笠の山の　帯にせる　細谷川の　音のさやけさ

と比べてみるがよい。詠者の創意は「まがね吹く吉備の中山」だけになってしまう。とんでもない歌なのだ。しかしこの『古今集』の一首に接したかれら、おそらくは契沖あたりは、大喜びだったようだ。

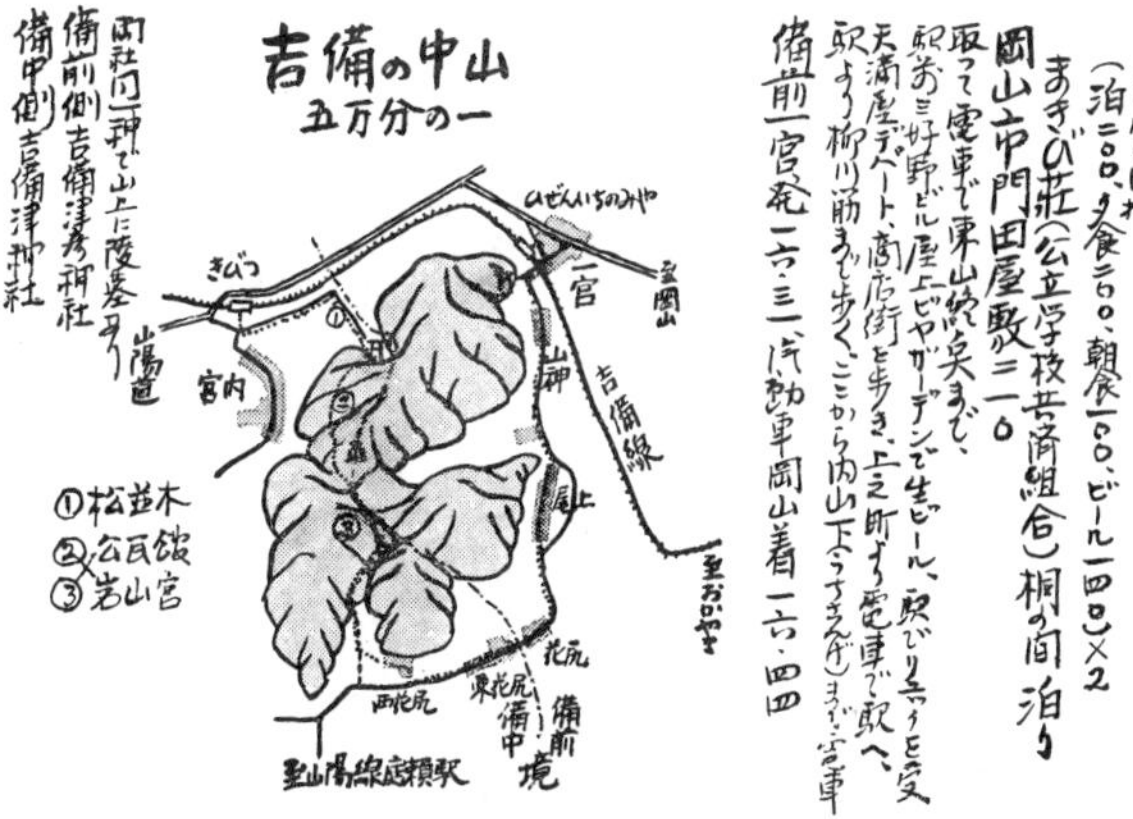

吉備の中山の調査（昭和34年 8 月 4 日）

朱砂の産地だった吉備の中山

吉備はいまの岡山県に広島県の東部を加えた地域を指す。現在の岡山駅から吉備線の列車で西北に二〇分ほど走ると、吉備の中山とよばれる低い独立の山が畑の上に島のように盛りあがっている。もちろん大むかしは瀬戸内海の一島であったにちがいない。そこで契沖たちは調べてみると、吉備の土地ではむかしから砂鉄の精錬がさかんであったことがわかった。その吉備の砂鉄工業を直ちに吉備の中山と結びつけてしまって、膝をたたき、「まがね」とは鉄であると断定してしまった。したがって、むかし丹生で鉄の精錬が行なわれたから、このような枕詞ができ、それが吉備の中山にも適用されたのだといいだし、この解釈がそのままそっくり昭和の今日まで通用している。私が調査した限り、吉備の中山は高品位の朱砂の産地であるが、鉄の気はみじんもない。しかも鉄の精錬と丹生産の赤土、すなわち朱砂とがどういう関係にあるのか、誰ひとり疑っていない。どうしたことか。

そのうえ、まだおかしなことがある。考えてみるがよい。『万葉集』と『古今集』とでは時代が離れているではないか。もちろん『古今集』のほうが百五十年くらい後世の編著だ。この長い時のひらきのうちに、いくらむかしはテンポが遅かったとしても、世の中は変ったであろうし、コトバのもつ意味やニュアンスが変らなかったとはいえないであろう。そのような点をまったく考慮しないで、後代の和歌にあらわれたコトバの解釈(それもいいかげんな代物だ)をとりあげて、百五十年も前の万葉の歌にあててよいだろうか。

まったく非科学的方法といわねばならない。それだけではない。まがねは真金と書くように、ほんとうの金、正真正銘の金ということであり、鉄はクロガネ、銀はシロガネ、銅はアカガネ、鉛はアオガネでどれもが、その条件にはまらないではないか。だから、江戸時代の国学者のうちにも、このコトバをすなおに解釈して、まがねを黄金だとした人もあった。鹿持雅澄と上田秋成とがそれ。しかし両人とも「吹く」という冶金用語がじゅうぶんに理解できなかったために、せっかくの着想も埋れてしまったのである。というよりも、契沖や橘千蔭が時流に乗って、かれらの解釈がそのまま明治・大正・昭和と押し通ってしまったといえるであろう。

驚くべき朱砂の知識

その原因は何か。それこそ江戸時代このかた国学者はもとより、一般の和歌ファンに、鉱物なり、冶金なりの知識が欠け、とくに水銀（水がね）や朱砂（まそほ）にかんする知識はゼロに近かったためと判断される。「まがね吹く丹生」の一首が示す群馬県の丹生も、また「まがね吹く吉備の中山」と詠まれた岡山県の一地点も、ともに有数の朱砂産地であったことを、見おとしてはなるまい。

朱砂から採った水銀が、黄金の精錬にも、また黄金の鍍金にも、欠くべからざるものであったことは、すでに説明をした。いや、こんな論議をするよりも、万葉の歌人がやはりその証拠を残しておいてくれたのに注目しよう。『万葉集』巻十六に二首を見出すことができる。

仏造る　まそほ足らずば　水溜る　池田のあそが　鼻のへを掘れ

何処にぞ　まそほ掘る岡　こもたたみ　平群《へぐり》があそが　鼻のへを掘れ

がそれである。この二首はまったく同趣の比喩歌だ。「水溜る」は池田の、「こもたたみ」は平群の、それぞれ枕詞であって、池田という人の、また平群という人の鼻の赤いのをからかった、じつに失礼千万な歌である。つまり、仏像を造るのに朱砂が不足だったら、池田さんの鼻のあたりを掘りなさいとか、朱砂を採掘する山をさがしているのならば、平群山に見たてているのだ。とくに前の一首は、仏像を造るのに朱砂が必要であったことを明らかにし、当時水銀による黄金鍍金の方法が行なわれていた事実を告げているではないか。事実をまったく意識もせずに比喩に使っている点に最大の史的価値を見出す。

たしかに万葉の時代に、われわれの祖先はアマルガム鍍金法を知っていた。同じ時代の日本人がアマルガム法による黄金の精錬を行なっていたことも、けっしてふしぎではない。問題の「まがね吹く丹生のまそほ」はじつにこのことを指している。すでに七、八世紀ごろの日本人が、鉱物を処理するのに、これほど進歩した、そしてりっぱな技術をもっていたことは、まったく驚くべきではないか。『万葉集』から私が引用した問題の一首は、その記念としても類のない貴重なものといえるであろう。

四　丹薬と軽粉

中国の知識

日本人は、これほどのむかしに、これほどに進んだ鉱物とその処理にかんする知識をもっていた。それなのに江戸時代にはまったく逆になってしまった。どうしてだろうか。この疑問は誰の頭にも浮かんでくるであろう。それには、日本と大陸との関係、とくに中国との問題から推測していかねばならない。

水銀に限っていえば、中国ではその知識はじつに古い。いまから三千年くらい前の殷の時代に、戈という武器の刃に朱が塗られている。その遺物から見ても明らかに祭祀用であるが、その刃に朱を塗って血になぞらえているのである。紀元前四世紀から紀元前三世紀のなかばにかけての戦国時代には、黄河の流域を中心としていた漢民族が、秦嶺をこえて四川盆地に拡大した。このとき入植した中国人（漢民族、そのころは夏人といったらしい）のうち、四川盆地から鉄を採ったり、朱砂を採ったりして大富豪になった人もあった。有名な司馬遷の『史記』は貨殖列伝という特別な一章を設け、そのなかで片鱗を伝えた。同じ書物の封禅書には、著者の時代すなわち前漢の武帝のとき（紀元前二世紀末から紀元前一世紀のはじめ）に、李少君という方士があって、武帝に上言している。そのなかには丹砂（朱砂）が化して黄金となること、つまりアマルガムのふしぎを述べ、また三世紀後半の張華は『博物志』のなかで「丹朱を焼けば水銀を成す」といっている。

丹砂を治して変化させると黄金がえられることを「黄冶」といい、この言葉は後漢の班固が撰した『前漢書』の郊祀志に谷永が前漢の成帝に上言したものとして見えている。古代中国人は朱砂と水銀とのエア・リダクションを知っていたではないか。私は、アマルガムのもつ秘密こそ、錬金術を解くカギだと思う。ところが、ヨーロッパでは、アマルガム法による黄金の精錬や鍍金を後世まで知らなかったから、錬金術はただふしぎな術とのみ映じていたのであろう。

水銀は毒か薬か

ところが、古代中国人は水銀を薬用に使っていた。最近の日本人は、水銀を頭から毒物ときめてかかって、水銀と聞くとふるえあがる。これは水銀に有機水銀と無機水銀とが存在することに気がつかないからだ。なるほど有機水銀は毒性が強い。しかし無機水銀は朱砂から蒸溜するときのガスが人体に悪い。水銀鉱山で長く朱砂を採掘している人たちは骨ガラミのような症状を呈する。それは毎日鉱坑にはいって、朱砂からのガスを知らず知らずに呼吸しているためで、治療法は考案されていると聞く。しかし朱砂は、それ自体を適量に用いると新陳代謝をすすめる。つまり悪い細胞を殺して、新しい細胞を増やすことになる。そのことが水銀を不老長寿の薬とするゆえんであろう。だから中国ではこれを丹薬と呼んで、むかしから道士の秘術となっていた。しかし、丹薬を作るには水銀の蒸溜からはじめねばならない。このときのガスは有毒であるし、水銀も適量を越すと毒になる。この理窟で調理の方法を誤り、死をいたした道士の話はいくつも知られているし、帝王や貴族でそのために死んだ話も伝わっている。不老長寿、無病息災にあこがれつつ、延命の薬を使用しながら、かえって生命を失うとは、何とも皮肉ではないか。

水銀が悪い細胞を殺すことは、外用としても使われた。後に述べる「水銀おしろい」がそれである。シミやソバカスを消し去って、「色白くなる」のは、悪い細胞をとり、新しい細胞に代えるからであろう。黒竜なんて銘を打った水銀おしろいが最近まで存在したが、おそらく水銀で作った最後の商品であろう。またわが国では仁丹とか宝丹とか清心丹とか名づけられた口中にふくむ清涼剤がある。商品名の最終につけられている丹の字は、丹砂つまり朱砂の意味で、円とか丸とかという球体を指してはいない。これらはむかしの丹薬に系統をひく薬品で、朱砂でコートしてあった。それが明治の初年に水銀の薬用が禁止され、現在のような色になったと聞いている。日本でも古くから中国の丹薬の影響は強かった。真言修験の道者はそれを売って糊口を凌いでいたのではないかと思っているが、それについては他日研究がまとまったら発表したい。

中国の丹薬

とにかく中国で薬として水銀や朱砂を使用するのはたいしたものであった。五三六年に没した梁の処士の陶弘景は、むかしから伝わっていた『神農本草経』を現在の姿としたときに、丹砂には、

舌で試薬してみると、甘くてちょっと冷い。山谷から産出される。身体や五臓の病を治し、精神を養い、魂魄を安んじ、気力を益し、眼力を強くする。モノノケや邪悪の気を殺し、長い間服用していると神明の不老に通ずる。よく変化して汞（水銀）となる。

と説明し、また水銀については、

舌で試薬してみると辛くて冷い。平土で産出される。疥瘙・痂傷・白禿を治す。皮膚のなかの蝨蟲を殺す。胎子を堕す。熱を除く。金・銀・銅・錫の毒を殺し、鎔化して丹（丹砂）に還復する。長い間服用していると、神仙となり死なない。

として薬の性質や薬効を述べている。そののち唐朝のときに『新修本草』が勅修されたときには、主筆であった蘇敬らは丹砂を玉石部の上品（第一級品）とし、水銀をその中品（第二級品）に加えた。宋朝のときになると、『図経本草』や『証類本草』が出版されて、生薬の全盛時代の到来を思わせたが、このときも格差は変らず、丹砂（朱砂）が玉石部上品七

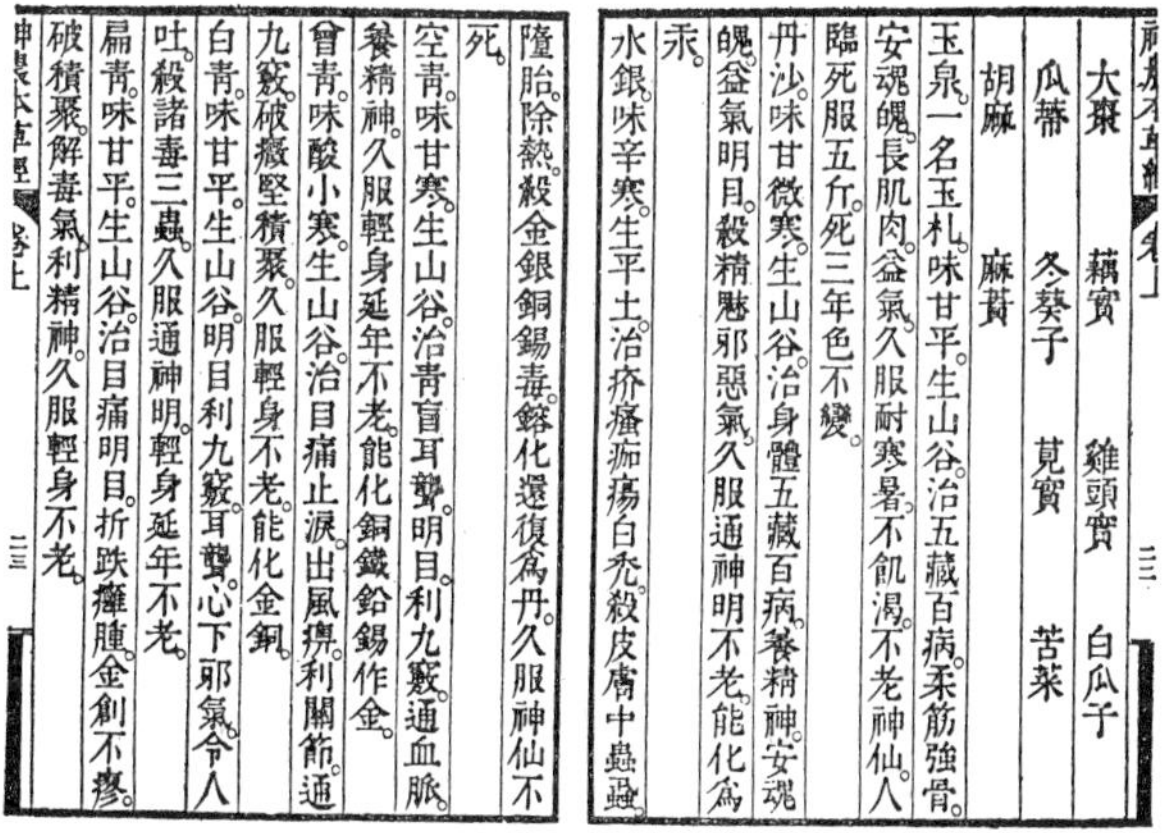

神農本草經　卷上　三
大棗　藕實　雞頭實　白瓜子
瓜蔕　冬葵子　莧實　苦菜
胡麻　麻蕡
玉泉一名玉札味甘平生山谷治五藏百病柔筋強骨
安魂魄長肌肉益氣久服耐寒暑不飢渴不老神仙人
臨死服五斤死三年色不變
丹沙味甘微寒生山谷治身體五藏百病養精神安魂
魄益氣明目殺精魅邪惡氣久服通神明不老能化爲
汞
水銀味辛寒生平土治疥瘙痂瘍白禿殺皮膚中蟲蝨
墮胎除熱殺金銀銅錫毒鎔化還復爲丹久服神仙不
死
空青味甘寒生山谷治青盲耳聾明目利九竅通血脈
養精神久服輕身延年不老能化銅鐵鉛錫作金
曾青味酸小寒生山谷治目痛止淚出風痹利關節通
九竅破癥堅積聚久服輕身不老能化金銅
白青味甘平生山谷明目利九竅耳聾心下邪氣令人
吐殺諸毒三蟲久服通神明輕身延年不老
扁青味甘平生山谷治目痛明目折跌癰腫金創不瘳
破積聚解毒氣利精神久服輕身不老
神農本草經　卷上　三

日本の森立之が集録した『神農本草経』の一節

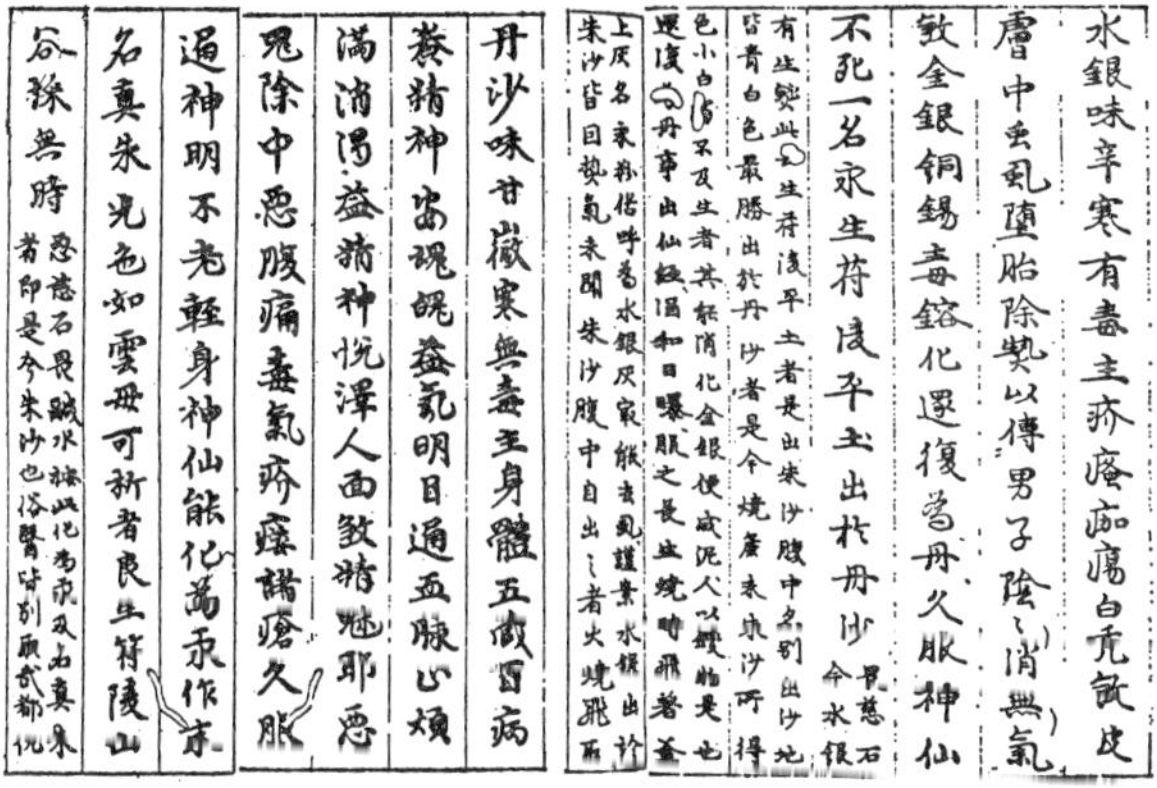

水銀味辛寒有毒主疥瘙痂瘍白禿殺皮
膚中虱墮胎除熱以傳男子陰〻消無氣
殺金銀銅錫毒鎔化還復爲丹久服神仙
不死一名汞生符陵平土出於丹沙　畏慈石　今水銀
有生熟此一名汞生符陵平土者是出朱沙腹中亦別出沙地
皆青白色最勝出於丹沙者是今燒麤末朱沙所得
色小白濁不及生者其能消化金銀使成泥人以鍍物是也
還復爲丹事出仙經酒和日曝服之長生燒時飛著釜
上灰名汞粉俗呼爲水銀灰最能去虱謹案水銀出於
朱沙皆因熱氣未聞朱沙腹中自出〻者火燒飛取
丹沙味甘微寒無毒主身體五藏百病
養精神安魂魄益氣明目通血脈止煩
滿消渴益精神悅澤人面殺精魅邪惡
鬼除中惡腹痛毒氣疥瘻諸瘡久服
通神明不老輕身神仙能化爲汞作末
名真朱光色如雲母可析者良生符陵山
谷採無時　惡慈石畏鹹水按此化爲汞及名真朱
者即是今朱沙也俗醫皆別取武都仇

日本に伝わっていた巻子本の唐の勅本『新修本草』の一節

十三種のトップに位している。朱砂が薬用として中国でいかに珍重されたかが、推測できるであろう。

中国の朱砂産地

中国での朱砂の産地は、あちらこちらにあった。前著『丹生の研究』の第二図「中国の歴史的水銀産地」はその一斑を語っている。その解説として私は、羌群、苗群、越群の三鉱床群に分けたが、三群のどれもが本来の中国に属さないで、いわば外地であったことに深い注意をはらっておきたい。とくに中国で最大の産地群であったのは、苗群つまり西南部の南嶺地域、いまの省名でいえば貴州省を中心とし湖南、雲南の両省にかけての範囲である。ここには揚子江流域にいた先住民族が長らく拠っていた。抵抗もたいへん強い。それは秦・漢時代の漢人進出期から唐・宋にかけて五渓蛮などとよばれ、まったく漢人にとって化外の地であった。もちろんそこから運びだされる朱砂は漢人の需要をある程度みたし、かつ珍重されていた。つまり烏江によって四川方面に運びだされたものは、巴砂の名があり、沅江によって湖南に輸送されたものは、この河の下流の辰州に代表されて辰砂とよばれたのである。

ところが、十二世紀になると、東北から進出した金という異民族に秦嶺淮河線の北、つまり黄河の流域を占領される。漢人の立てていた宋朝は揚子江の流域に移る。中国は北方

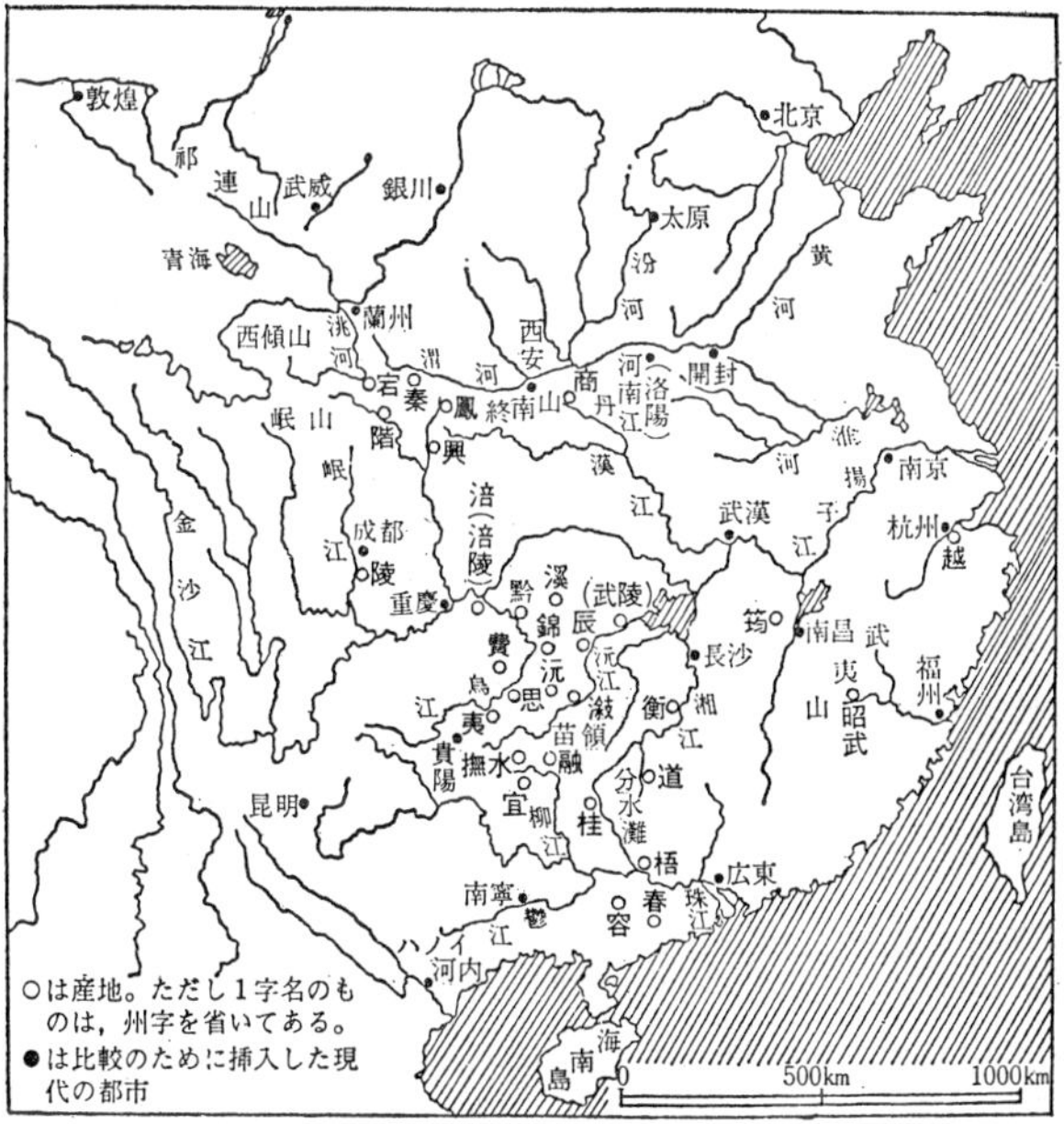

記録にあらわれた中国の水銀産地（『丹生の研究』18頁より）

の征服王朝の金朝にたいする南方の宋朝というように、二分される形勢になってきた。いったい中国の主要部（つまり欧米人のいうチャイナ・プロパー）は風土的に明白に二分され、秦嶺山脈とその東端に発源する淮河とを結ぶ一線が境界線といおうか、分界線となっている。この一線以北は黄河の流域の黄土地帯で、極寒極暑をくりかえし、雨が少なく、乾燥ぎみだから、ハタケの世界である。ところがこの一線以南の揚子江流域は、適当に雨がふり、気候も温暖で「千里鶯啼いて、緑江に映ず」といったタンボの世界だ。その一線以北の、どちらかといえばもてあまし気味な土地を征服王朝にとられてしまって、揚子江流域を保つにすぎなくなった宋朝にとって、条件のよい土地だけを守るという形になった。この方面は唐朝より以前には南朝の時代に第一の発展期を迎えているが、南宋の時代はまさに第二の発展期。社会・経済の発達はすばらしいものがあった。西南部の山地、つまり中国最大の水銀地帯の漢人的開発にも拍車がかかる。いよいよ中国は水銀の王者の地位にのしあがったのである。

輸出した日本の水銀

このことが、海をへだてた日本にも大きな影響を与える。すでに説明してきたように古くから日本では朱砂は生活と密着した鉱物であった。しかし、技術的には現在のように坑道を深く掘って排水しながら進んでいくことは不可能だったから、せっかく朱砂の露頭部をさがして採取していっても、地下水位に届くと、廃坑にして、ほかの土地に朱砂の産地を捜し求めねばならなかった。そのために古くは「水銀ブーム」をさえひきおこし、多数の鉱山が、全国的に開発されていく。産出された朱砂は、ただ国内の需要をみたしていたばかりか、中国にまで輸出されていたのである。

たとえば、成尋という僧侶が延久四年（一〇七二年）に肥前国の松浦郡壁島から唐人の船に便乗して、中国に仏教の修業に行ったとき、日用品や食糧・衣料のほかに、路用として砂金と水銀とを持参した（『参天台五台山記』）と伝えられる。数年後の承保三年（一〇七六年）には、朝廷が中国から贈物をもらった返礼に、絹と水銀とを送ってやった（『百錬抄』および『水左記』）ことも、史書に見えている。そのころの日本と中国との貿易品を数えあげた記録（『新猿楽記』）によれば、水銀は日本からの輸出品だった。

このような記録は、おそらく古代日本の水銀の産出を記念する最後のものであった。時代が鎌倉・室町と下っていくにつれて、国内での水銀生産はストップし、ついに江戸時代ともなれば、日本人の水銀処理についての知識はゼロになってしまう。当時の国学者が「まがね吹く」という枕詞の解釈に迷ったのは、あるいは当然だったといえるかもしれない。

佐藤家と水銀

江戸時代の末期に出羽にあらわれた佐藤信淵という経済学者があった。その著『経済要録』（文政十年刊）のなかで、

そもそも水銀は、薬物となり、白粉となり、朱を製し、鏡を明にするのみならず、その他鍍金（やきつけ）をなし、諸金を粉末にするなど、人世の要用きわめて多きものなり。然るに今の世に当りて、皇国の諸州に絶えて此物を出すの地なし。開物に従事するものは、心を細かにして、これを探索するを専務とすべし。

と述べている。文政十年（一八二七年）の当時、日本の水銀鉱業が絶滅の状態にあったことが知られるではないか。文中にいう「薬物」は上述の丹薬のこと、また「白粉」はそのころ「伊勢おしろい」とも呼ばれたもので、これは後述する。彼の祖父にあたる佐藤信景は『土性弁』のなかで、

水銀の生ずる山は、土かならず赤色なり。……皇国いまだ水銀鉱あるをきかず。奥州の猪沢山、出羽の鹿角山、阿州の丹生谷、美濃の赤坂山、伊勢の丹生山など、地の赤色なる処には必ず汞あるべし。続日本紀の和銅六年に伊勢の国より始めて水銀を献ずることを載す。これ丹生山より採る所なり。近来、山崩れて廃山となる。惜むべきことなり。

という。出羽国雄勝郡の佐藤一家に水銀にかんする知識が生きのびていて、信淵によって

集成されたわけである。信淵は『経済要録』で、

予は遍く四海を游歴して、祖父翁の説を推究するに、奥州の朱沼山、羽州の鹿内山、勢州の丹生山、阿州の丹生谷など、土地の赤色なる処には、果して水銀気を含有せり。

として、祖父佐藤信景の説を裏づけ、前述のような警告を発している。

古代の朱砂の産地は佐藤一家が挙げているのはもちろん、他にもたくさんにあった。私がそれらを一々調査したことは後に説くが、水銀に対する日本人の知識は、古代と近代とを比べてみても、それほど違ってしまっていた。現に江戸時代には「朱座」があったが、その朱はすべて中国産の水銀から作られたものだったのである。

水銀の復活

まったく、水銀や朱砂については、日本と中国との立場が逆になってしまっている。古代のたくさんの朱産地のうち、とくに名高かった伊勢の丹生山は、現在では復活して丹生水銀鉱山となってさかんに産出されている。その附近の丹生大師に古い水銀蒸溜釜が保存されていることはすでに説いた。くわしくいえば三重県多気郡の勢和村で、ついこのあいだまでは丹生村といわれ、日本の中央構造線（メディアン・ライン）の東のはしになっている。この構造線に沿って古代日本の水銀産地が集まっていることも後で説こう。つまり奈良から平安にかけて、さかんに採掘された日本の水銀鉱は、のちに中国からの輸入品にと

って代られて、衰微の一途をたどったのである。信淵の言葉を借りるならば、

勢州の丹生山は、中古には頗る水銀を多く出せしが、近来山崩れて、遂に廃に及べり。惜しむべき業なるかな。

である。しかし、伊勢の水銀は「伊勢おしろい」として江戸文学にしきりに見られる。これは軽粉のことで、水銀を塩とともに焼いてえられる白色の粉末であった。顔料のほかに駆梅剤としてさかんに用いられた。宗田一氏は『日本製薬技術史の研究』（昭和四十年刊）に「軽粉考」を発表し、その製造装置を詳説されているから、それに譲る。これはそこに説かれているように甘汞《かんこう》の一種で、水銀とナトリウムの化合物であり、古くから化粧料として鉛白粉とともに行なわれ、江戸時代では「御所白粉」といわれた。同じ時代に「伊勢おしろい」としてシラミ取りや駆梅用になったのも、同じ品物である。その製法は、水銀、実土（混砂粘土）、食塩、苦土を混ぜて焼き、昇華させる。製造は室町時代に伊勢の射和《いざわ》（いまの松阪市射和、もとの多気郡射和村で、丹生村の隣村）で起こり、江戸時代を通してこの地の特産となっていた。その主要原料が隣村の丹生村に産出する水銀に求められたことは明白である。日本水銀の衰運期に、このように軽粉製造が行なわれていた限り、伊勢水銀の名と実績は、ほそぼそながら支えられていたと認めてよかろう。

明治の文明開化によって西洋科学が日本にはいって、水銀坑の復興がはじまっている。とくに明治三十八年いらい北海道に有力な朱砂の鉱床がつぎつぎに発見されたので、北海

道は一躍して水銀のホープにのしあがった。いまでもイトムカ鉱山は日本最大の産出を誇っている。それにつれて、三重県、奈良県、和歌山県、大分県などの水銀鉱山が復活し、岩手県にも水銀採掘がはじまる。ついに昭和十一年には年産一万キロを越えることになったのである。

五　日本のミイラ

真言宗とミイラ

弘法大師空海がはじめて高野山に金剛峯寺を建てたことは『今昔物語』の巻十一にも伝えてある。その後半文には世にもふしぎな話を書いているが、いまそれを現代文に直してみると、

弘法大師は承和二年（八三五年）の三月二十一日寅の刻に結跏趺坐して大日の定印を結び、高野山にあらかじめ定めておいた入定の窟のなかに入って入定した。年は六十二である。御弟子たちは大師の遺言によって弥勒の宝号を唱え奉った。そののち、この入定の洞窟を開いて、御髪を剃り、御衣を着せかえることが絶えてしまって、久しく行なわれなかった。ところが般若寺の観賢僧正という人が、高野山に詣でて、入定の洞を開いてみたところ、霧が立ちこめて、まるで暗夜のようになに一つ見えない。そこでしばらく霧のしずまるのをまったが、御衣の朽ちたのが塵になって風に吹きたてられているのであった。ようやく塵がしずまると、大師の御姿が見えた。御髪が一尺ほど延びていたので、僧正は水を浴び、浄衣を着て、洞に入り、新しい剃刀で御髪を

剃ってさしあげた。また水精の念珠の緒が朽ちたために、大師の御前に落ち散っていたのを拾い集め、緒をすげて大師の御手に懸け奉った。御衣も清浄なものを調えて、着せ奉って出てきた。この僧正は洞から出るときに、いまさら御別れのように、覚えず泣き悲しんだが、その後は恐れ奉って、入定窟を開く人もなかった。

とある。この話は、日本でのミイラとして、おそらく最古の所伝といってよい。しかし史料としての信憑性は低く、とうていそのまま呑みこむわけにはいかない。思うに真言修験のあいだに、弥勒仏の下生《げしょう》にそなえて即身仏となり、身体を保っていこうとする風習が流行したころ、土窟内とか石窟内で入寂した行者の死体を、ある期間の後にミイラ化しているかどうかを確認する方法があり、それに基づいて作られた物語であろう。とにかくこの話を宗祖の空海の即身仏にとりあげているほど、真言宗とミイラとの深い結びつきを反映していることだけは確かであろう。しかもこの一文によって、空海の遺体がミイラ化したことを考慮するよりもさきに、私は即身仏の秘法が空海によって中国から伝えられ、紹介されたのではないかと推測する。

ミイラに欠かせない水銀

日本製のミイラにまつわるいちばん大きな謎は、日本の風土が湿潤であって、ミイラの製造にはもっとも適していないという点である。それにもかかわらず、現在までミイラは

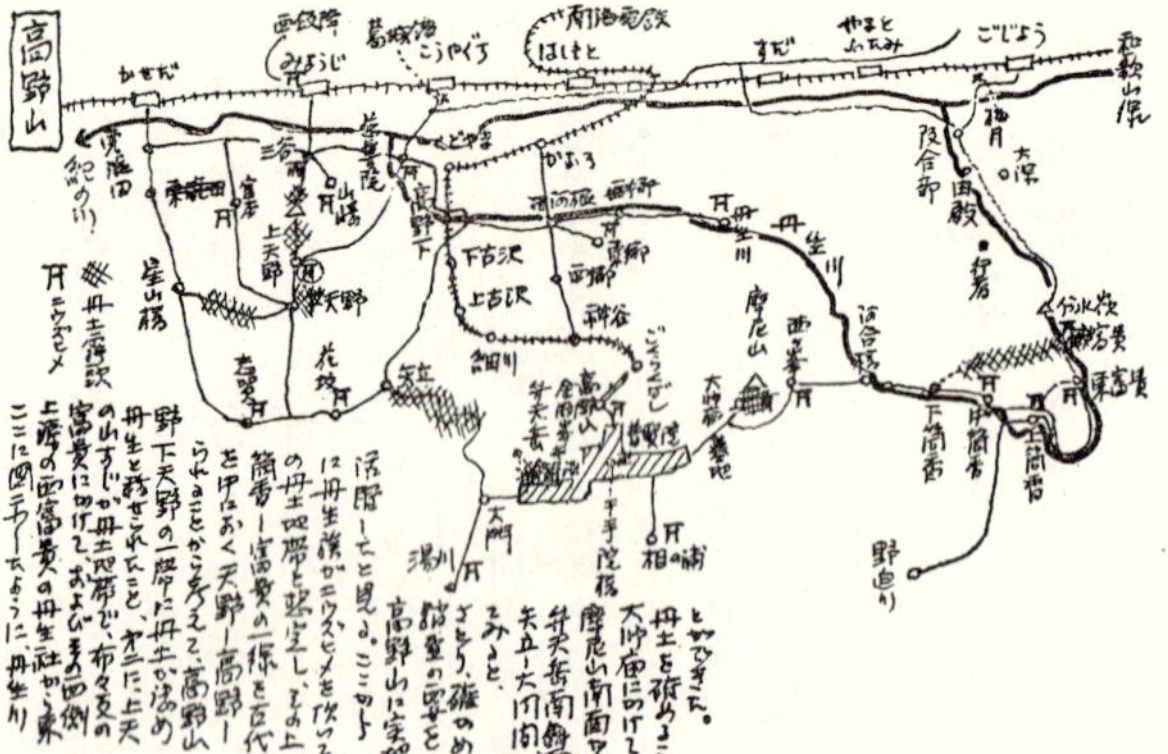

高野山の調査（昭和35年11月２日）

たくさん残っている。死臘のばあいはいざ知らず、ミイラとなると、何かの手段が加えられているのにちがいない。そこに私は水銀のもつ防腐作用を考える。

だいいち、空海が真言宗の本拠と定めた高野山は、全山が水銀地帯である。高野山の壇場、つまり中心地には丹生、高野の両明神の社がある。また空海の墓側にも、墓を護るかのように両明神が祀られている。高野明神は高野山の地主神であるが、丹生明神は後述のように水銀の女神にほかならない。私は高野山をいくどとなく調査してみた。壇場の土は水銀ヤケした赤色を呈している。附近のカッティングもまっ赤だ。ここから墓地にかけて〇・〇〇二％くらいの水銀が含有されていることもわかった。この事実は、弘法大師が丹生明神を特別に尊重し、彼の墓側にまで祀りこんでいる理由を裏づけるであろう。

空海の学識

たんなる高僧としてだけでなく、空海は、学者として知識人として平安朝第　の人物であった。彼は中国に渡って専門の仏教をより深めたことはいうまでもない。その上にいろいろな学問を身につけ、いろいろな新知識を日本にもち帰った。水銀の薬物としての性能を巧みに応用して、中国人が不老長寿の薬として珍重した丹薬の製法も、また水銀を死屍《しし》に注入すれば防腐剤として作用する事実も、みな空海によって日本に輸入されたと考える。『証類本草』の水銀の項に引用されている北宋の政和六年（一一一六年）撰述の『本草衍義』に「屍中に灌げば、尸《しかばね》をして腐をおくらせることができる」とあるように、中国では早くから水銀を防腐に使っていた。だから、空海自身にミイラ化した話がまつわっていたのも、のちの真言修験の行者が丹薬の製造を知っていたのも、みな空海によって伝えられたものであり、かつ空海自身が弘仁七年（八一六年）に高野山を開基したのも、水銀に関係あり、と私はにらんでいる。

湯殿山のミイラ

だから、この系統に属する真言宗の修験道者には、弥勒菩薩が五十六億七千万年の後に

湯殿山の調査（昭和33年８月８日）

下界に生れて聖業を行なう、その聖業に参与するために自らの身体を留めておく念願がたいへんに強かった。この目的のためには、行者たちは平素の衆生済度はもとより、死後はミイラになって、世人の信仰を集めた。これを即身仏とする。つまり即身成仏した行人のことである。とくにそのためには出羽の湯殿山が主体となった。湯殿山を管理する注連掛《しめかけ》の注連寺、大網《おおあみ》の大日坊、保土打《ほどうち》の本道寺、大井沢の大日寺を別当四カ寺とよんだが、そのいずれかに入門する。もちろん得度したのち、難行苦行を経て一世行人をなのり、宗祖の空海に因んだ海号の免許を受けねばならない。

水銀の魔力

どうして即身成仏するかとなるとたいへん

むずかしい。まず五穀を断つ。米、麦、稗、粟、豆を食べない。五年あまりこうしていると、身体中から脂肪分が抜けてしまう。そこでこんどは十穀断ちに入る。上記の五穀のほかに蕎麦、玉蜀黍、芋、胡麻、麻の食用を禁止して五年たつ。そうすると行者はいよいよ断食して入定を待つのであった。常人にはなんとも想像もつかない苦難ではないか。しかし行人はこの苦難に堪えることによって、体内から脂肪を抜き、同時に穀物の代替として摂取する野草や野菜類から水銀を体内に蓄積する。これを木食行といった。

身体のなかに水銀が溜るなんて、まったく恐ろしいと思われるかもしれない。しかし人間は植物を通していつも水銀を少量ずつ摂取しているのである。ことに即身仏の木場となった湯殿山地方は、土壌そのものに水銀気をもつ。湯殿山の宝前あたりは水銀含有〇・〇四%という高品位を示す。したがってその土地に生育した野草や野菜は、土壌が含有するのとほぼ同率の水銀を保有する。行人が代用食としてこの種の菜草類を口にすれば、それを通して水銀は体内に入る。しかも水銀は体外に排泄されにくいから、体内の水銀含有はますます多くなる。このことは行人の身体に積極的に防腐の条件を与えることになってしまう。

行人が最後に迎える断食は、もちろん死への手段である。つまり餓死することになるのだが、同時にそれは体内のバクテリアを減少させることにもなり、防腐の条件もいよいよ具わる。そのころには水銀が脳をも冒すから、意識も混濁してくる。比較的に苦しまずに死ねるわけである。もちろんこのほかに中国伝来の丹薬が使われていると思われるが、それについては記録が残っていないから、何ともいえない。また個人差があるから、同一の行法に従っても、ミイラ化の確率は一様でなかった。だから不幸にも悲願を成就できなかった行人もたいへん多いわけである。なかには、そのばあいに梁《はり》からつるして燻製にされたものもいた。即身仏のなかに、胸に十字の縄跡がついているのがある。それにほかならない。

ミイラの水銀を計る

日本製ミイラがどうして水銀の防腐作用を使っているのか。この問題は私にはたいへんむずかしかった。即身仏の一部分をほんのちょっぴり削りとって分析してみれば、すぐわかることである。しかしかりにも仏様であるから、そんなことはとうてい許可されない。「日本ミイラ研究グループ」という団体があった。しかし私は参加させてもらえない。いろいろと工夫に工夫を重ねた結果、私にはひとつのヒラメキがえられた。即身仏はみな内臓をネズミに食われてボロボロになっていることである。内臓を食べたネズミは、かならず行者と等しい分量の水銀を含有しているはずだ。よい塩梅に食い荒したネズミがミイラになってころがっていた。これは研究の対象にはされていないし、許可をまつまでもない。これでいこう、と決めた。そして幸にも大日坊系の豊実の観音寺に保存されている全海上人（貞享四年歿）と酒田市の海向寺所蔵の注連寺系の忠海上人（宝暦五年歿）の二体のミイラの傍らに同じくミイラとなっていたネズミを入手できた。

矢嶋澄策博士を通してこのネズミの肉体の一部を微量分析にかけたところ、全海上人の腹腔内に留っていたネズミは水銀〇・〇四五％を含有していたし、忠海上人の腹からころがりだして傍らの座布団の上で往生していたネズミのミイラからは、水銀〇・〇〇一％が検出されたのである。驚くべし、全海上人のばあいの〇・〇四五％という分析値は、古墳朱や水銀の粗鉱に見られる水銀の品位とほぼ同じ数値ではないか。もちろんこのネズミが蚕食した全海上人の遺体には、同程度ないしそれ以上の水銀が含有されていたことは疑いない。ただし忠海上人のネズミのばあいは、少々品位がさがる。これは無理もない。この上人はミイラになりそこなっている。それを注連寺の六角堂で燻製にした、いわば燻製ミイラである。上人の体内の水銀は、おそらくミイラ化する段階までいたらず、したがってその内臓を食べたネズミも全海上人のそれほどの水銀含有率を示さなかったわけである。

藤原三代のミイラ

さて、奥羽地方にはもうひとつ有名なミイラがある。岩手県平泉町の中尊寺にある藤原三代のミイラにほかならない。藤原三代とは清衡、基衡、秀衡であって、いわば陸奥の王者であるから、即身仏のようにある信仰を熱烈に抱いて自らの生命を絶ち、ミイラと化したのとは動機も目的もちがっている。昭和二十五年に中尊寺の当局と朝日新聞社は合同して三代のミイラにたいする科学的調査を行ない、その成果は『中尊寺と藤原四代』と題する報告書に盛られた。

この調査の目的は、陸奥の藤原氏をアイヌ系と認めるか、認めないか、また三代のミイラを人工によるものとするか、自然にミイラとなったものとするかにあったといえる。調査の結果、藤原三代は中央部からのコロニーであって、大和系であったと明らかにされた。しかし当時の現地人は、大和系であったか、なかったかの問題はいっこうに解決されていない。またこの調査隊の隊長は、三代のミイラを自然のままのミイラであると固執して、異説を「聞きすてられない」としてがむしゃらに排斥する態度をとった。これでは先入主をもって調査したことを意味する。かならず失敗するではないか。調査団員のなかには三代のミイラを人工と見る説、つまり団長の意見とはまったく反対の説をとった人もあるが、キメテが見出されなかった。ことにこの調査隊は京都の文化の移植という対象だけで行動し、当時の現地の文化程度との比較は一切考慮にいれていない。いまから考えるとまったくどうかと思う。

三代のミイラがそれぞれ納められていた棺は、漆塗で、金箔を押した立派なものであった。その内壁と蓋裏には、手筥の内貼りのように、錦がはってあり、自然に褪色したほかはすこしも汚れていなかったと聞く。棺内で死体が腐敗現象をおこさず、かつ棺に納められるときには死体が乾化していたなによりの証拠ではないか。棺底には中央線に沿って二個あるいは一個の小孔が穿たれている。これはネズミがかじりあけた孔ではない。ましてや遺骸から出る汚汁を流出させるためでもない。遺体のウナジやシリに当る部分に鄭重にあけられた空気孔であった。その小孔の内側も清浄であって素地さながらであったと報告されている。棺底の小孔は、すでにミイラ化の条件が与えられた遺体の棺中でのムレを防ぐ手段にほかならなかったであろう。

レントゲン照射によって、三代の遺体はどれもが内臓を抜いてあったことがわかった。もちろん鼠害の形跡はない。肛門が楕円形に拡大し、管状になって腹腔に続いていたという。これは内臓の摘出を受けていることを明白にする。こうした処理を慎重に行なったからこそ、父子三代がそれぞれ没年を異にし、かつ死亡の時期もまちまちでありながら、一様にミイラ化しているのだ。

ミイラにあった赤は何か

いうまでもなく、内臓を抜きとるだけでは、日本のように湿度の高いところではミイラにはならない。なにかの防腐処理をする必要がある。私は昭和三十六年十一月の二十二日から翌日にかけて、平泉地方の調査に行った。このとき中尊寺の参道になっている月見坂で〇・〇〇一%の水銀含有を確かめている。だから論議するわけではないが、フト思いついたのはアイヌの酋長のミイラであった。近藤守重や間宮林蔵は樺太における蝦夷、すなわちアイヌに、死者の内臓を摘出してミイラを作る風習があったことを伝えた。

藤原氏の三遺体（ミイラ）は、皮膚の色が明るいトノコ様の黄褐色をしていたという。人工を加えた結果としての漂白状態にほかならない。また、基衡のシリの部分、秀衡の左側の肩胛骨の部分や胸部の脊椎の中央部分などに、あるいは首級だけ残した泰衡の頭蓋には赤色の物質があった。首級にはかなり多量に発見されている。この赤色物質が朱であったかどうか。なぜ確かめなかったのか。さらに調査団では、棺内のゴミを集めて銅板試験を行ない、水銀の含有を調べたが、その形跡はなかったそうだ。もし水銀を死体に浸透させたのちに、死体の表面をきれいに拭いとっていたならば、この試験が功を奏さなかったのは当然である。

むずかしい水銀の検出

とにかく水銀の検出はむずかしい。普通に行なわれている分析では、水銀は飛んでしまうし、微量分析の方法はごく最近に発達したものであり、熟練を要するからである。さきほど湯殿山修験者のミイラの腹中にころがっていたネズミのミイラについて述べたが、それに含有されていた程度の（といっても、水銀含有率としてはこれでも品位が高いのである）水銀は、ほとんど検出不能だった。このことは北九州にたくさん残っている装飾古墳の赤い顔料についてもいえる。これについては、私は若干しか見学していないが、いままでベンガラ（酸化鉄）説が横行していた。もしその石壁を彩る赤色がベンガラであったならば、例えば熊本市の南郊にある千金甲《せごんこう》古墳のそれのように、こんな赤色がベンガラで発色するであろうか。私は見学のついでのつもりで、この古墳の赤色顔料を微量分析にかけてみた。なんとそれからは〇・〇〇七％の水銀が検出されたではないか。この古墳で見学者の眼を射る明るい赤色は、水銀のもつ独自の光彩であった。

話が横道にそれてしまったが、たとえ中尊寺当局から遺体を損傷しないように申入れられたにせよ、調査隊は藤原三代の血液型まで調べあげているではないか。一グラムの筋肉の破片でよいのだ。微量分析が発達していなかったころにせよ、もっと精密に調査する必要はなかったのか。千載一遇のチャンスだったのに、九仞の功を一簣《いっき》に虧《か》くとはこのことだ。藤原三代のミイラがどうして作られたか、その大きな問題は不明のままになっているではないか。もちろん、日本の中央部からの移民とアイヌ文化との関係も、闇に葬られてしまった。恨みはじつに大きい。

みちのくの水銀文化

重ねていう。平泉の地方は古代の水銀産地であった。それは古い陸奥の産金とも関連をもつ。金の原鉱石を破砕し、粉末にして水銀を加えれば、水銀は金だけを吸いとってアマルガムになる。それは前章で扱っておいたが、いわゆる混汞法による黄金の精錬にほかならない。だから「みちのくの黄金文化」は、また水銀文化ともいえるであろう。

六　水銀の女神

水銀産出を掌る女神

水銀にはその産出を掌る神があった。しかも女神である。天照大神の例をひくまでもなく、女神の誕生はじつに古い。カナヤマヒメという女神がある。現在はカナヤマヒコという男神と夫婦神にされて、あちらこちらの鉱山に祀られているが、もともとは銅の女神であった。のちに男神が創造されて夫婦神となり、いまでは男神のほうにお株を奪われた形になってしまった。カナヤマとは、もちろん漢字で金山と書く。

朱砂の産出を支配していた神をニウズヒメという。あるいはニホツヒメともいった。ニウは漢字に直すと「丹生」だが、正しく綴ればニフである。万葉仮名で書けば尓布、仁布、丹布となる。ニフとニホとは、ちょうど赤生と赤穂との関係に似ている。赤土が生れるのと、赤土が穂のように吹きだしてくるのとのちがいで、事実そのものは同じではないか。ニウズ姫とニホツ姫とは同一神と認めてよい。この女神が、どういう性能をもっていたかという点から、古い記録をあたってみたところ、『釈日本紀』巻十一に『播磨国風土記』の一節が引用されている。もちろん奈良朝のときにできた風土記であるから、漢文で書かれているが、いまそれを日本文に訳してみると、こうなる。

播磨国風土記に曰く。息長帯日女《おきながたらしひめ》命は、新羅の国を平《ことむ》けんと欲して下りましし時に、衆神に禱りき。その時に、国を堅めし大神の子の爾保都比売《にほつひめ》は、国造《くにのみやつこ》の石坂比売《いわさかひめ》命にかかりて、教えて曰く「好く我が前を治め奉らば、我はすなわち善験を出して、ヒヒラギのヤヒロホコの根のソコツカヌ国、オトメの眉引の国、タマクシゲカガヤク国、コモマクラ宝あるタグブスマ新羅の国を、丹浪《になみ》もて平《ことむ》けたまわん」と。かく教え賜いて、ここに赤土を出し賜う。其土を、天の逆桙に塗り、御舟の艫舳《へさき》に建て、また御舟の裳、また御軍の着衣を染め、また海水を攪き濁して、渡り賜いし時に、底潜る魚、また高飛ぶ鳥ども往来《ゆきかよわ》ず、前を遮らざりき。如是して新羅を平伏《ことむ》けおえて、還り上りまし、乃《よ》りて其神を紀伊国の管川《つつかわ》の藤代の峰に鎮め奉りき。

いうまでもなく文中の息長帯日女は神功皇后。国造の石坂比売は播磨国の女知事である。爾保都比売は、この女知事に神懸りし、その口を借りて朱砂の効用を説き、その朱を祭祀儀礼として逆桙に塗り、皇后の舟の上に立て、あるいは兵士どもの衣料を染め、軍船を赤く塗らせて渡航した。皇后は新羅の国を征したのちに、その功績を賞してニホツ姫を紀伊国の管川にある藤代の峰に移祀したというのである。

ニホツ姫を祀った管川

管川とはどこか。加納諸平はこの土地をいまの和歌山県で最東に位置する筒香《つつか》に宛てたが、この説はうなずける。筒香はいま高野町に編入されているが、もとは高野山の東にあった独立の一河谷で、私の調査した限り、古代の朱産地であったことは確実であり、高野山の下で紀の川に入る丹生川の発源地帯だ。丹生川の上流は富貴で北流し、筒香に入って南流しかつ西流する。ところが、富貴から東に山すじを越えると、大日《おび》川で、そこにも同名の丹生川が南流していて、五条市のあたりで紀の川（これより上流は吉野川と呼ぶ）に合する。だから藤代の峯というのは、富貴の北流丹生川と、大日川の南流丹生川とを分ける山すじに求めてよい。私の調査では大日川もまた古代の朱砂産地だった。

丹生神社の総元締

高野山の西のとなりは天野である。ここには丹生神社の総元締とも見られる大社が鎮まる。この大社には古くから伝わる『丹生大明神告門《のりと》』と称する文書があって（現在は和歌山市在住の某氏の私蔵になっている）、その一節に、

紀伊国伊都郡庵太村の石口に天降りまして、大御名を申さば恐し、申さねば恐し、イザナギ・イザナミのミコトの御児・天の御陰・日の御陰・ニウズヒメの大御神と大御名を顕わし給いて。川上の水方の峯に上りまして国かかし給い、下りまして……

と述べてある。はじめニウズヒメが天降った地点とされている紀伊国伊都郡の庵太村は、高野政所といわれた慈尊院の所在地（現在の九度山町慈尊院）の旧名の庵田村であろう。また、そこから「上りまし」た「川上の水方の峯」はおそらく『播磨国風土記』にいう藤代の峯にあててよいと思われる。川上とは丹生川上であって、この場合は前記の富貴や筒香つまり丹生川の流れを指す。告門《のりと》にいう水方は水分の誤字だとされている。

水分ということ

水方を水分の誤りと見ると、私は水分そのものについて論議をしなければならなくなる。現在では、水分はミクマリと訓まれ、「水配り」と解され、耕地に水を配分する神となっている。

ところが、もともと「分」という字には「配る」つまり配分する意味はない。『延喜式』の神社名から、河内国石川郡鎮座の建水分《たけみくまり》神社と信濃国更級郡鎮座の武水別《たけみずわけ》神社とを取上げて、比べてみるがよい。「建」はもちろん「武」と同意であり、「分」は「別」と共通に使われている。前記の神武天皇の吉野巡りに、国巣（国栖）の首長イワオシワクとして顔を出している人物は、『古事記』では石押分であるが、『日本書紀』では磐排別と示してあるではないか。つまり日本人が漢字を習いたてのころには、分が別の意味に使われていた証拠であるといえよう。だからいまでも分水嶺などという言葉があるように、水分といえば水別のことで、水すなわち河川を分別する意味であって、ミナワケ（ミズワケ）と訓むべきであり、水分神はもともとはそういう性能をもつ神であったと考えねばならない。

祈年祭の『祝詞』に、

水分に坐す皇神らの前に白《まお》さく、吉野、宇陀、都祁《つげ》、葛木と、御名は白して……

とあるように、本来の水分神は、大和の南部に四社あったのだ。もちろん今も残っているが、宇陀水分神社、吉野水分神社、葛木水分神社、都祁水分神社にほかならない。この四社の位置を調べてみると、たいへんにおもしろい。

水分神社

まず宇陀水分神社だが、現在は宇陀郡菟田野町の古市場に三社一連のいわゆる水分造りの古い美しい建築を誇っている。社前の街道はむかし高見山を経由して伊勢に通ずる古道であって、宇陀の水分神はもと高見山頂の磐坐《いわくら》（神の降臨した巨石）に天降り、そこから芳野川に沿って菟田野や榛原に移ってきたという伝承がある。つぎに吉野水分神社は、いま吉野山の上千本に「子守さん」（ミクマリからコモリに訛って安産子育の神と化したもの）とよばれ、これも水分造りの古建築を保っている。しかし、もとは吉野山下にあって、吉野川（紀の川）にのぞんだ。いま吉野町上市の字に水分があり、小社を残している。

葛木水分神社は、いま御所市の吐田郷の関屋に残り、地名を水守という。ここは御所方面から河内にいたる水越峠の古道であって、おそらくこの社も水越峠の上の磐坐に天降ったとされたらしい。また都祁水分神社は、山辺郡都祁村友田の坂窪山麓に現存する。しかしそこから三キロほど南に位する都祁山口神社（同村の小山戸にある）は、この社がもと水分社の上宮であったとされ、奥の山頂には水分神降臨の磐坐なるものが残る。つまり吠谷川（西南流、初瀬川の一支）、笠間川（東南流、宇陀川の一支）、向川（北流、深江川の上流）の分水嶺がもとの水分峯で、むかし高水分山とよばれていた。

簡単ながら四社の位置と来歴とをこのようにさぐってみた。その結果、『祝詞』にあらわれた四社は、奈良盆地の南部、つまり飛鳥の地方を中心として東西南北の四隅に建てられ、かつ飛鳥から四方にむかう重要な古道にそっていたことに気づく。いいかえると、四社は古代の大和朝廷の発祥地を限り、そこから他地方にむかう古い街道の上にあった。むしろそれらの古道が山越えする部分に営まれていたというべきであろう。おそらく、水分神はそれぞれの分水嶺を支配していた国境神で、峠の上に三個の巨石を並べて祀ったことに起源をもつ。

後代に社殿を営むようになると、三社一連の水分造りとなるが、その三個の巨石、後世の三社一連については都祁水分神社の祭神が参考になる。それは天の水分神、国の水分神そして都祁の水分神なのだ。はじめの水分神はミナワケの親玉、次の神はおそらく南大和の飛鳥地方を指し、最後のものは分水嶺をこえたかなたの国土を指示する。ところが古代の日本で農耕が普及するにつれて、ミナワケの神はいつのまにかミクマリの神、水配りの神となったのであろう。神社の位置や祭神の性能は、このように住民生活の推移によって変化をうけている。けっして一定不変のものではない。神社の変遷を史料として使えるのはこの点に求められよう。

川上の水分

だいぶ長々と水分について考えてきたが、いよいよ「川上の水分」にたいする比定である。川上とは、文書の性質からみて、高野山麓で紀の川に入る丹生川の水源地帯と断定できるし、それを筒香の分水嶺とすれば、それは北流丹生川と南流丹生川との二つの河水を分ける山なみでなければならない。このあたりに拠って朱砂の採掘を特技とし、かつそのために大和朝廷に知られていた一群の民があり、その採鉱部落の水分嶺・藤代の峯にニホツヒメを移祀し、それをニウズヒメと称したのであろう。なぜニホツヒメがニウズヒメとなったのか。それは後節の問題としよう。

ここで、とりあえず解いておかねばならぬのは、『丹生大明神告門』にこの姫を「イザナギ・イザナミのミコトの御児」と説いている。これはおそらく『播磨国風土記』にいう「国を堅めし大神の子のニホツヒメ」に依っているらしい。そのために、ニウズヒメを天照大神の妹神である稚日女尊《わかひるめ》の別名とする説が生まれる。現在、静岡県袋井市の豊沢冗宝

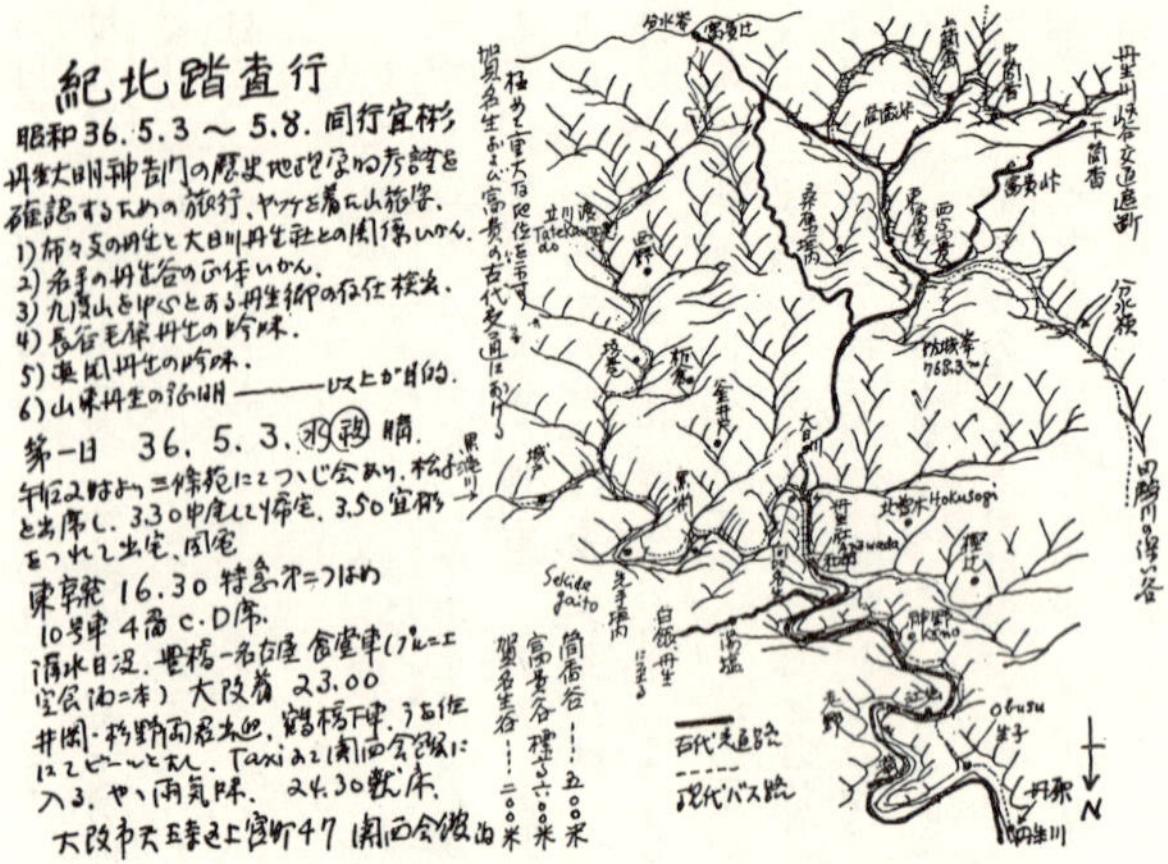

二つの丹生川（昭和36年５月４日）

野新田にある丹生神社はツキヨミのミコト（月夜見命）を祭神としている。それはニウズヒメがしばしばオオヒルメ（天照大神）の妹や子に擬せられたからであろう。

しかしニウズヒメはけっして天つ神ではない。国つ神である。この神は記紀の系列にはもともと属していない。この附会は、高野山開基以後のある時期に、両部習合の神道家によって行なわれたもの。友人の山本三郎氏は「水銀の神丹生津姫」（『群馬文化』三七号）で、『日本書紀』の訓に「至貴を尊といい、自余を命という」とある尊称の区別をとりあげて、ニホツヒメ（ニウズヒメ）の命とワカヒルメの尊とが別神であると論じられた。いままでの学者は、神はかならず記紀の系列にある神と関係させねばならないとする態度をとっていたから、「国を堅めし大神」をイザナギのミコトに比擬しなければならなかった。しかしニウズヒメは『播磨国風土記』に明示されているように、紀伊の国の管川の地に祀りこまれるまでは大和朝廷側の関心をひかず、播磨の国で朱産の女神として祀られていたもの。この風土記の一節は栗田寛氏によって同国の美嚢郡の逸文と判断されているが、それならば明白に古代の朱砂の産地である。したがって現地の人たちは朱砂を高く評価し、これを国土創造につぐ重大な現象としていた。そのために、朱の女神を国土創造の神の子と説いたのであろう。こういうわけで「国を堅めし大神」をかならずしもイザナギのミコトとする必要はない、と私は思う。

丹生神社の祭神

ニウズヒメを祀った神社が丹生神社である。丹生神社は、私が現存を確認し、あるいは古記録から拾いあげた結果では、全国にわたって一六〇社あった。そのうち和歌山県の七八社は、さきほど触れておいたように、弘法大師と高野山との関係から、丹生明神と高野明神とを合祀したもの。そして高野山の勢力拡大にともなって、各地に進出し営まれている。だから、あとでいくつかに触れることにして省略する。また埼玉県の二二社は、和歌山県につぐ大量の丹生神社の分布だが、これは丹党の分布に起源をもつ。その一二地点の一つ一つにあたってみて、古代の朱砂産地であるかどうかを確かめてみる必要があり、じつは私はそこまで手が及んでいない。

したがって、とりあえず現に丹生神社と称しているものに限り、また確かにそれと認められるものを加えて、四〇社あまりを並べておく。もちろん、私が現地から試料を採取し、その結果として古代の朱砂産地であったと判定されたものばかりである。

古代の朱砂産地

①　群馬県富岡市下丹生字六反田（註一）
②　群馬県多野郡鬼石町浄法寺
③　群馬県多野郡美原村坂原
④　群馬県多野郡万場町塩沢字森脇
⑤　群馬県多野郡万場町黒田字西沢
⑥　群馬県多野郡万場町相原字二階堂
⑦　群馬県北群馬郡白郷井村中郷字浅田（現在は靇神社と称する。八章参照）
⑧　千葉県習志野市谷津町（七章参照）
⑨　静岡県袋井市豊沢字宝野新田（一一章参照）
⑩　三重県多気郡勢和村丹生（註二）
⑪　福井県丹生郡清水町竹生（註三）

⑫ 福井県武生市丹生郷町（現在は少彦名神社と称する）
⑬ 福井県敦賀市高野（現在は高野白山神社と称する）
⑭ 福井県三方郡美浜町丹生字北宮脇（現在は加茂明神とも称する。註四）
⑮ 福井県小浜市国富字太良庄
⑯ 滋賀県伊香郡余吾村上丹生（註五）
⑰ 滋賀県伊香郡余吾村下丹生
⑱ 滋賀県坂田郡米原町上丹生（註六）
⑲ 京都府竹野郡丹後町岩木（註七）
⑳ 奈良県奈良市丹生町（註八）
㉑ 奈良県宇陀郡榛原町雨師（註九）
㉒ 奈良県宇陀郡菟田野町入谷
㉓ 奈良県吉野郡東吉野町小（丹生川上神社中社の摂社になっている。註一〇）
㉔ 奈良県吉野郡吉野町六田
㉕ 奈良県吉野郡西吉野町大日川
㉖ 奈良県吉野郡下市町長谷（現在は丹生川上神社下社と称する）
㉗ 兵庫県三原郡南淡町居神（註一一）
㉘ 兵庫県神戸市灘区高羽（註一二）

㉙ 兵庫県神戸市兵庫区山田町
㉚ 兵庫県城崎郡香住町浦上（註一三）
㉛ 岡山県井原市丹生（註一四）
㉜ 岡山県笠岡市白石島（現在は丹生高野四社明神と称する。註一五）
㉝ 広島県世羅郡甲山町（註一六）
㉞ 香川県大川郡大内町町田（現在は石清水八幡と称する。註一七）
㉟ 徳島県那賀郡鷲敷町仁宇（一一章参照）
㊱ 高知県土佐市宇佐町（註一八）
㊲ 佐賀県藤津郡嬉野町丹生川（註一九）
㊳ 佐賀県藤津郡嬉野町平野
㊴ 佐賀県藤津郡嬉野町湯野田
㊵ 佐賀県藤津郡嬉野町下野
㊶ 佐賀県藤津郡塩田町大草野
㊷ 佐賀県藤津郡塩田町馬場下
㊸ 佐賀県鹿島市森字小刀
㊹ 大分県大分市坂の市町原（註二〇）
㊺ 大分県大分市坂の市町屋山（現在は山王神社と称する）

㊻　大分県大分市坂の市町市尾（現在は八柱神社と称する）

㊼　大分県大分市宮河内字阿蘇入（現在は元宮と呼ぶ）

も少なくない。

附註

（註一）　群馬県すなわちむかしの上野の国には丹生神社が多かった。丹生の名をもつ地点

①の富岡市の丹生神社は、上信電鉄一の宮駅から西約三キロの丹生谷にある。この地区はもとの丹生村で、村をぬけると妙義山。村は下丹生からだらだら上りに上丹生となる。六反田の丹生神社は道のかたわらにあり、社頭に「まかね吹く云々」の万葉の首を刻んだ石碑が立つ。しかしこれは近頃の建立で、私はむしろ上丹生の千足に鎮まる八幡社に注目する。このことは前著の『丹生の研究』に記しておいた。②の鬼石町の丹生神社は天台宗浄法寺の北の塀に背をむけて立つ。藤岡市から南西に六キロ。街道から台地の上にあったところで、台地の上はいちめんの畑になっている。①も②も、社の附近に断崖があって、ともに赤坂と呼ばれるが、そこから採取した試料の水銀含有率は、前者が〇・〇〇五六％、後者が〇・〇〇七三％を示した。

鬼石町の東を流れる神流川について山中にはいると、③の美原の丹生神社があり、つづ

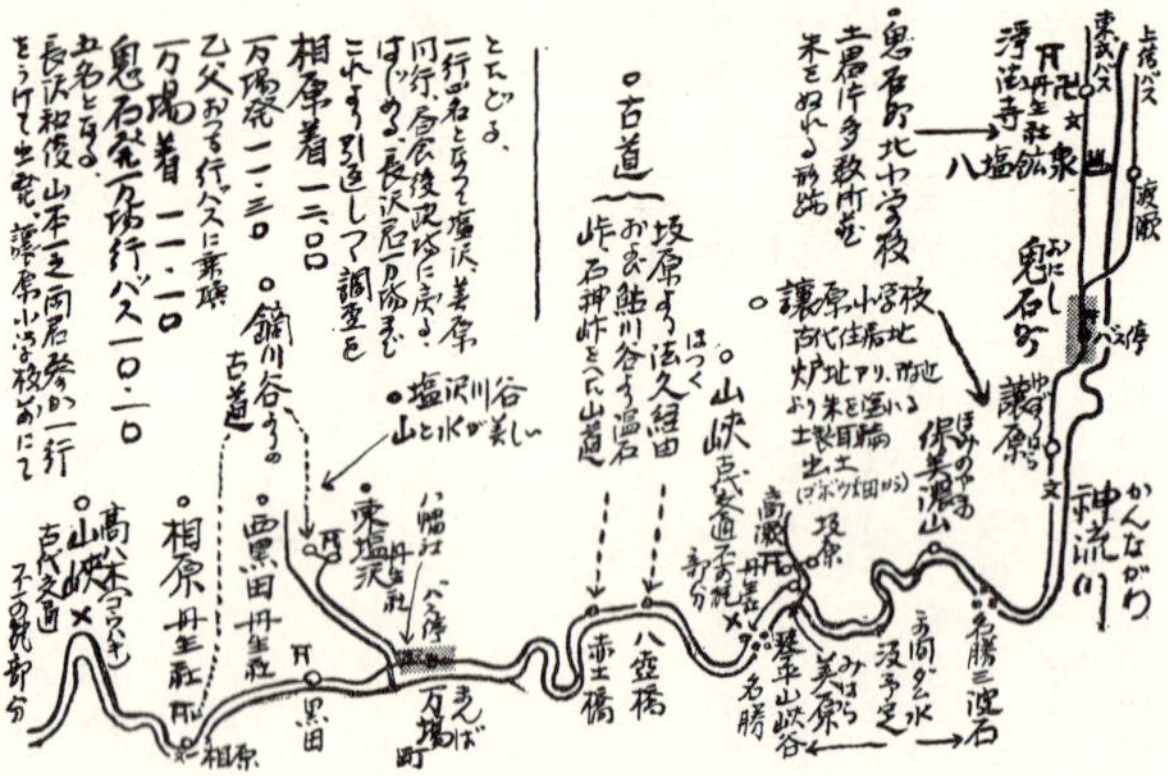

鬼石町の周辺（昭和35年 8 月15日）

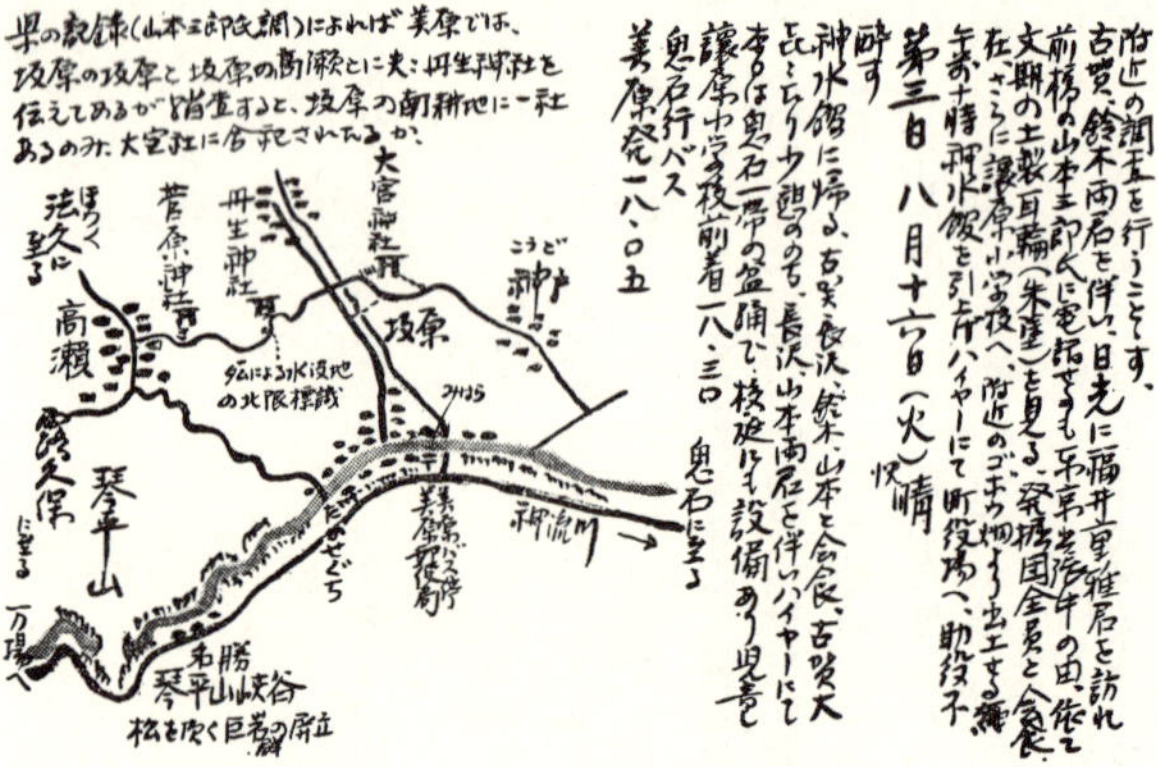

鬼石町と神流川（昭和35年 8 月15日）

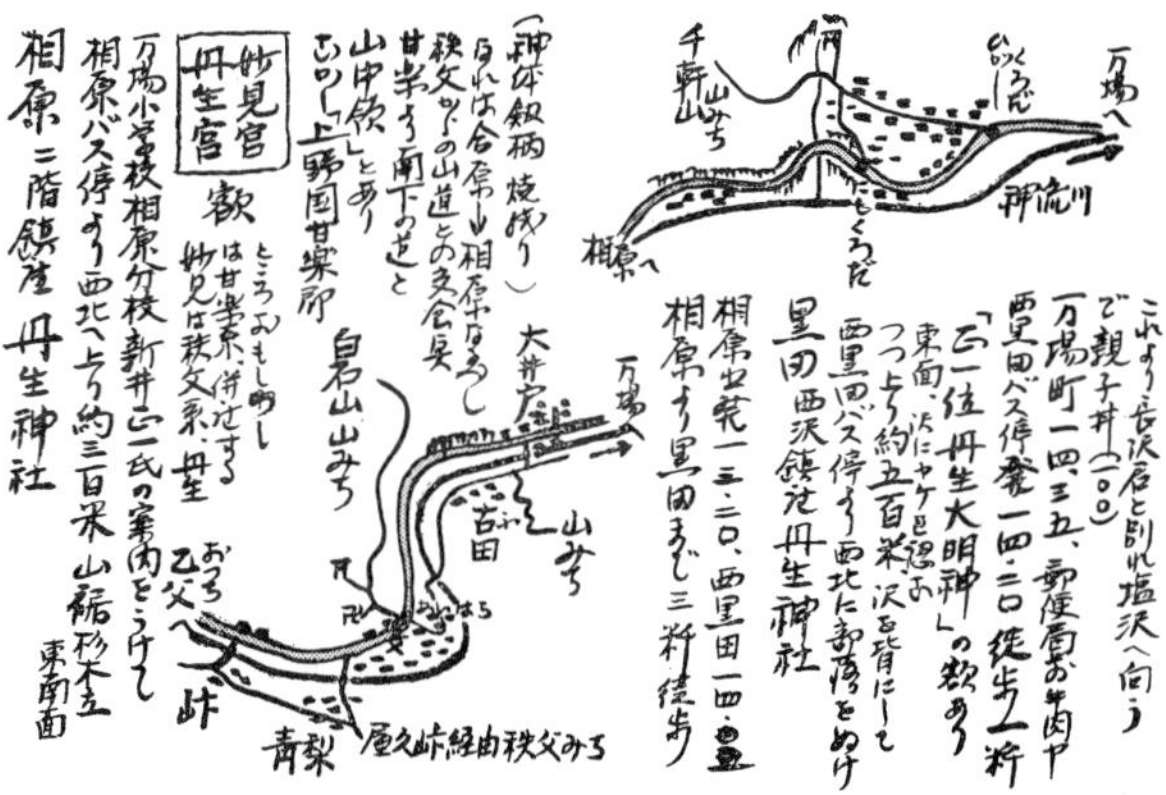

黒田西沢の丹生神社（昭和35年８月15日）

いて万場町には④⑤⑥の三つの丹生神社がある。美原附近の神流川谷は名勝三波石で名高いが、ダムのために水底に没する運命を迎えている。私の調査は水没の直前に行なわれた。

群馬県の公式記録によると、美原には坂原と高瀬とにそれぞれ丹生神社を伝える。ところが坂原のそれは、どう捜しても存在が判明しない。高瀬のものは、ダムによる水没地区とすれすれに位する。万場町の三社のうち、川すじからもっとも遠いのは塩沢のそれである。主街の西端から北行二キロ、塩沢部落の東はずれの山腹に南面していた。黒田と相原の丹生神社は川すじ沿いの街道の北側に見出された。とくに相原のものは、秩父系の妙見宮と同居し、秩父と鏑川谷（富岡市の丹生がある）とを結ぶ古道が、川に沿う十石峠への信州往還とクロスする地点であった。おそらくその意味で合原といわれ、相原となったのであろう。塩沢の丹生神社も、今日の街道からすれば、万場の中心から離れている。しかし、もと鏑川谷からの古道が社の下を通っていたことを考えると、理解しやすいであろう。

以上六社のうち、ニウズヒメを祀るのは①富岡市下丹生のもの（それも一時はミズハノメ祭祀に変っていた疑いが強い）と③美原のそれである。他はミズハノメかタカオカミを主神とする。大和系変化にほかならない。なお⑦白郷井のものは、八章を見られたい。

（註二）⑩の多気郡の丹生神社は、伊勢の松阪市から西南に一二キロばかり。むかしは松阪駅から分岐する電車で大師口駅で下車し、櫛田川にそって歩いたものである。高見山から東に流れる櫛田川は日本の中央構造線を示し、この川が下流にうつる地点に丹生がある。丹生から射和にかけては有数の朱砂地帯で、採掘が盛んなところは「丹生千軒」を頌《うた》われた。神社に隣接する丹生大師（丹生山成就院神宮寺）には水銀蒸淘釜も保持され、射和はむかし「伊勢おしろい」の名産地として知られていた。長らく休山中であった丹生の水銀鉱山も復活している。『延喜式』神名帳には伊勢国飯高郡に九座を伝え、丹生神社と丹生中神社とが見える。もちろんこの丹生神社は今日の⑩の前身である。

（註三）福井県にも丹生神社が多い。この県が旧の越前国と若狭国とを併せているだけではない。越前には丹生郡がある。武生から福井にかけての北陸本線の鉄路と日本海とのあいだと見てよく、地理学者のいう丹生山地がその中心だ。このあたりは仏教の信仰が深か

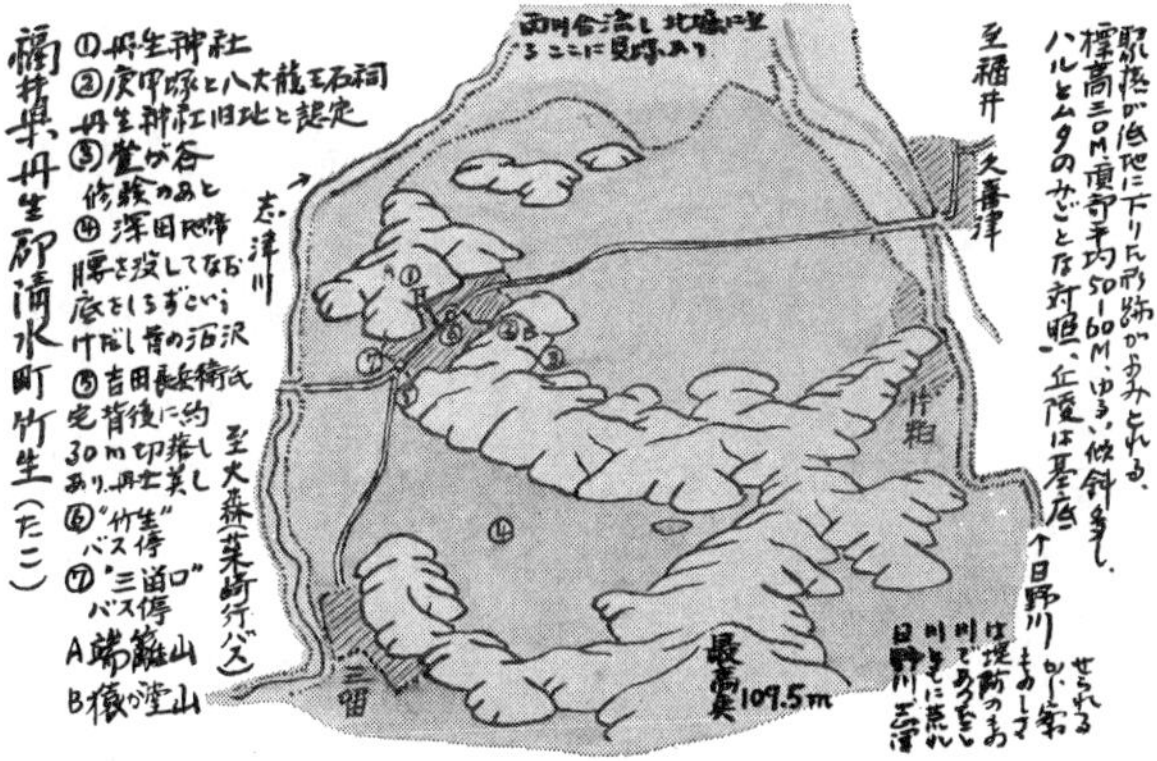

竹生の丹生神社（昭和34年7月27日）

ったけに、神仏混淆は根強く残る。神社の祭神が仏像であることも珍しくない。福井駅から西に八キロほどの⑪竹生の丹生神社、および、武生駅から水田のなかを西進して山にとりついたところにある⑫武生の少彦名神社（私は丹生郷にあった丹生神社とする）はスクナヒコナを祀る。しかしこれらは薬師信仰の神道的変遷であって、薬師を祀る以前けかならずニウズヒメが祀られていたにちがいない。詳細な考証は『丹生の研究』に譲る。⑬敦賀市の丹生神社もこの前著に考証の過程を述べておいたが、本書の第一章にも血浦に関連して触れてある。

（註四）　若狭の部分にはいっても、丹生神社はけっしてすくなくない。ここでは代表的なものをふたつ掲げた。

⑭美浜町の丹生神社は敦賀市の西に長く海

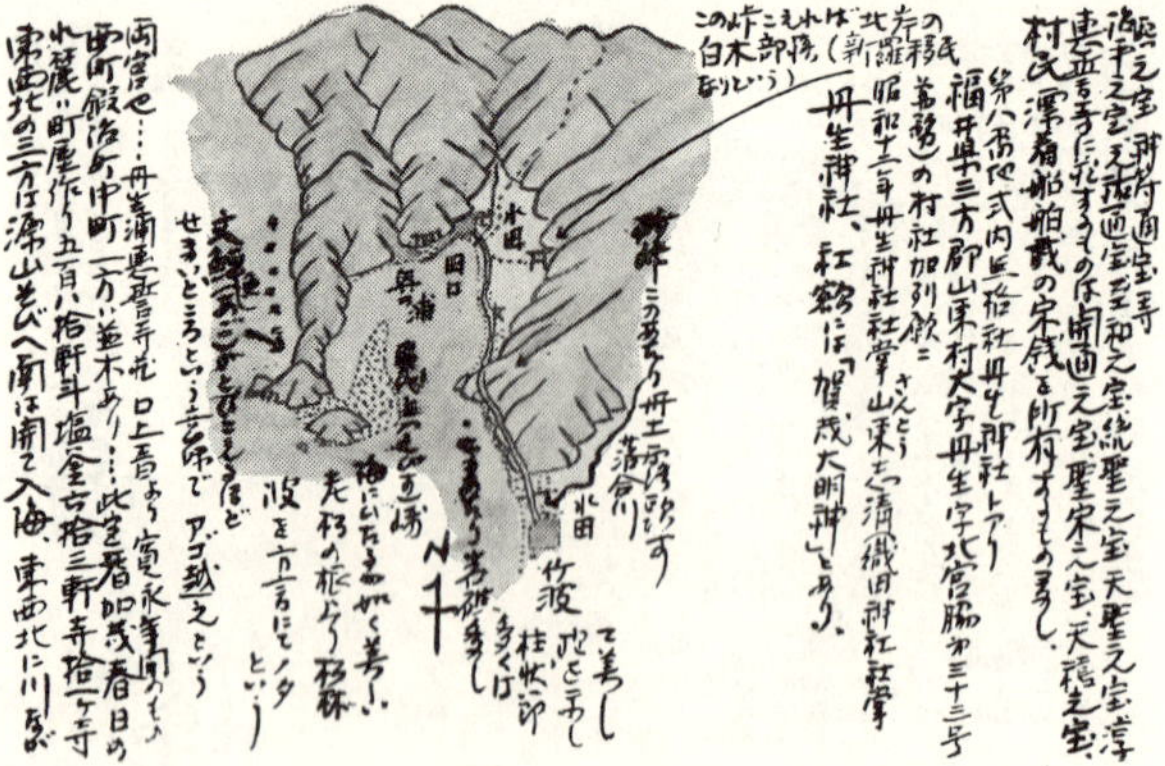

美浜の丹生神社（昭和34年７月28日）

につきだす立石半島の先端部にある。美浜駅からこの半島の西岸を一五キロも北にたどらねばならない。ここは地名を丹生といい、むかしは丹生浦として国際的な港であった。丹生神社はいま加茂神社とも称し、ニウズヒメと加茂明神とを併祀しているが、本来はニウズヒメの祠である。また『三方郡誌』によれば同じ美浜町の佐田に鎮まる織田神社の末社の一つにも丹生神社がある。この⑭三方郡美浜町の丹生神社は本書ではしばしば仁布神社との対比で論及した。

⑮小浜市の丹生神社は旧国富村太良庄の字丹生にある。『三代実録』の貞観十二年の条にいう「遠敷郡の人の丹生弘吉」はこの土地の人であるから、ここに丹生氏が居住したことは疑いなく（彼の墓という五輪塔も附近に残っている）、この丹生神社はその中心であったら

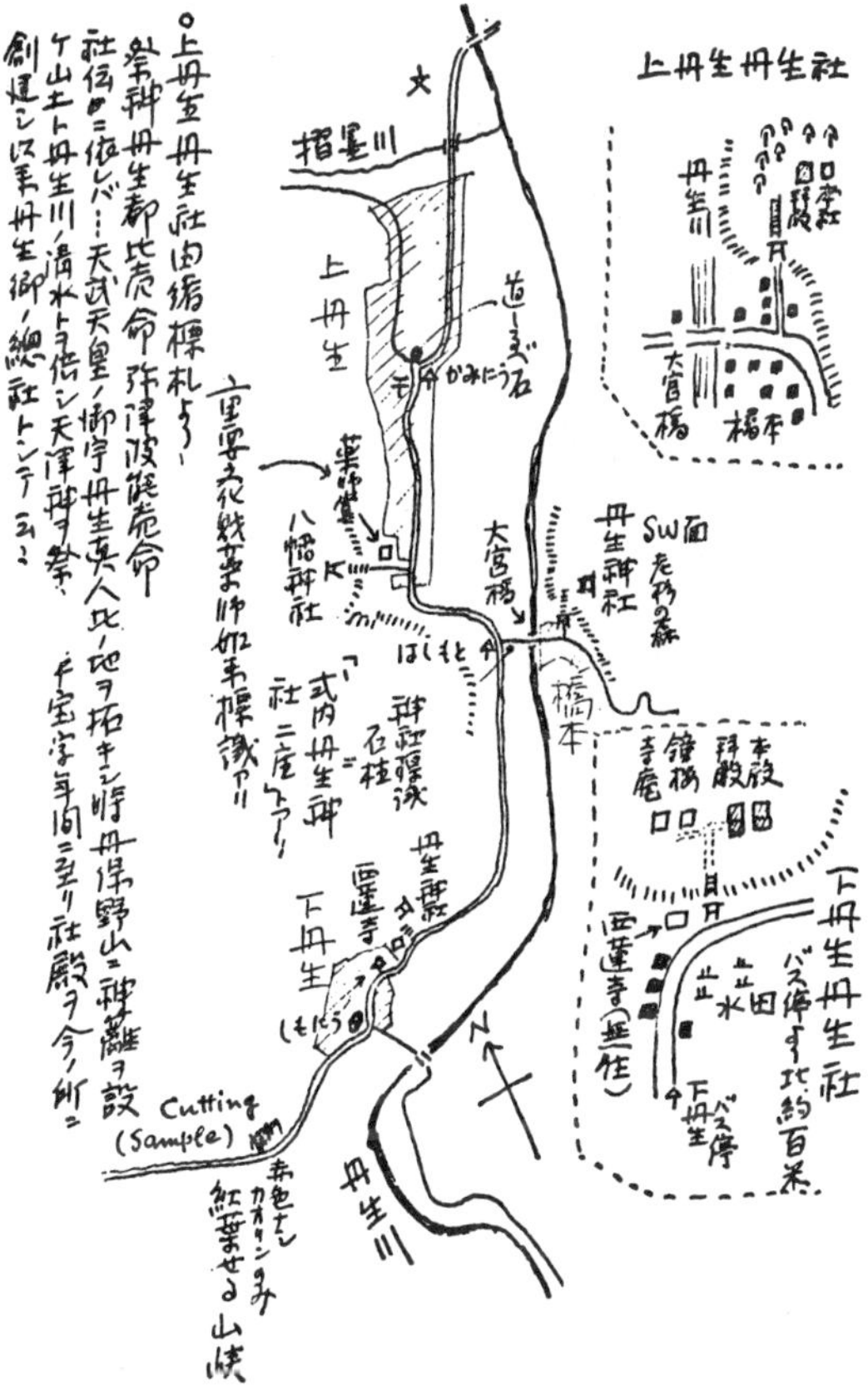

伊香郡丹生の丹生神社（昭和37年11月8日）

しい。いまこの神社は若狭彦を祀っているが、このことは若狭の主要部分であっただけに、遠敷神社（若狭姫を祀る）や若狭彦神社の影響を強く受けた結果であろう。

（註五）『延喜式』神名帳には近江国の伊香郡に丹生神座二座とある。これが⑯余呉村上丹生の丹生神社と⑰同村下丹生の丹生神社にほかならない。この河谷にはいった丹生氏は、よほど古くから上下の二群に別れてそれぞれニウズヒメを祀っていたらしい。

いま柳ヶ瀬線中の郷駅から下丹生を経由して上丹生まで四キロ。丹生神社は丹生川をはさんで上丹生の対岸の小高い丘の上にあり、下丹生のものは街道に面している。両社ともニウズヒメとミズハノメを祭神とするが、もちろんミズハノメ祭祀は丹生神社と丹生川上神社との混同に起因し、ニウズヒメの大和系変化にほかならない。茶わん祭の奇祭があることで知られている。

（註六）⑱の米原町の丹生神社は東海道線醒が井駅から南行する。駅から丹生谷にはいって下丹生を経、上丹生まで三キロ。鈴鹿山脈の北端の霊仙山にとりついた地点である。ここから霊仙山の西腰の山道をとって直進すると多賀町の入谷に出る。これも丹生谷であろう。このへんに丹生氏が居住したことは、醒が井駅の北に息長《おきなが》などの古い名が残っていることからも推測できよう。

（註七）⑲丹後の丹生神社は、網野町の後藤宇右衛門老が『丹哥府誌』から見つけたもので、私の調査も同氏のお世話になった。宮津線峰山駅から竹野川について東北に一二キロ。

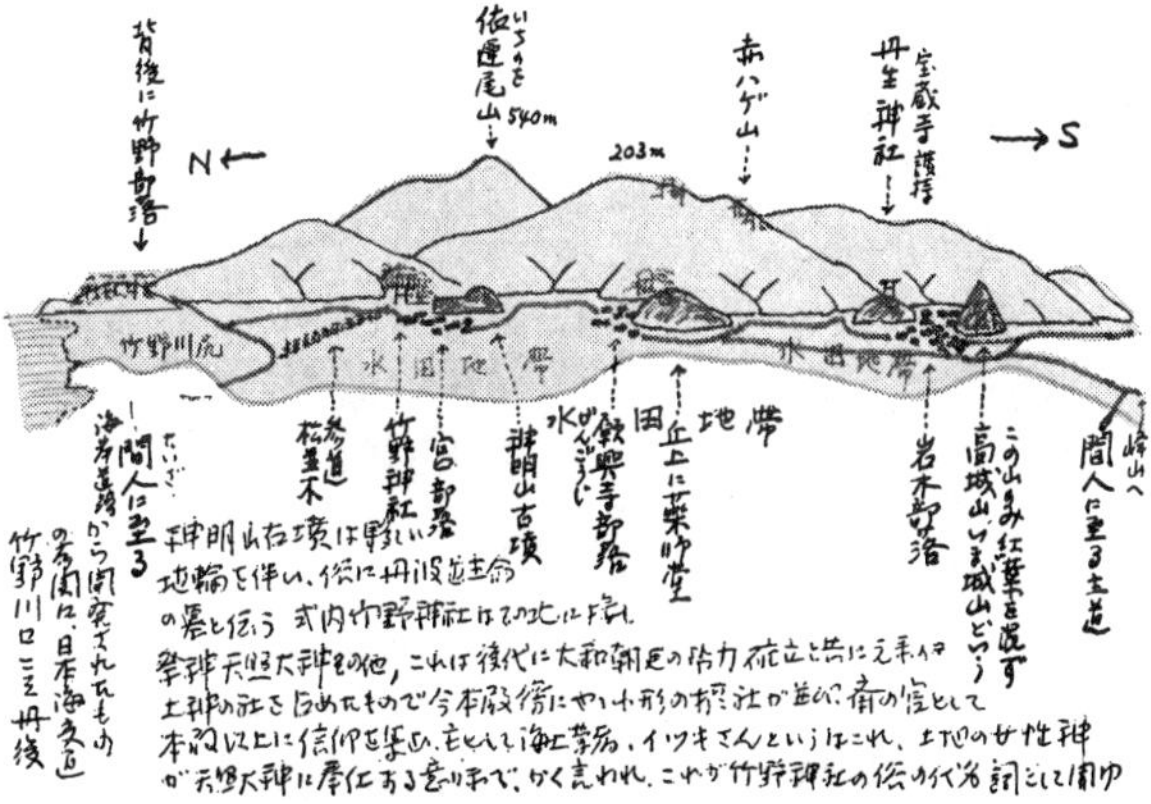

丹後の丹生神社の周辺（昭和42年11月５日）

または網野駅から海添いに一〇キロ東して、間人《たいざ》から竹野川に沿う。社は竹野川右岸の岩木部落に迫る丘陵に乗る。依遅尾山《いちのお》の末端である。祭神はミズハノメ。それがニウズヒメの大和系変化と見られることはいうまでもない。

（註八）　⑳の奈良市の丹生神社は、もと山辺郡柳生町の丹生部落にあった。さすがにこのあたりは大和高原だけに、地勢は西・南に高く、東・北に向って斜面となり、集落は河流を避けて山裾にかたまり、山の波のあいだに丘陵性の平原が開けて水田を敷きつめる。丹生はそうした山中にある小さな盆地だ。部落のなか、西から突きだす丘の上に丹生神社が鎮まる。明治の廃仏のさいに、従来の寺院はすべて消されたほど徹底した土地であるだけに、神社はよく保存され、室町時代の能面も

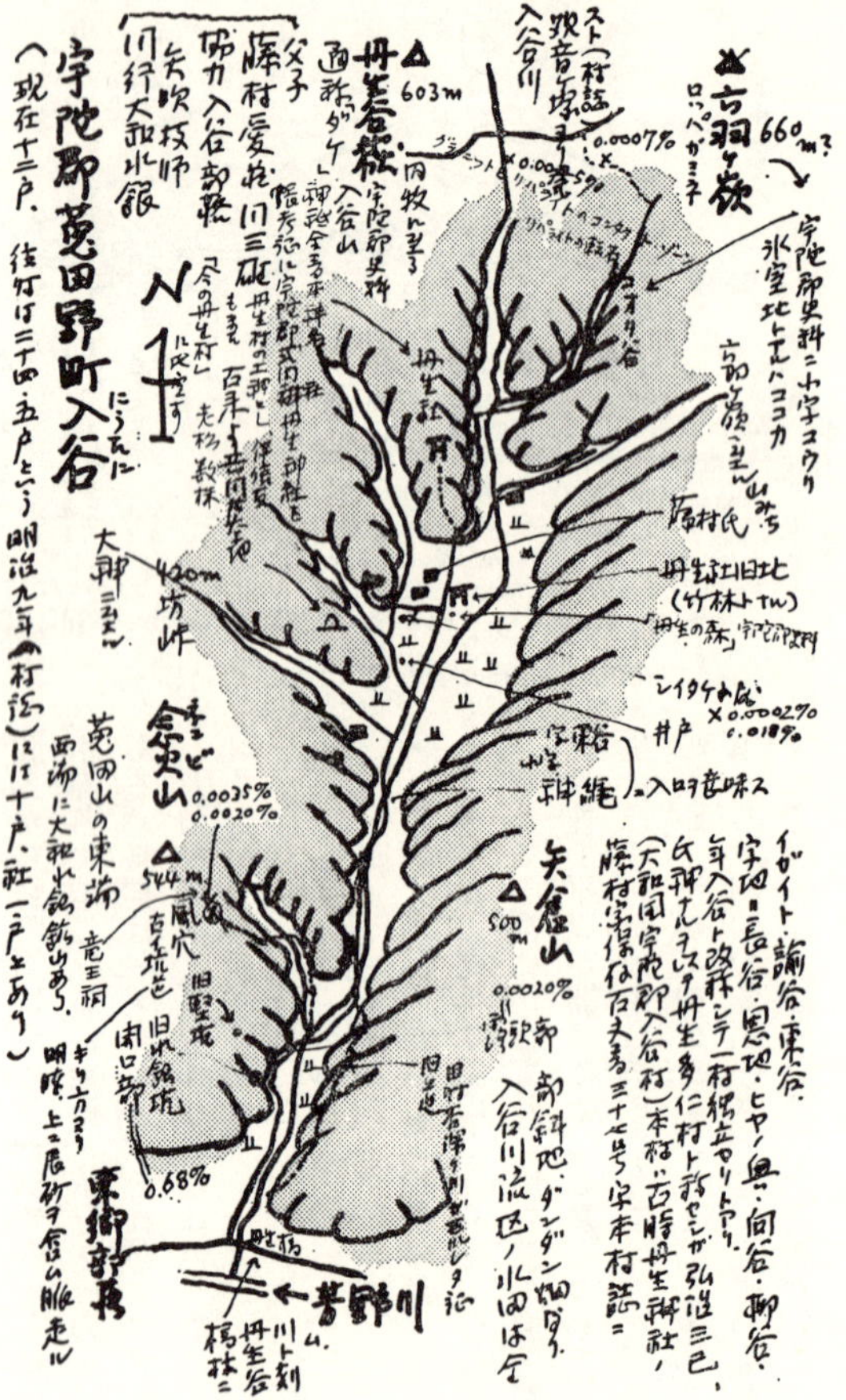

菟田野町の入谷（昭和39年5月4日）

残っている。祭神は由緒書によれば「ミズハノメ或いはニウズヒメ」とあるが、もちろん水がね姫が正しい。境内から採った試料は〇・〇〇二五四%の水銀含有を示した。

（註九） 宇陀郡には二つの丹生神社が残っている。㉑榛原町の丹生神社は盆地の西北に、㉒菟田野町の丹生神社は盆地の東南に鎮まる。前者は近鉄の榛原駅から西に三キロ、街道から丘にのぼっていく。この神社については八章で扱っているから、ここでは省く。

後者は榛原駅から南行八キロ。菟田野町の古市場（主街）を出はずれると、すぐ東に折れていままで沿ってきた芳野川の流れと別れ、その川に注ぐ丹生川について源中の谷に入る。その谷をいま入谷と書くが、もとは丹生谷であったという。川にそって西から東に、部落はダラダラ上りとなっているが、東から流れだした丘陵がそれに迫り、その先端に丹生神社が鎮座する。菟田野町大沢にある大和水銀鉱山の南隣に位置するから、現在でも朱砂の露頭が見られるほどの水銀地帯で、そのことは七章に紹介してある。宇陀のイソレヒコ（神武天皇）が丹生川上で神事を行ない、奇跡を示して軍士を鼓舞した伝説地は、この河谷だと私は思っている。

（註一〇） 吉野地区は、現在の町村名のように東・中・西の三部に分けて考えられる。丹生川上神社がまんなかの吉野川すじに上社、東の高見川すじに中社、西の丹生川すじに下社があるのを見るがよい。丹生川上での伝説はもともと神武天皇の宇陀での行事と考えられる。ところが後に天武天皇は吉野族との特別な縁故によって、これを吉野で顕彰した。

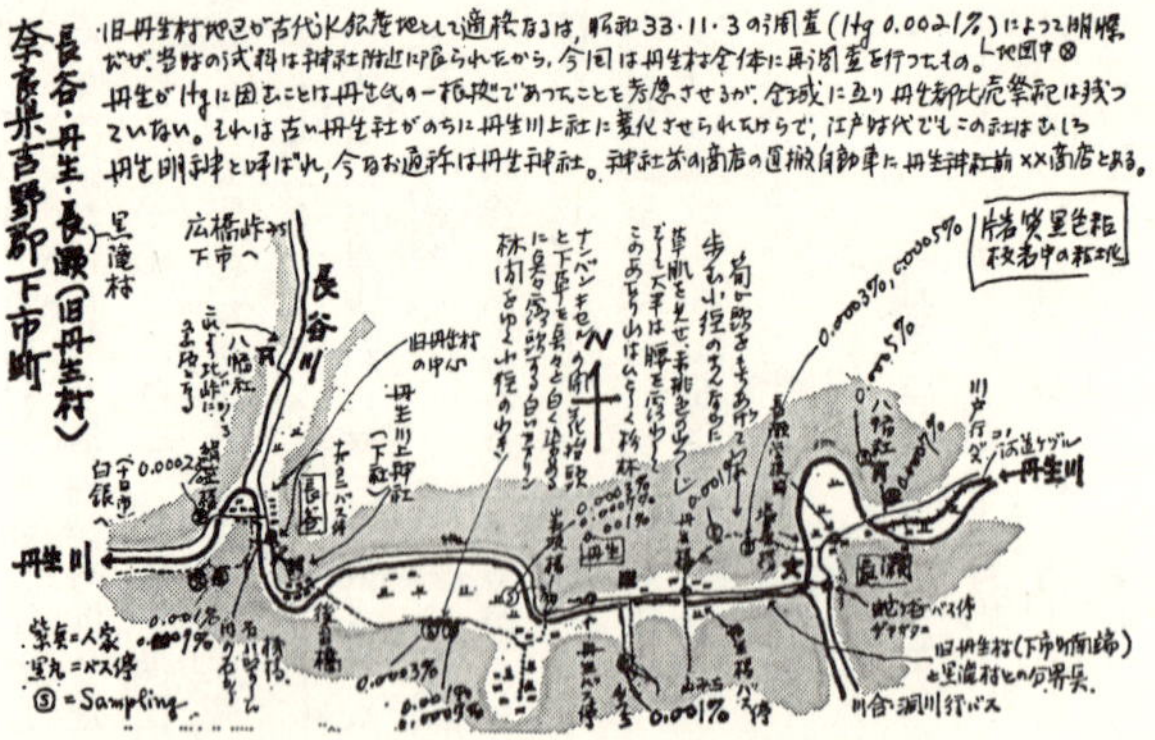

吉野・下市の丹生川上神社（昭和39年５月６日）

それはあとの八章で扱った。そこでも説いたように、丹生神社と丹生川上神社との混同はこれによって決定的となる。丹生神社の祭神ニウズヒメは丹生川上神社の祭神ミズハノメに変身しなければならない事態を導いた。㉖下市町の丹生神社はそうして混乱し変遷したもの。神社は近鉄の下市口駅から南に山を越えて丹生川の谷に出たところの長谷に鎮まる。駅から直線距離で九キロ。長谷から丹生川について一キロ強ほど東行した地点が丹生部落だ。㉓東吉野町の丹生神社は註記したように丹生川上神社の中社つまり明治の末ごろまで蟻通神社と呼ばれたものの対岸に摂社とされている。東吉野町役場から山と川とを分けながら南に三キロで、まったく深山のたたずまい。丹生神社の前の道をさらに三キロ南進すると三尾銅山があり、ささやかながら山中の集落をなす。㉔六田の丹生神社は、

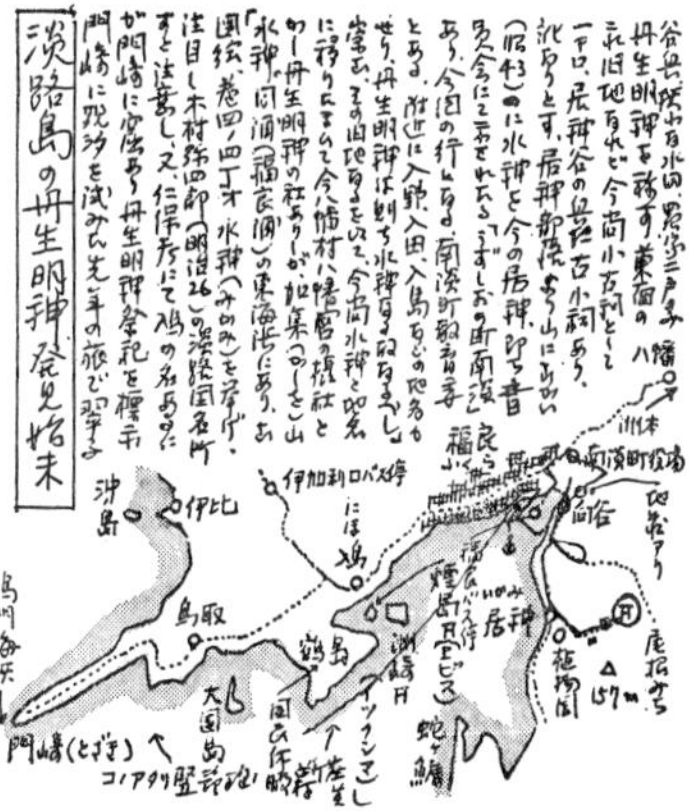

淡路島の丹生明神（昭和43年11月５日）

近鉄の六田駅から吉野川のむかしの「柳の渡し」を「みよしの橋」で渡って、対岸の六田部落の山のすそ（奥六田と呼ぶ）に鎮座する。柳の渡しを通って六田を経由するのが、むかしの吉野山や大峯山へのコース。㉕西吉野町大日川の丹生神社は、五条市から南行して、前記の丹生川について一〇キロ。神社は街道に面しているが、大日川部落は右手の切り立つ山の腹に点々と存存する。この山道を四キロ西に進むと、もうひとつの丹生川の発源地帯に位する富貫谷となる。これについては六章で論及した。

（註一二）　この註記を書いていると、淡路島の丹生神社こそ捜しだすのに苦心したことをまざまざと思い浮かべる。他国者だから一度、二度と足を運ぶのは当然として、そのたびに頼りにする役場や学校の人たらが知識の欠如か、多忙のせいか、いつもノレンに腕押しそのままだったからである。いまでは㉗三原郡南淡町（もとの福良）の丹生神社とはっきり書けるようになった。福良の主街から港をはさんだ対岸の居神の奥に鎮まっていた。そこまで主街からわずか三キロにすぎない。福良から鳴戸海峡の渦を見に行く人は多いが、対岸を探る人はいない。さてこそ置き忘れられてしまったのであろう。明治二十六年に刊行された『淡路国名所図絵』に「同浦（福良）の東海浜にあり、むかし丹生明神の社ありしが、加集《かしお》山に移りたまいて、いま八幡村八幡宮の摂社と崇む、その旧地なるを以て今尚お水神と地名せり、丹生明神は則ち水神なる故なるべし」とある。現地名の居神は水神《みかみ》の訛りであろうが、丹生明神を水神とするのはたびたび論及するように、ニウズヒメの変身に注意しなかったためだ。

（註一二）　神戸市は二つの丹生神社をもつ。㉘灘区高羽の丹生神社と㉙兵庫区の丹生山《たんじょうさん》の上に鎮まる丹生神社とにほかならない。まず灘区の高羽丹生神社は京阪神急行電鉄の六甲駅から鉄路について東に三〇〇メートルほど。高羽川の小さな流れを足下にふまえて鎮まっている。完全に住宅街のなかに沈んでしまった。全国に丹生神社は多数あるが、これほど市街地化されたものはまずあるまい。おそらく、もとは高羽川上源の六甲台地に鎮まっていたらしい。また、『大日本史』神祇志が摂津の国で官帳に載せざるものとして紹介した入比売神社はこの神社であろうと私は思っている。次に兵庫区山田町の丹生神社に移ろう。丹生山は五一五メートル、摂津と播磨の国境だ。山田町はむかし丹生山田とも呼ばれ

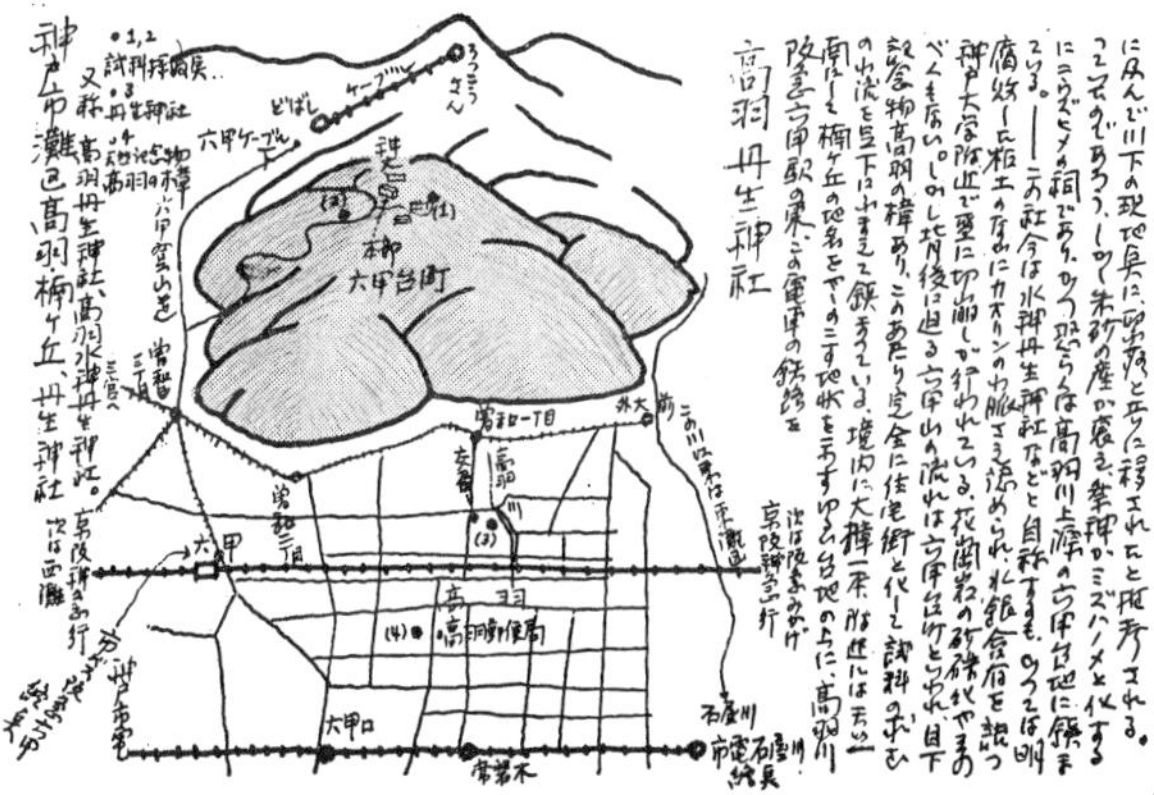

高羽の丹生神社（昭和40年１月30日）

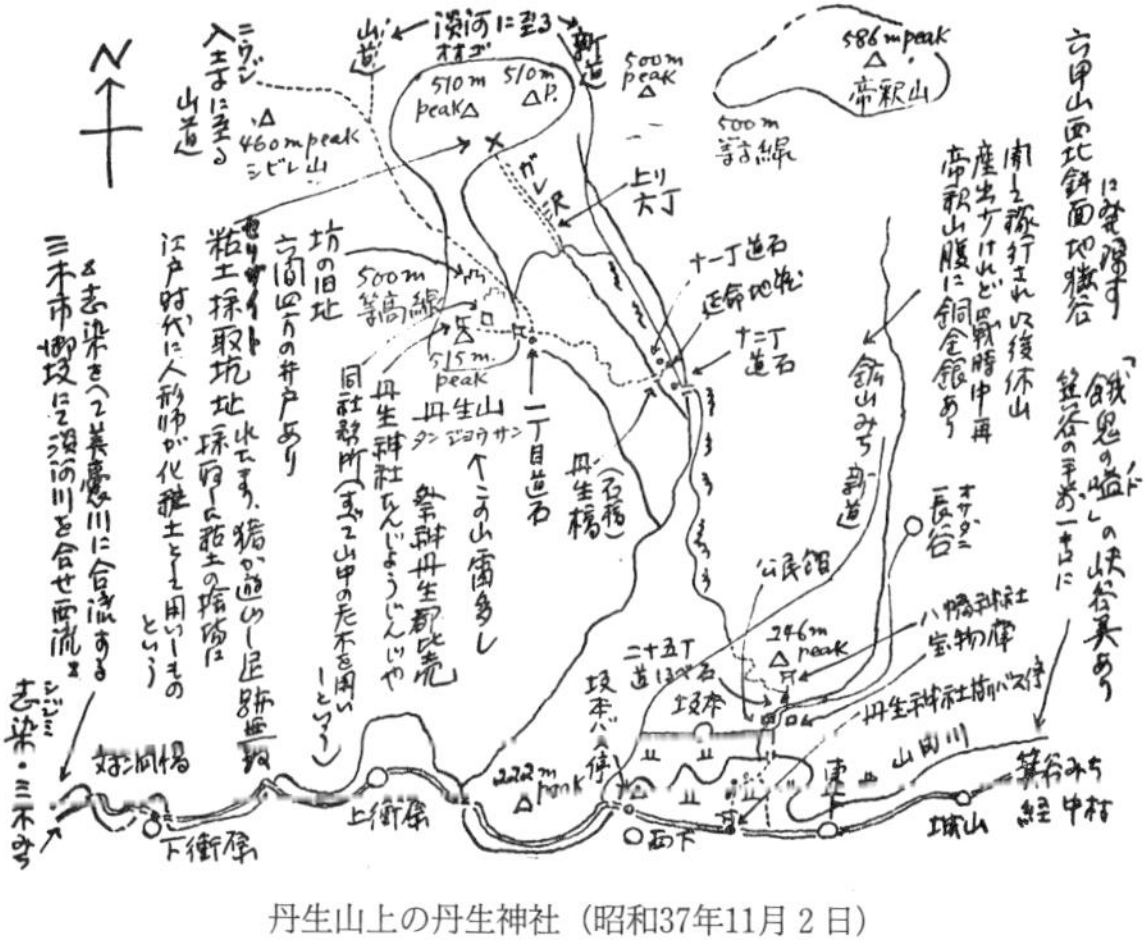

丹生山上の丹生神社（昭和37年11月２日）

たという。神戸電鉄の箕谷駅から西流の山田川に沿って坂本にいく。この部落から五キロを登ると、山頂の丹生神社につく。社前から坂本までを二十五丁に分け、道しるべ石が配置されている。この丹生神社は、神功皇后がニホツヒメ（水がね姫）の神示によって丹土を授かったとする『播磨国風土記』の話を記念する社であるといまに伝える。しかしじつはこの神社と並んで丹生山明要寺があり、丹生山上の百坊を統括し、かつ丹生神社を護持していたが、明治になって廃された。そのときの山号タンショウが後代長く山の名となり神社名となったのであろう。だからこの神社は『播磨国風土記』によるとニホツヒメを祭ったものでなければならない。祭祀の後に高野山系の真言仏教が進出したために、丹生の名が出たものであるから、原名は爾保であったと思われる。一一章を参照してほしい。もしこう考えられるならば、この神社だけは、丹生神社というよりも、むしろ爾保姫神社の例となる。私がこの山から採った試料は〇・〇〇五％の水銀を含有していた。りっぱな朱砂産地である。それだからこそ真言仏教の進出目標となったのであろう。

（註一三）㉚香住町浦上の丹生神社は山陰本線柴山駅の北にとなりしている。むかしはここから西南の八岡の山腹にあり、カエン谷を通る旧山陰道を見おろしていた。浦上は港町で、附近の上計、沖の浦、境、丹生地と組合って、五部落で丹生庄を作り、その後は丹生村という独立村。この地区には金の鉱山が多い。それと関連するかのように、私の試料は〇・〇〇三二％の水銀含有を示している。

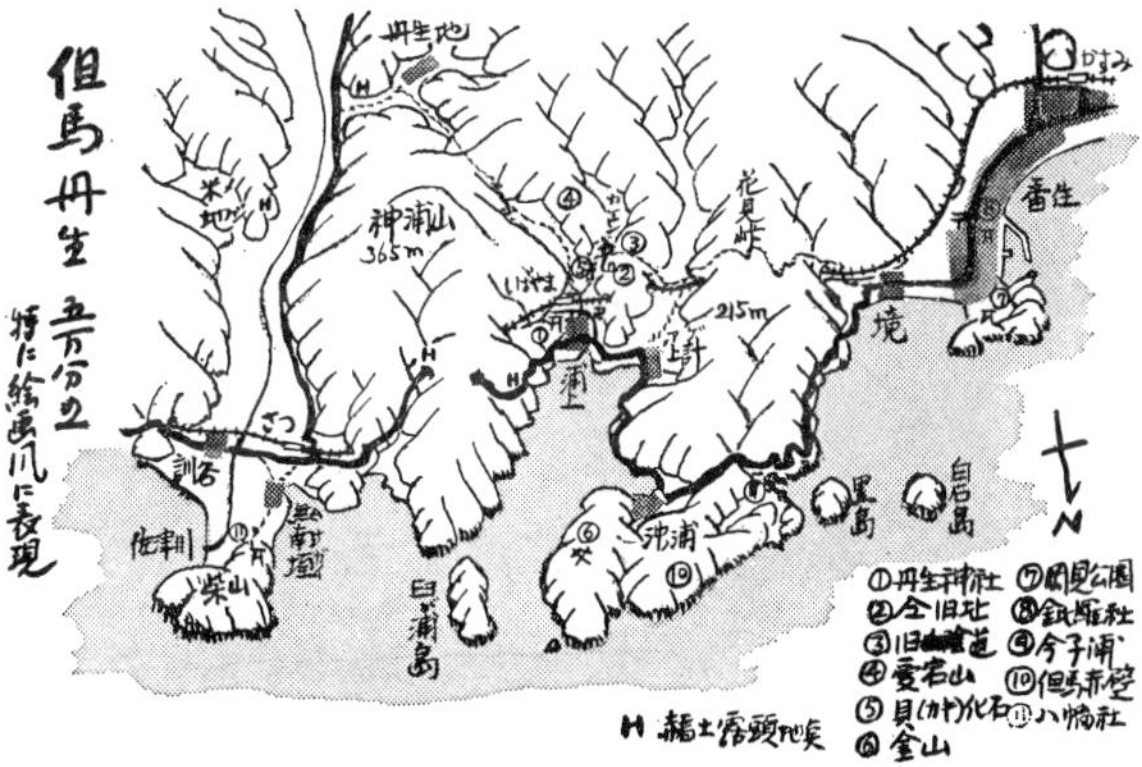

香住町浦上の丹生神社（昭和34年８月１日）

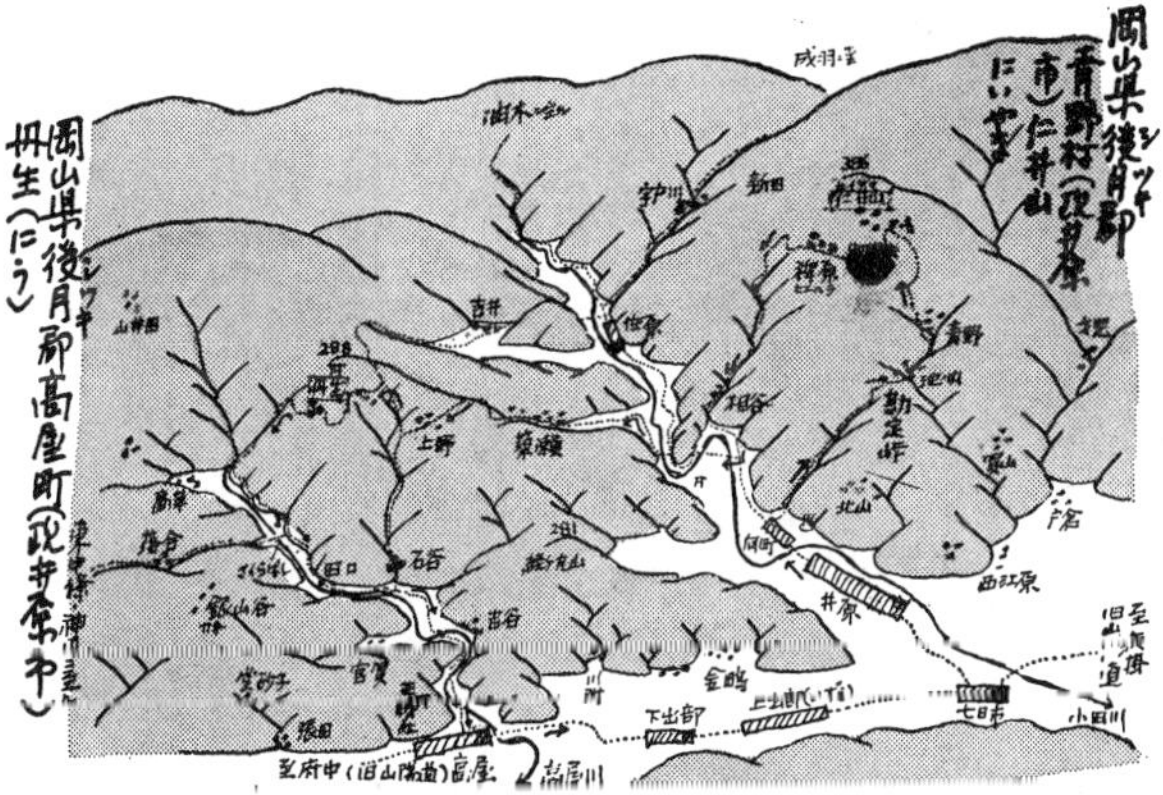

井原市丹生の丹生神社（昭和39年10月９日）

神社の祭神は、寛延三年書上帳では丹生大明神、高野大明神、および吉備大明神（吉備津彦）とされるが、明治十二年の神社調書には丹生津毘古、丹生津比売と大山祇命になっている。ニウズヒメに男神ニウズヒコを作って添えているのが、なんとも珍しい。

（註一四）井原市教育委員会の後援と岸加四郎君の東道で㉛井原市丹生の丹生神社を調査することができた。丹生の部落は古い山陽道に沿う高屋（旧後月郡、現井原市）から北に、高屋川の上流糸谷川の谷を経て七キロの山中にある。別に後月郡吉井町の与井から西に、篠、上野を経て六キロ。標高二四〇〜二六〇メートルの丘陵状山頂面を占め、東側に一〇軒（すべて高木姓）、西側に一〇軒（すべて中村姓）があり、ほかに糸谷川の桜橋附近に三軒あるだけ。山仕事と山腹の畑作りで生計を立てている。山頂に稲荷の小祠があり、大正元年九月に高屋の御室にある八幡神社の他の三一社とともに合祀（岡山県後月郡誌）されるまでの丹生神社であった。

（註一五）㉜白石島の丹生神社は、残念ながらニウズヒメの単独祭祀ではなかった。この島は笠岡港から南方一二キロの海上にあり、全島が花崗岩から成っている。しかし紀伊水道と豊後水道から内海にはいりこむ潮の出会うところ。この重要な島が高野山系の仏教に進出されたもの。島の北端に瀬戸内海独特の隘路を縦横にめぐらす港町があり、西側には三角形の頂部を見せる山々が重なる。港町をぬけて山ぎわの谷に弘法山開竜寺があり、四所明神（丹生明神、高野明神、気比明神、厳島明神）がそこに祀られていた。和歌山県内に数多

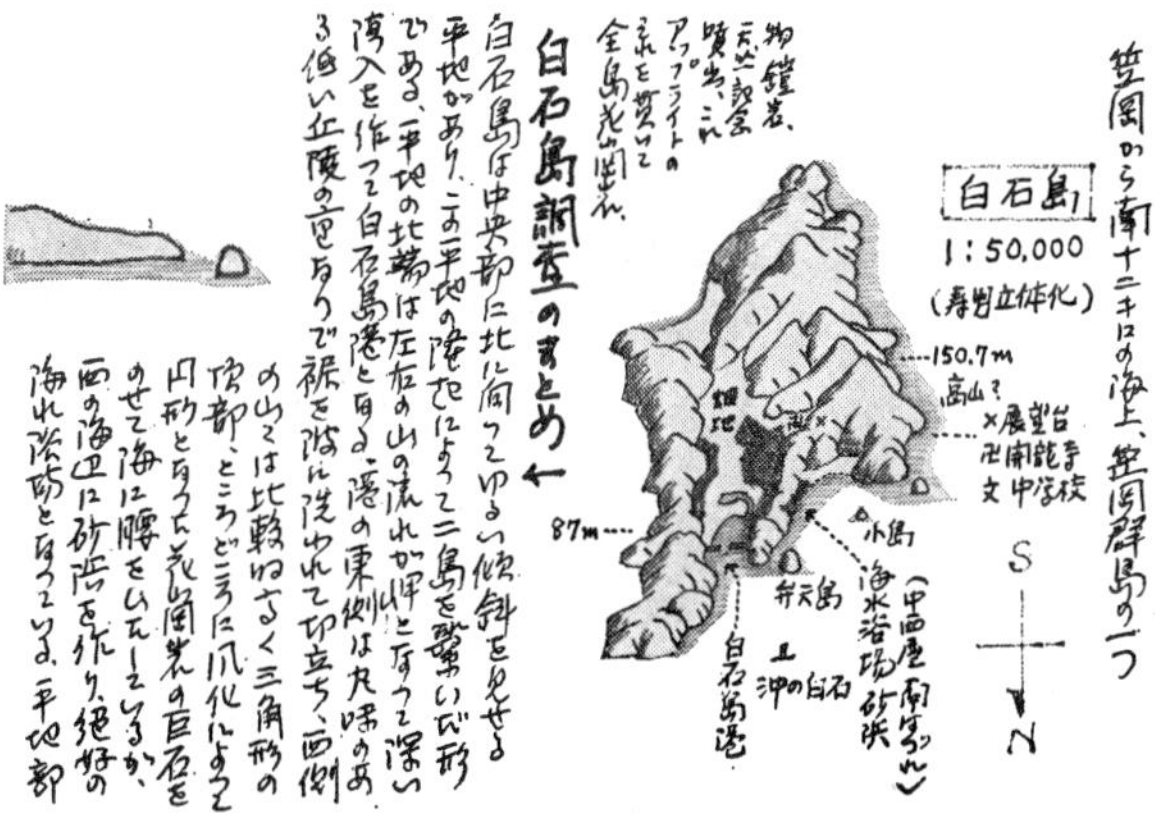

(昭和42年 9 月25日)

いとはいえ、高野山の勢力拡大にともなって置かれた丹生高野明神ないしはそれが発展した四所明神に類するものと判断される。（註一六）

右に反して㉝甲山町の丹生神社は、同じく高野山の影響を受けたが、まったく違ったケースであろう。甲山町は尾道市から三〇キロの奥地を占め、古い道にそった街道町である。その西南には、真言宗の寺々があった点で「今高野山」と呼ばれる山が迫る。上本町（もとの上市）と下本町（もとの下市）との境目からまっすぐこの山に登る参道があり、山頂の正面には丹生明神社と高野明神社とが肩を並べ、右手には大師堂を残し、いま竜華寺と呼ばれている。境内から私が採取した試料は、分析の結果〇・〇一五％の水銀含有を証明された。これほど高品位の水銀からすれば、むかしこの山に丹生氏の入植があって、

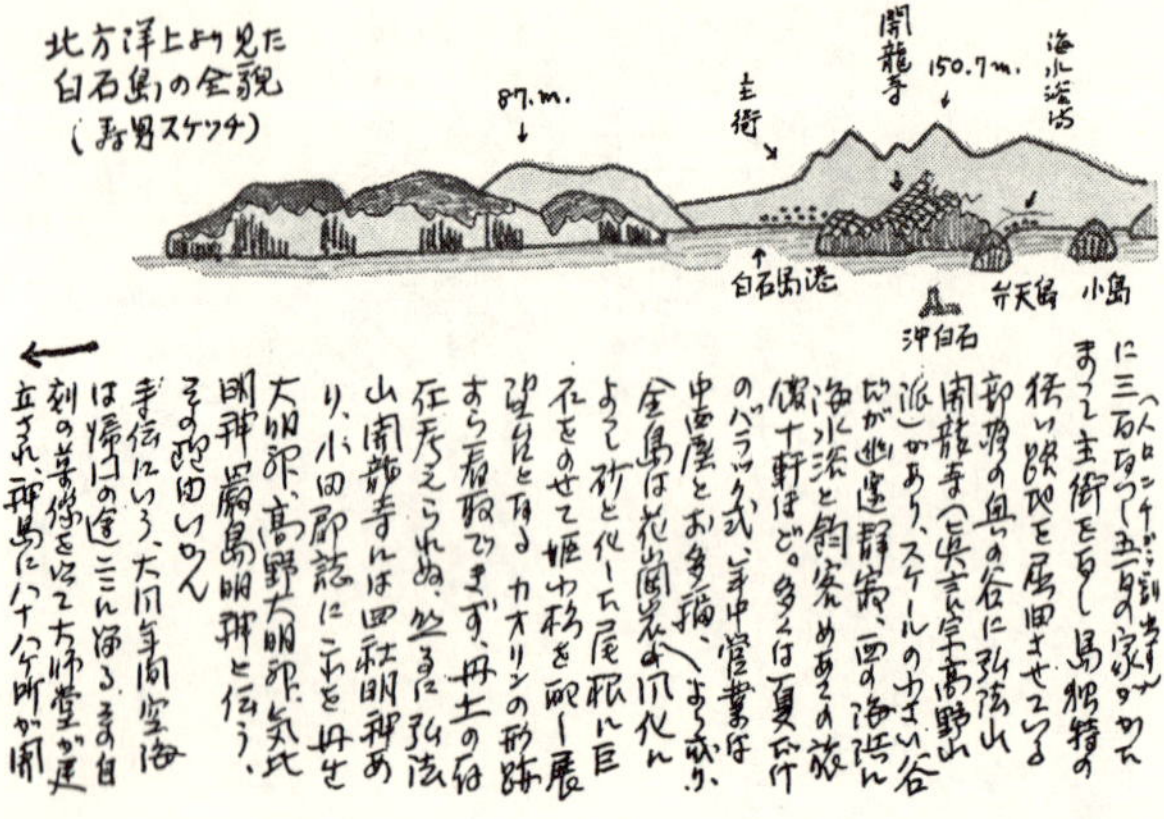

白石島の丹生神社

ニウズヒメが単独で祀られた。のちに高野山系の真言宗が進出して、これを高野明神と並べたものと思われる。文治三年（一一八七年）に後白河法皇は高野山大塔修法僧の費用として、この地区（大田庄）を布施された。これからのち高野山の所領として、七堂十二院がこの山に栄えたという。その跡は参道の両側から山頂にかけて点々と残る。ただし今高野山のニウズヒメ祭祀は、両所明神に留まり、白石島の場合のように四所明神とは化していない。

（註一七）㉞大内町の丹生神社はいま大谷八幡宮（石清水神社）と称する。高徳線丹生駅から北に、海を背にする山にむかって一キロ。長い参道が一直線につづく。このあたりが『平家物語』の丹生屋、『和名抄』の大内郡入野郷であり、むかしは丹生郷、のち丹生村で

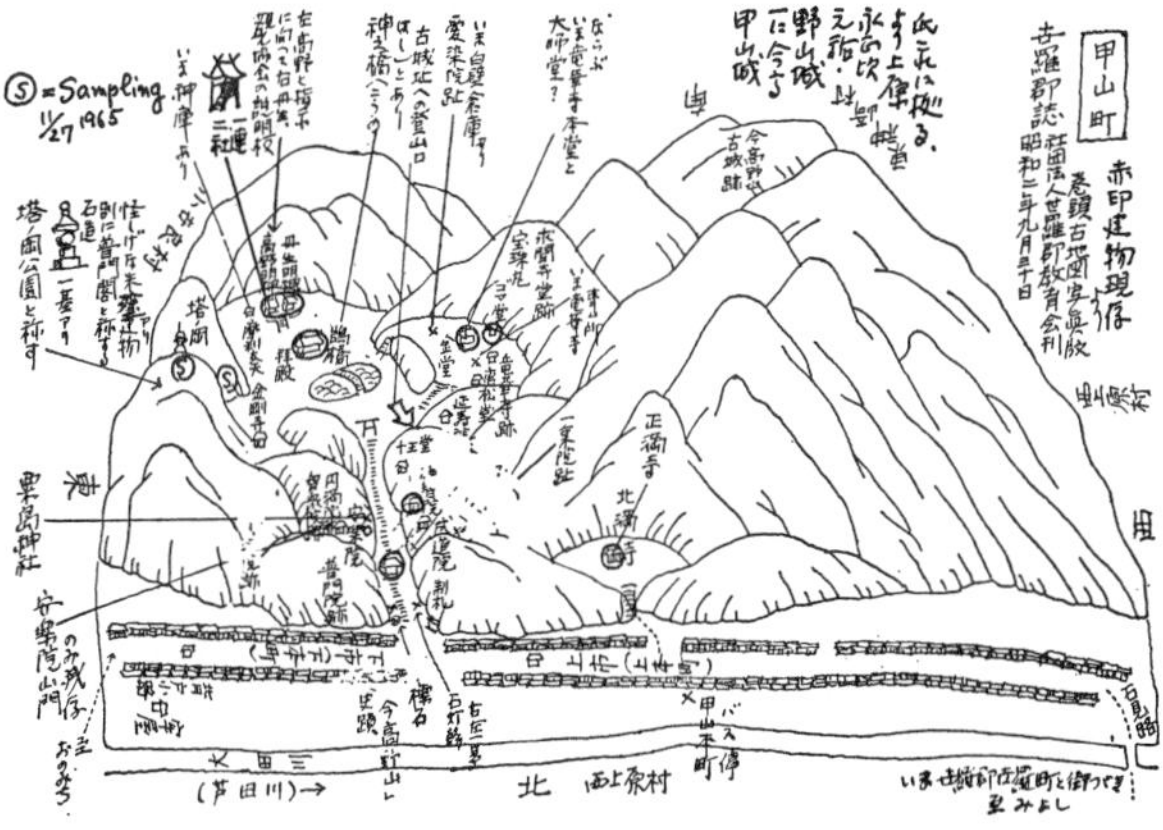

甲山町の丹生神社（昭和40年11月27日）

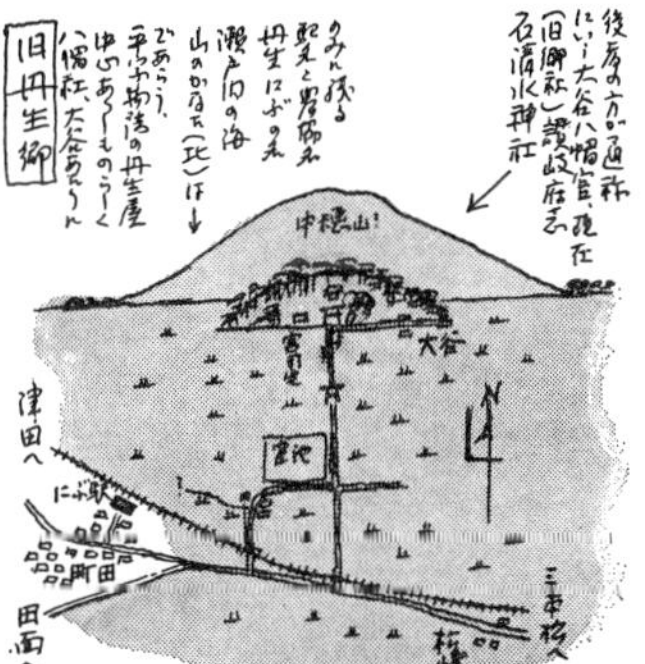

大内町の石清水神社（昭和43年11月 4 日）

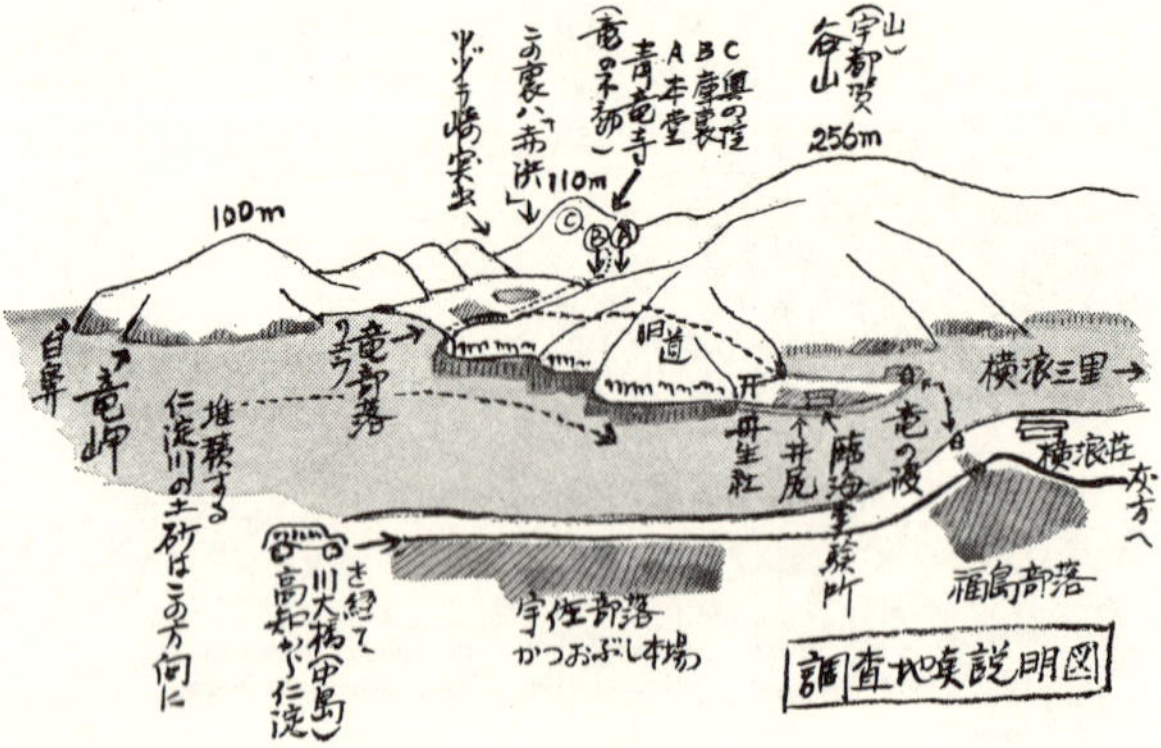

土佐市宇佐の丹生神社（昭和35年8月4日）

あった。現在は駅と農協とに名を留めるだけ。かつ俗信仰は丹生を訛って誕生と考えたので、この神社も子安八幡とされている。

（註一八）　南海学園主事の中田善水君の案内で、㊱土佐市宇佐町の丹生神社を調査したので簡単に報告しておく。高知市から西南約二〇キロで土佐市宇佐の福島の浜に出る。ここからもとの「竜の渡し」を渡航船に乗って対岸の井尻に上陸。この部落の奥に山を背負って丹生神社が立つ。いまタンショウと訓むのは音読で、祭神はミズハノメ。この神社は「竜の不動」と深い関係にあった。この寺は高野山系真言宗に属し、西国第三十六番の札所の独鈷山青竜寺である。丹生神社から、東の海に落ちこむ山々の裾を削ってつけた竜岬半島突端部の臨海道路を南に進む。約三キロで竜部落。その奥に竜の不動がある。不動の奥の院や断崖の下の赤浜に認められるように、このへんは朱砂地帯だ。真言宗寺院の進出と朱砂との関係を語るかのような地区であった。高野山系の仏寺に護持されつつ、丹生神社の祭神が大和系変化を見せている。なんとも変った例といえよう。

（註一九）私の助手として働いてくれた古賀登君の報告を抜粋しておこう。

丹生川は藤津郡と長崎県東彼杵郡の郡境にそびえる虚空蔵山（六〇八メートル）に源を発し、嬉野町を経て嬉野川となり、塩田町をへて塩田川となり、有明海にそそいでいる。この川すじに七つの丹生神社がある。川下より数えると、塩田町馬場下宮ノ元に一つ、同町大草野に一つ、嬉野町下野に一つ、同町湯野田に一つ、同町井手口に一つ、同町平野に一つ、同町丹生川に一つである。

㊷宮ノ元丹生神社は塩田町より嬉野町に向かう道路の右手にあって、南は塩田川に面している。祭神は罔象女命、単独祭祀。正一位丹生神社という。県社。『丹生神社由緒記』によれば、安寧天皇二十一年が鎮祭のはじめであり、元明天皇和銅二年勅使下向して今の社殿の裏山妙音寺に仮宮を作り、仁明天皇承和二年三月、大和国丹生川上神社に勧請して御神体四八体を仮宮に移し、この地を丹生野と称したとある。また清和天皇貞観三年八月二十四日に肥前国正六位上丹生神に従五位下を授くと『三代実録』にある。宮ノ元より川下約一〇〇〇メートルのところに常住寺という真言宗の寺があり、丹生神を守り神としている。塩田町より鹿島市に至る道の左手㊸鹿島市森字小刀に五ノ宮という小社がある。祭

神は、軻具突神、罔象女神、金山彦神、句句廼馳神、埴安姫神。『五ノ宮神社御由緒略記』によると、元明天皇和銅二年八月、大和国丹生神の分霊を安置したものという。

丹生川は虚空蔵山に源を発し、東南流し、上不動、中不動を経、平野で東北に転じ嬉野川となる。中不動の川向うを小字丹生川といい、いま㊲丹生神社がある。社殿は丹生川にそい、東南に向いている。昭和二十七年七月、宗教法人令により県に申請したときの書類によると、社名は川上丹生神社、村社、祭神は丹生津姫大神。丹生神社由緒（戸長役所より県方へ提出せるもの）には「本神は埴安姫之尊、或は御一名を丹生都姫と称え奉る土神なり。又本社内合祀する所の一座は水神弥都波能女尊にして、二神共に伊弉冉尊の御子なり、本社創立年月日は不詳。但し神史を按ずるに、其の埴安姫は和州吉野郡下市近傍の山中祭る所の神一座丹生大明神と号して日域二十二社の一なりと。如今本社分魂六社あり、倶に丹生宮と号す。平野、湯之田、下野村、大草野、塩田、鹿島之なり。各丹生川東流の左右を隔てず川に依って祀る」とある。

川上神社を下ると平野に一つ、湯ノ田に一つ、下野に一つ分社がある。㊳平野丹生神社は由緒に「嬉野町大字不動山宮ノ上、丹生神社。祭神丹生都姫大神、無格社。……不動丹生川村丹生大神を分社、二ノ宮とす」とある。つぎに㊴湯野田の丹生神社についていうと、由緒に「下宿字尾ノ上、丹生神社。祭神罔象女命。不動山丹生川村丹生大明神より分霊、三ノ宮とす」とある。一ノ宮、二ノ宮等々の数え方はいろいろあり、村社以上を云うともいい、湯ノ田を二ノ宮ともしている。なお宮ノ元丹生神社を一ノ宮とすると、また数え方は別である。川上神社の祭神が丹生都比売で、それより分霊したという湯野田の丹生神社の祭神が罔象女であるということは注目すべきことである。㊵下野の丹生神社の祭神も罔象女で、同社由緒に「嬉野町大字下野字参本松、丹生神社。祭神罔象女命、菅原道真、大山祇命、大山咋命。和銅年間大和国丹生川上大神の霊を勧請し、山王川下流に奉斎す。明治六年村社にし、後菅原道真等を合祀す」とある。嬉野川を下ると㊶大草野南の右手の川べりに、川を背にして丹生神社がある。祭神は罔象女。嬉野より丹生川を経、東彼杵にいたる道には随所に赤ヤケがみえ、虚空蔵山に水銀鉱床があると推定される。虚空蔵山の北麓が著名な波佐見銀山である。

（註二〇）『豊後国風土記』の海部郡丹生の郷にあった丹生神社については九章に探究の次第をのべたから、読んでほしい。ただし唐橋世済が『豊後国志』に伝える三ノの丹生神社（一宮、二宮、三宮）についていえば、一ノ宮は㊼に発見され、二ノ宮は㊹に確認された。しかし三ノ宮だけは㊺の屋山の山王神社か、㊻の市尾の八柱神社か、キメテがまだ見いだされていない。したがって、やがてこの表中からどちらかの神社が一つ消されることになる。附記しておく。

七　丹生氏の植民

朱砂の女神

丹生氏の植民的進出・発展というテーマは、私の頭脳からでた産物である。しかし裏付けがないわけではない。それを、これから書きつづろうと思う。

まずこのテーマの出発点から明らかにしておく。朱砂の女神は、それについての記録としてもっとも古いと認められる『播磨国風土記』にニホツヒメ（爾保都比売）と伝えてあるのに、一般にはニウズヒメ（丹生都比売）として流行し、この女神を祀った祠は丹生神社である。この女神名の変化はなぜ起ったか、という疑いにほかならない。もし風土記の伝えをそのままウノミにすると、神功皇后が紀伊国管川の藤代峯に移祀した時点から、ニウズヒメの呼称が起ったことになる。

ところが、ニホツヒメの名は消えなかった。その祭祀もけっして断絶してはいない。私は丹生を探ってあなたこなたに旅行したが、そのさいにも、しばしばその事実に接した。たとえば、広島県比婆郡東城町の久代高野の権現山に鎮座したという『延喜式』神名帳の備後国奴可郡の爾保都比売（原文は爾比都売）神社は、いまは現地に亡く、一五キロほど西

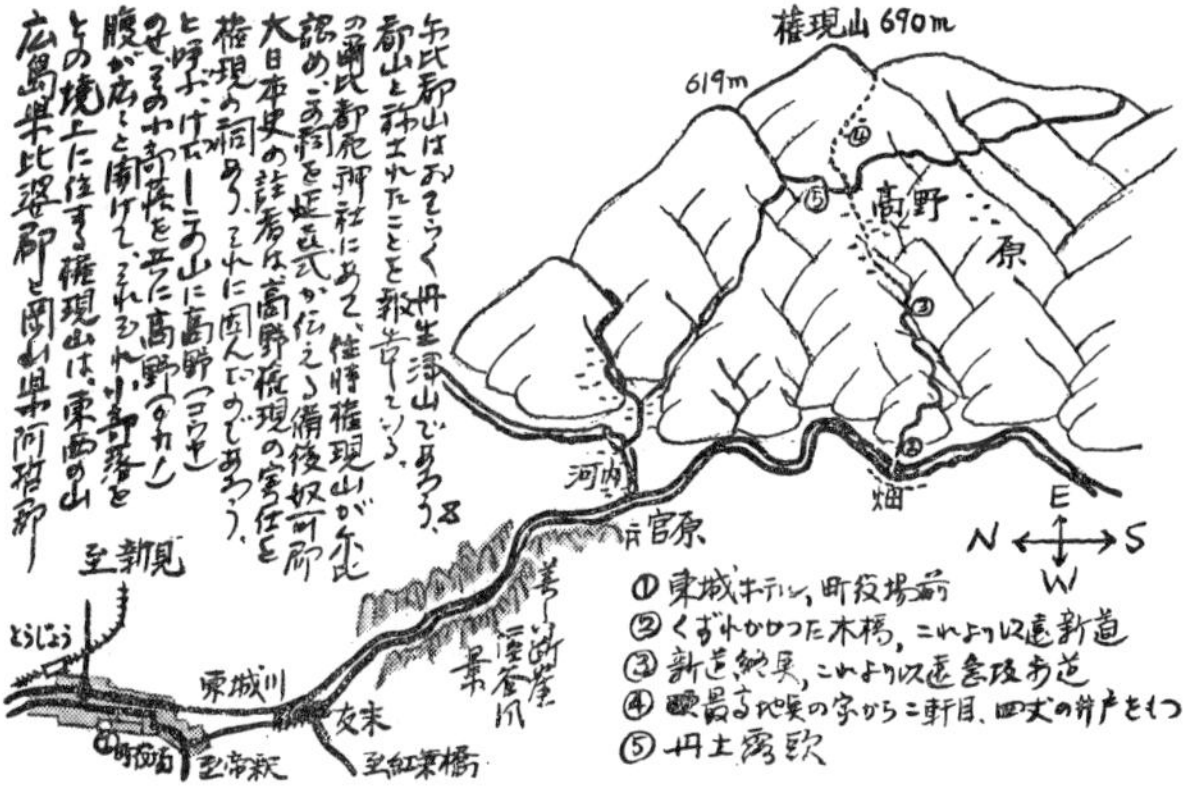

備後・権現山の調査（昭和35年 8 月 1 日）

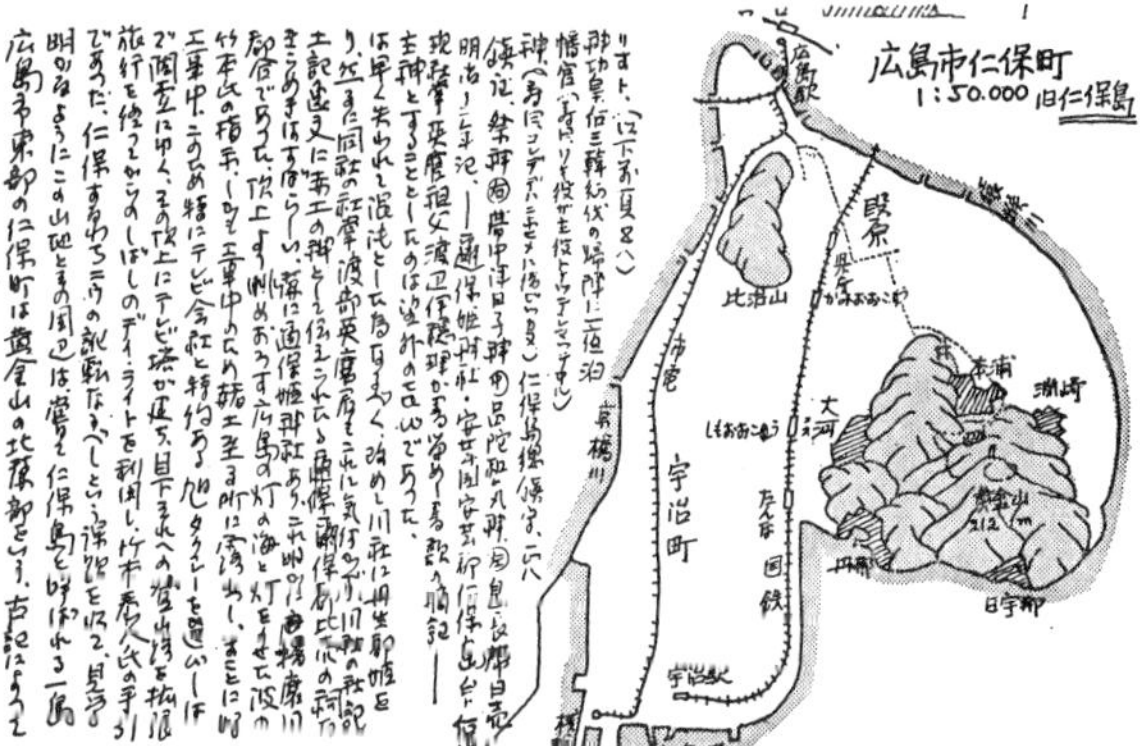

広島市の邇保姫神社（昭和38年10月28日）

の西城町に復活されている。もちろん権現山の現地は私の調査によって古代朱砂産地として適格であった。また広島市仁保町の本浦部落に鎮まる邇保姫神社も参考に価しよう。

この一画は比較的近世まで海中にあって仁保島と称された。仁保という島名は爾保という神名と同じで、朱砂が穂のように吹きだしている意味である。もちろん私の現地調査の結果もそれを証明した。明らかに『播磨国風土記』の伝説を継承した社にほかならない。私はまた同じ系統をひく邇弊姫神社を島根県大田市土江町に見出している。山陰本線石見大田駅から西に、次の静間駅から行く。ここも古代朱砂産地であった。

ニウズヒメ祭祀

一方のニウズヒメ祭祀の場合をさぐってみると、播磨国から紀伊国に移祀された地点は、風土記によれば管川の藤代の峯であり、丹生明神の告門《のりと》によれば川上の水分峯であって、どちらも同一地点であることは論じてある。このときに取上げたように、高野山北麓を西流する丹生川の上源地は富貴、筒香である。その西に隣する高野山は、弘法大師が金剛峯寺を開基するさいに地主神の高野明神とともに丹生明神をあがめて、寺域の守護神としたほどの朱砂の産地であった。この系列で総社となっていたのは天野大社で、『延喜式』神名帳の丹生都比女神社である。西吉野の丹生川にのぞむ大日川から西に高野山の丹生川のほとりに移って、富貴、筒香、高野山から天野にわたる地域の一帯が朱砂産地として大和の人たちと交渉をもっていたにちがいない。

だから、このあたりのニウズヒメ祭祀は明らかに前記のニホツヒメ祭祀と対立するわけである。この対立は、播磨国では朱砂の産出をニホといったのに、紀伊国から大和国にかけてはニフと表現されたと解かれる。おそらく紀の川（吉野川）に流入する二つの丹生川にわたって住みつき、朱砂の採掘を特技としていたのはニフ氏とよばれ、漢字が輸入されたときにこれを丹生氏と書き、そして朱砂の女神ニウズヒメを祖神と仰いで丹生都比売と写したのであろう。

たびたび引くが『延喜式』の神名帳には、若狭国（いま福井県の西半）三方郡の宮社一九を紹介したうちに、丹生神社と仁布神社とが見出される。正しく発音すれば、どちらもニフではないか。はじめにコトバありき、である。二つの神社が表示するように三方郡内には朱砂地が二カ所あった。その一つに丹生氏がタッチして、自らの祖神（ニウズヒメ）を祀りこんで丹生神社とし、他の一つはもとのまま万葉仮名に直して仁布神社と呼ばれることになった、と思われる。

「丹」と「に」

とくにおもしろいのは、日本での「丹」字の使いかたである。古代日本人は記紀や万葉に見られる丹裳《にも》、丹塗《にぬり》などの訓のように、丹字を「に」の音に当て、はなはだしい場合には、爾や仁と同じように、丹字を用いてテニオハの「に」にまで使っている。ところが中国では爾や邇は仁と同じくN音またはJ音であるのに、「丹」は紀元後一〇〇年ごろ編集された字書『説文解字』が都寒切と注して、現在でも徳安切であるようにT音で起こされている。だから日本での「丹」字の使用は、きわめて特例であり、これをもって「に」というコトバを写すには不適当だといわなければならない。

それでは古代日本人はどうして「丹」字を「に」という朱砂の表現としたのであろうか。古代中国人は丹といえば、丹薬でもわかるように、朱砂を指す。つまり古代日本人のいう「に」なのだ。だから、どうしても品物が同一だった点から「丹」と「に」とが同視されたのでなければならず、朱砂によほど習熟した人たちの用いかたである。この同視によって、丹字が爾字や仁字とともに「に」というコトバを表わすようになり、そのことが習俗となって普及したとしか、私には考えられない。そこにも丹生氏の存在をはっきり見定めることができる。

丹生氏のこと

丹生氏は『新撰姓氏録』にも出てくる名家である。この『新撰姓氏録』は嵯峨天皇の弘仁六年（八一五年）に皇子の万多親王に命じて編集させた書物であるから、ずいぶん古い。しかし平安朝のはじめに家系が重く見られたころの産物で、各氏の代表者から祖先のことを聞きして集めたもの。後世でも家の系図が偽作されているほどだから、ずいぶんといい加減な部分があるのに注意しなければならない。丹生氏の祖先話などそうした類いに満ちている。その「なりあがり」は知ることができても、もちろん植民などは考えられもしない。

一つの例として、古代の安房の国をとりあげよう。この国は、現在では千葉県内の・郡（安房郡）になってしまったほどの小地域で、房総半島の南半分に位置するが、古代では畿内と直結する航路をもち、一国として成立していたほど重要視された。古代の志摩国を見るがよい。また安房と阿波とは同一音だとする説もある。安房国はいまの館山市東辺の山寄りに国府や国分寺を配置し、そこから南の富崎（布良《めら》）あたりを外港として、近畿にたいする玄関口としていた。この国つまり安房郡には『新撰姓氏録』に盛りこまれている大姓や勢家の名をもつ地名が数多く見出されよう。布良の附近には、安房神社を中心として、神戸や神余の名が残っているが、その北には藤原（藤原氏）と谷藤原がある。館山市から北に平久里川を遡ると、その上流の谷は位置的に安房一国の中心部に当るが、そこに平群（平群氏）があり、河名もそれに因み、かつて安房国があったころは平群郡が置かれていた。平群の西は東京湾に面する富山町で、そこには岩井（石井氏）がある。

これらの地名は、みな中央部からの移民に起源をもつと思われるが、それに混って丹生がある。国鉄房総西線の那古船形駅から真北に四キロくらい山にわけ入った地点で、丹生

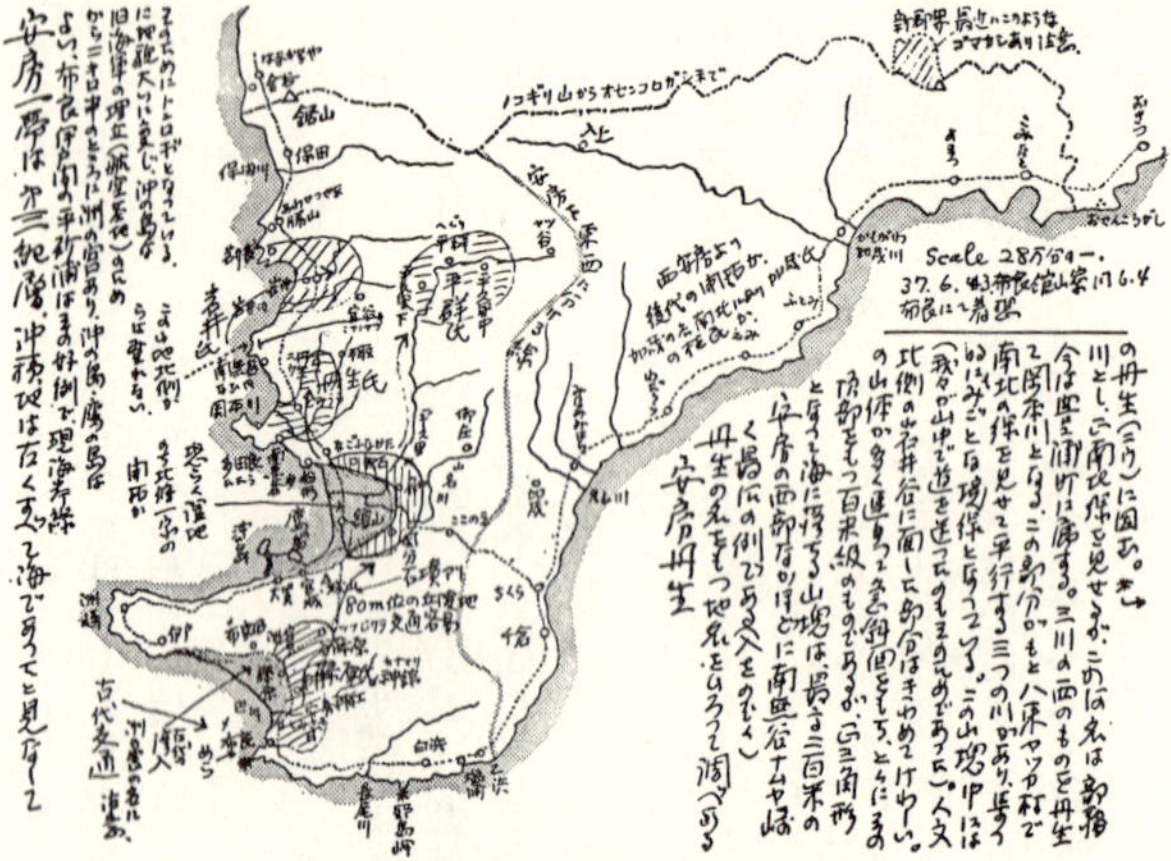

安房の調査（昭和37年6月3日）

川に貫流されている。この川は岡本川に流入して進路を西に変え、多田良部落で海に注ぐ。多田良はいうまでもなくフイゴのことで、冶金部落を意味する。むかし丹生川のほとりで朱砂を採取していた丹生の植民は、平久里川（そのころは平群川と書かれたにちがいない）の谷を主体とした平群郡に属し、達良（訓はタタラ）の郷に含まれていた。このへんから平久里川の上流、さらに北上して加茂川上流の金束《こづか》にかけて古代の朱産地であったことは、私の旅行で明白になっている。

　考えてみると、丹生氏がいかに朱砂の採鉱にすぐれていたにせよ、それには限界があった。いったい水銀は、すでに説明したように地下の岩盤の割れ目からガスとして噴出するから、土壌や岩石の鉱染は、きわめて局部的である。朱砂の露頭はこのように気まぐれで点在的だから、捜すのは容易でない。そうしてたずねあてた露頭部は、とりつくすに従って竪坑になる。しかし地下水位に達すると、排水ができにくくなり、結局はその竪坑も廃止ということになる。採鉱者たちは、どこか他の部分に朱砂の露頭をさがして、新しく仕事をはじめねばならない。丹生氏の移住はこうして起る。

丹生氏の入植

次に掲げる表は、私が調べ歩いた結果として、現在「丹生」の二字が地名として残っているものだけを取り上げた。前章に掲げた丹生神社の表と併せてみると、丹生氏の入植がどれほど多くの土地にわたったたか、いかに全国的であったかが想像できるであろう。この表では山名、川名および郡名（福井県丹生郡のごとき）となっているものを除いた。また他の一字（たとえば山、子、俣、図、附、谷など）が附加されて、三字名となっているものは、なぜそういう字がついたのか、あらためて考慮する必要がある。舟生をあげておいたが、これは明らかに丹生の誤字が後世に公式表示となったものである。つまり丹生氏がはかの土地に移ってしまい、朱砂の産出も忘れられてしまったために、丹字と舟字との相似から、いつのまにか地名が舟字に変る。それにいろいろな話がこじつけられたものもあった。

この表に見える四五地点は、私の採った試料が微量分析にかけられて、その結果、むかしの朱砂産地として適格だと認められている。なかには1の山形県尾花沢市の丹生、22の奈良県宇陀郡の入谷、43大分市坂の市の丹生のように、マイナス二乗オーダー（10^{-2}%＝10 ppm）というすこぶる高品位を記録した地点もあった。微量分析は理学博士矢嶋澄策氏に依頼したが、同博士は北海道のイトムカ水銀鉱山の発見者として著名であり、日本の水銀の研究者としてまた第一人者とされている。同博士の研究によると、水銀鉱床附近の母岩ないし土壌には10^{-3}%（マイナス三乗オーダーすなわち1 ppm）くらいの水銀が検出されるのが普通である。10^{-5}%（マイナス五乗オーダー）以下になると、多くの場合、鉱床とは無関係だという。詳細は『早稲田大学鉱山学研究報告』に載っている博士の「日本水銀鉱床の分布について」を見てほしい。

1　山形県尾花沢市丹生（註二一）
2　福島県伊達郡梁川町舟生（丹生。註二二）
3　茨城県那珂郡山方町舟生（丹生。註二三）
4　栃木県塩谷郡塩谷町船生（丹生。註二四）
5　群馬県富岡市丹生（上丹生、下丹生）
6　群馬県多野郡鬼石町浄法寺字丹生
7　千葉県安房郡富浦町丹生
8　長野県大町市丹生ノ子（註二五）

9 岐阜県大野郡丹生川村（大丹生岳、大丹生池、小丹生池がある。註二六）

10 三重県員弁郡丹生川村（註二七）

11 三重県一志郡多気村丹生俣

12 三重県多気郡勢和村丹生

13 和歌山県日高郡竜神村上山路字丹生ノ川

14 和歌山県日高郡印南町丹生

15 和歌山県日高郡川辺町和佐（旧称は丹生村）

16 和歌山県有田郡金屋町丹生

17 和歌山県有田郡吉備町丹生図（東丹生図、西丹生図）

18 和歌山県那賀郡粉河町丹生谷（上丹生谷、下丹生谷。註二八）

19 和歌山県伊都郡九度山町入郷《にゅうごう》

20 和歌山県伊都郡九度山町丹生川

21 奈良県吉野郡下市町丹生

22 奈良県宇陀郡菟田野町入谷（もと丹生谷と書いた）

23 奈良県高市郡高取町丹生谷

24 奈良県御所市関屋字丹生谷

25 奈良市（旧柳生村）丹生町

26 滋賀県坂田郡米原町上丹生および下丹生

27 滋賀県伊香郡余吾村上丹生および下丹生（もと丹生村と称した）

28 福井市（もとの丹生郡国見村）大丹生、小丹生（註二九）

29 福井県武生市丹生郷町

30 福井県三方郡美浜町丹生

31 福井県小浜市太良ノ庄字丹生

32 京都府舞鶴市大丹生および浦丹生

33 京都府竹野郡網野町郷字丹生土

34 兵庫県城崎郡香住町丹生地

35 兵庫県城崎郡香住町丹生（旧称）

36 神戸市兵庫区山田町丹生山

37 岡山県井原市丹生

38 香川県大川郡大内町町田（旧称は丹生）

39 高知県安芸市入河内（古称は丹生。註三〇）

40 佐賀県藤津郡嬉野町丹生川

41 熊本県下益城郡城南町丹生宮

42 大分県大分郡野津原町練ヶ迫字丹生山（註三一）

43　大分市坂の市町（もと丹生と称した）

44　大分県臼杵市丹生島（註三二）

45　鹿児島県始良郡溝辺町丹生附（註三三）

三重県松阪市に丹生寺という地名があり、福井県大野市には丹生寺と称した寺院址があることも書きそえておきたい。そのほかに、兵庫県三木市戸田にある入寺も丹生寺から転訛した疑いが強い。また青森市の入内を丹生苗と書いた場合もある。丹生を「入」の一字で示す場合があることは、後章でのべたい。

丹生氏の集団移住

前の章で私は和歌山県のものを除いた丹生神社四七社を掲げておいた。それぞれが丹生氏の集団的移住によって営まれた社であると解してよかろう。緯度からすれば日本に現存する最東の神社は⑧千葉県習志野市谷津町のそれで、東京にはもっとも近い。京成電鉄の谷津遊園駅から鉄路に沿って東に五〇〇メートルとは離れていない。車窓からも見える。ただし古代のことだから、丹生や丹生神社の分布は幹線道路を軸として考えるべきである。したがってこの丹生神社は東海道として最東に位したとすべきであろう。この谷津の丹生神社については、なお調査中であるから、多くを語る段階にない。しかし本章の丹生表の千葉県安房郡の丹生と深い関係をもつ、と私は見る。というのも、谷津の丹生神社は海蝕

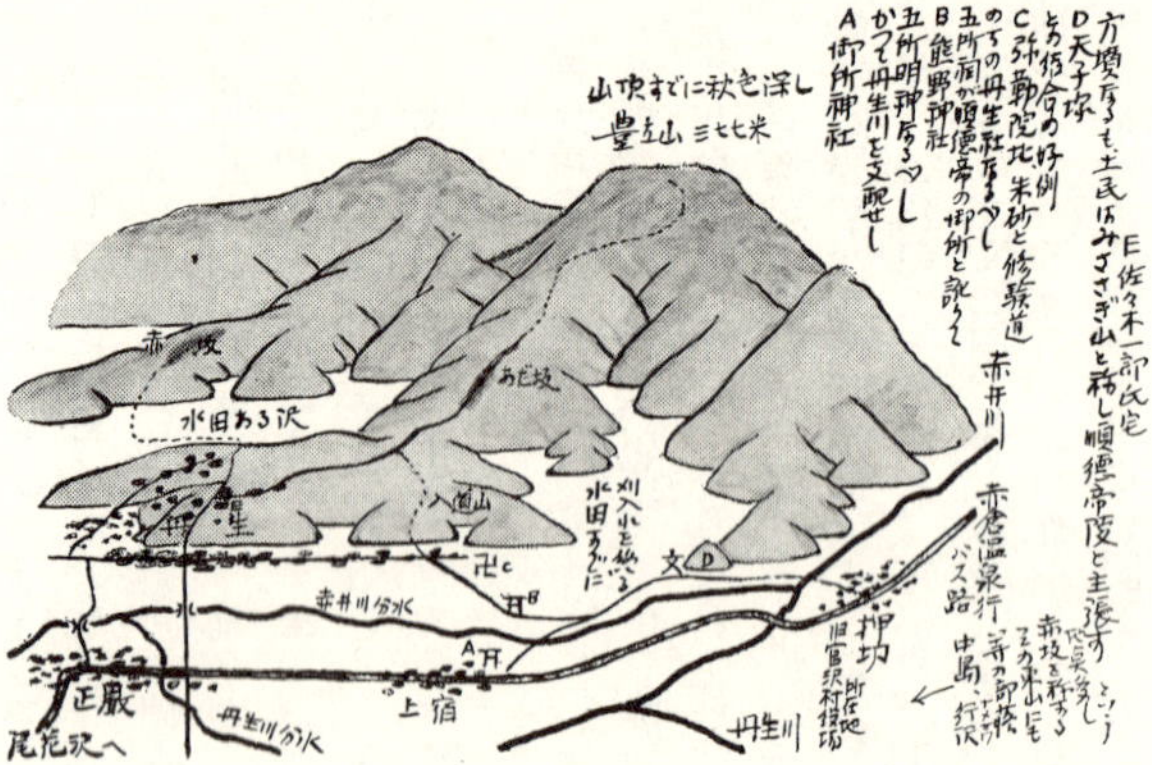

山形・尾花沢の調査（昭和33年10月17〜20日）

台地の端に立ち、むかしの海岸線を彷彿させているからである。

また前章①の群馬県富岡市の丹生神社は、もちろん古の東山道から考慮しなければならない。つまり東山道の東のはしに鎮まり、ここから陸奥みちと秩父みちとが別れていたとすべきであろう。だから、本章の表中1の山形県尾花沢市の丹生は、この丹生神社と関連させることができる。陸奥（出羽）の植民と上野との関係は記録からも知られよう。おそらく、上野（群馬県）の丹生氏の植民的進出こそ出羽（山形県）の丹生を説くカギであると、私は思っている。

附註

（註二一）尾花沢市へは奥羽本線の大石田駅

から行く。尾花沢の主街の東北五キロに丹生がある。北の豊立山（三七七メートル）から流れだす山の波が丹生川の流れに迫る。部落はその丘の上にのっている。むかしこのへんを玉野ヶ原とよんでいた。その川辺の原はいちめんの湿地帯であったから、家々は低い丘の上にかたまるか、あるいはその丘にまとわりつく。そうした住みかたがじつによくあらわれている。その玉野ヶ原には畿内や上野国から植民がぞくぞくと住みつく。その集団のなかに丹生氏があったことは疑いをいれない。というのも私がこの地区から採った土壌試料はじつに〇・〇四六五％の水銀含有を示し、この地区が古代の朱砂産地として比類もまれなことを告げたからである。

いま青森市の南、津軽への峠道（入内峠）の下にある入内をむかしは丹生苗と書いたという。そのほか青森県内では深浦の西に海につきだす入前崎、秋田県に多い仁井山（二井山）、仁井田（二井田）なども朱産を思わせる。同じ山形県内でも、湯殿山のように朱砂の山を神体とする神社があり、即身仏の本場も近いし、多くの朱に関する伝承をもつ。しかし確実にいって、丹生氏の入植を推せる日本最北端は、この尾花沢の丹生であろう。しかしここには、何としても丹生神社が見当らない。おそらくこの地区には、順徳天皇の伝説があまりにも色濃くただよい、また神仏が年とともにはげしく浮き沈みしたからであろう。私の推測をいえば、いまの御所神社がむかしの丹生神社ではなかろうか。それは、むかしの五所神社が順徳天皇伝説に結びつけられて御所神社と変ったもので、その神官の家は古

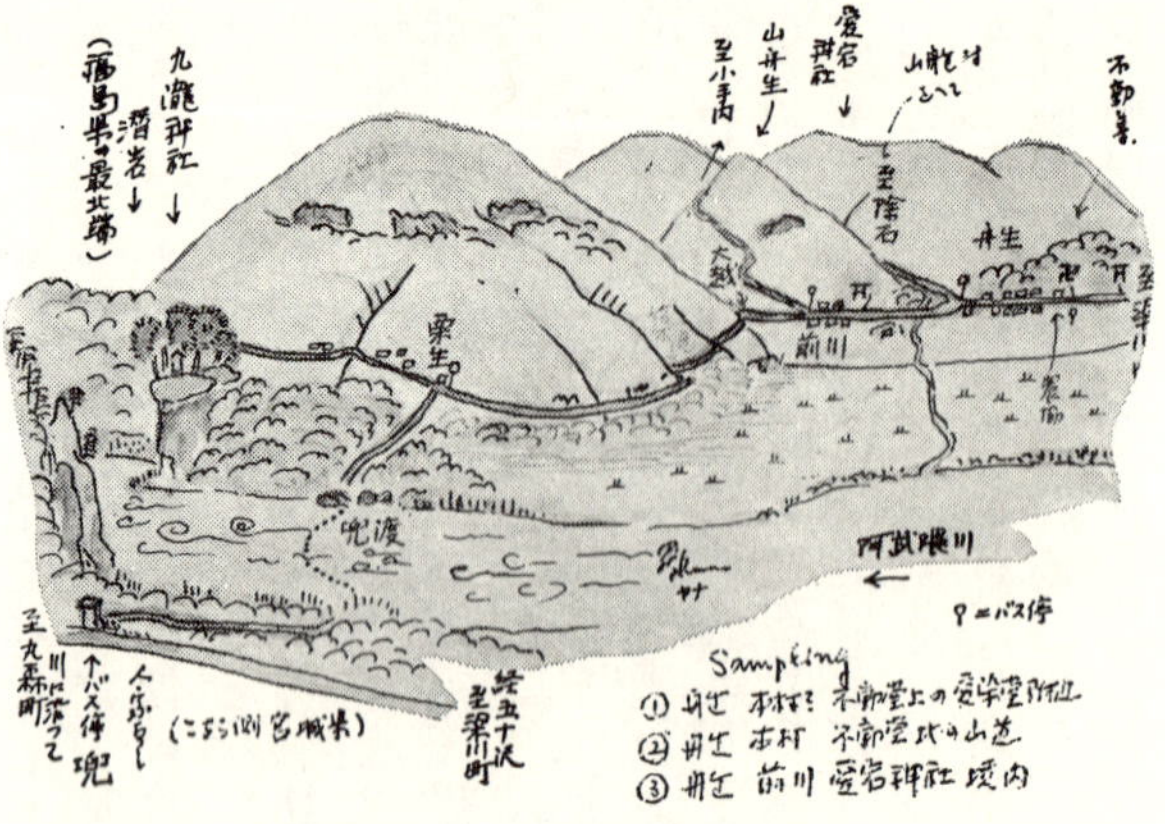

福島・舟生の調査（昭和43年10月５日）

野派修験の中心として丹生山普明院神宮寺といわれたとあるからだ。五所神社については『丹生の研究』一二四ページ以下参照。

（註二二）　福島県もずいぶんと朱砂に関連した地名が多い。入山、仁井田、仁田など。ところがどれが丹生山や丹生田の転訛であるのか判明しない。そのなかに舟生《ふにう》こそは、丹生であろう。舟生は梁川町から東北に三キロの農村。福島駅から保原町を通って梁川町まで一七キロである。この農村は、古く阿武隈川が長い間かけて阿武隈山塊の腰を削った丘陵の上にあり、現在の河道からは五〇〇メートルくらい離れている。ここから私が採った土壌は〇・〇〇二〇％の水銀を含有し、ここを古代の朱砂産地と確認させた。したがって舟生は丹生という漢字が、朱砂の採掘がやんだために誤られ、いつのまにか地名をも変えて

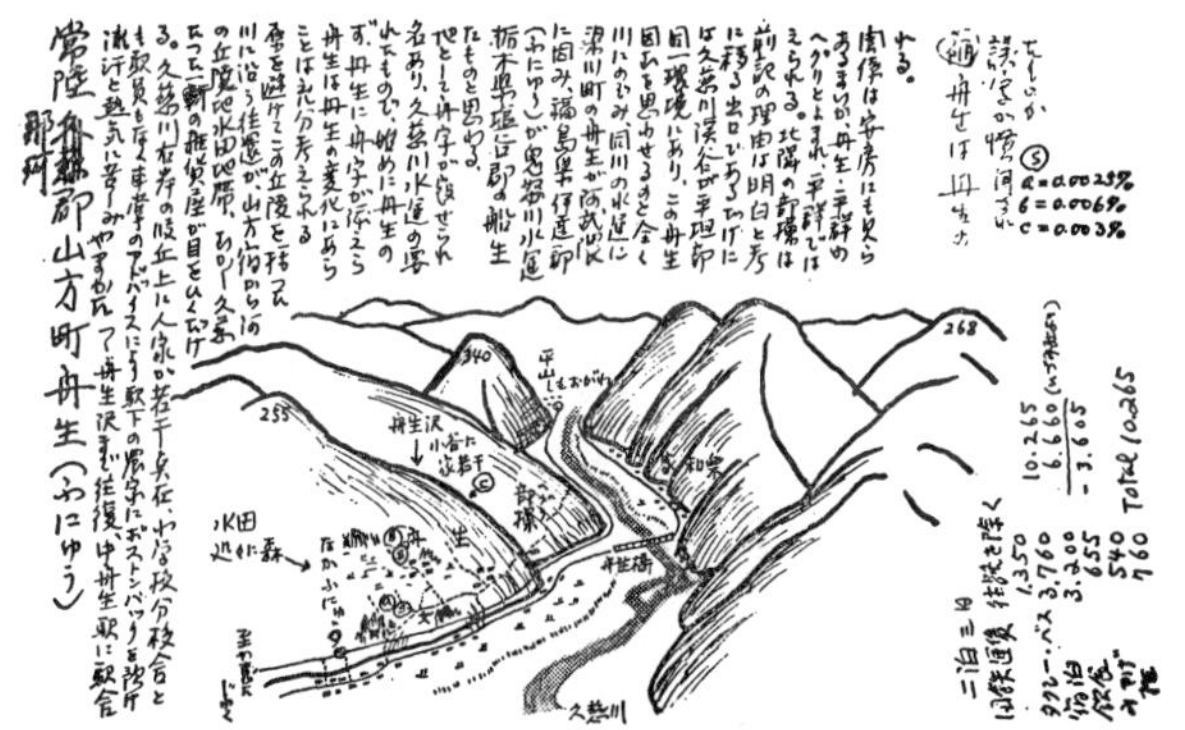

茨城・舟生の調査（昭和40年７月27日）

しまったものと断ぜざるをえない。

舟生村の東に隣して山舟生村がある。しかしこの地域は古代の丹生の附属地であり、それが山舟生として独立したころには、丹生がすでに舟生と変ってしまっていたのであろう。舟生から阿武隈川について東に進むと栗生である。そこには現在もなお「兜の渡し」があって、対岸の宮城県側に行くことができる。阿武隈川は間もなく県境をこえるが、このあたりは両岸から巨岩が迫って湍《はやせ》となり、勝景を呈している。

（註二三）　もうひとつ舟生である。茨城県の北部に、八溝山塊に発源する久慈川が流れている。舟生はこの谷川が平坦部に移って川幅を広げる出口を占め、丘陵上の水田地帯である。いま山方町に属し、国鉄の水郡線は中舟生という駅を置く。古代に朱砂産地として採掘者の一団が入植し、丹生と称したが、朱砂の産が止ってからは、久慈川の舟運に結びつけられて、丹生がいつのまにか舟生と誤られたものと認められる。上述の福島県の舟生と全く同じ環境と変化というべきであろう。舟生から川上へとたどると、やがて隣り部落の部操《へぐり》となる。これは平群にちがいない。丹生と平群との関係は、千葉県安房郡すなわち古の安房国にも指摘できる。偶然の一致とは思われない。

（註二四）こんどは船生と書く例である。栃木県の船生《ふにう》は日光線の今市駅から東北に一〇キロ強。鬼怒川の開いた水田地帯の山ぎわにある部落で、ここから鬼怒川のほとりの佐貫までは三キロある。この地区は、附近に百目鬼《どうめき》という名の地点をもつほどの鉱産地帯で、日本鉱業会社の栃木坑（旧の天頂鉱山）や日光坑があり、銅、金、銀を産出する。東の地蔵坂ならびに船生部落の裏の赤坂には赤ヤケがあって、だいたい〇・〇〇〇二％くらいの水銀を含むから、ここでも古くは朱砂採掘が行なわれたと知られる。したがって、ここにも丹生氏の植民が考えられる。だから、もとの丹生から誤られて舟生と書かれ、しかも舟運に関連ありとされて現在のように船生となったとする、まったくごていねいな変遷を考慮しなければならない。

（註二五）丹生ノ子はニウノミと訓む。いま大町市に編入され、大糸線信濃大町駅から南に三キロ。農具川が高瀬川と合流する左岸の山中にあり、河岸の新道とは別にむかしの道が通っていた。この地点は水銀〇・〇〇三〇％を含む試料がとれたほどの朱砂地帯であり、明らかに丹生氏の発展と関連させることができる。しかし何故にたんに丹生といわずに丹

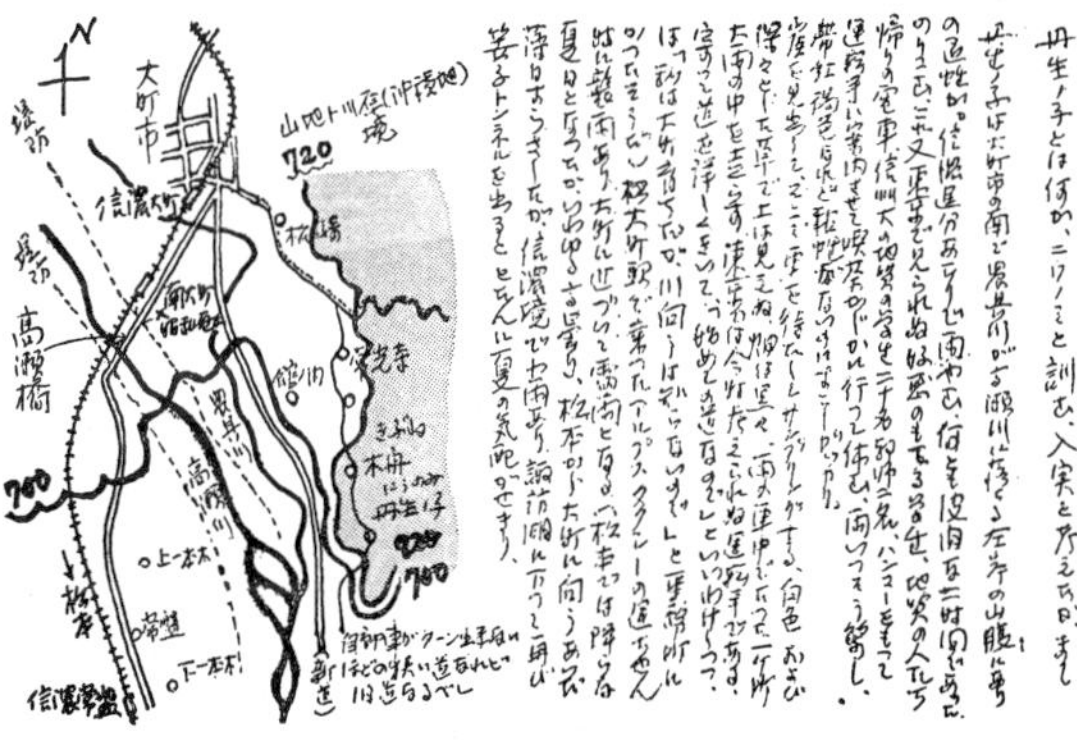

長野・丹生ノ子の調査（昭和43年７月12日）

生ノ子と呼ぶのか、まだキメテがないので、わからない。現在のところ私は、鹿児島県の丹生《につ》附《け》と同じく、あるいは和歌山県有田郡の丹生にたいして対岸の地を丹生図《にうづ》と称するように、丹生の附属民の居住を意味するのではないか、と思っている。

（註二六）　日本アルプスのもっとも有名な部分は朱砂地帯だといったら、おそらく驚かれると思う。上高地に梓川をはさんで美しく聳える焼岳。乗鞍岳にゆく道が通る大丹生岳。木曾の名山とされる御岳。私はこの三山を調査しただけにすぎないが、それでも水銀含有率が〇・〇〇二八％、あるいは〇・〇〇三％の試料を採っているからだ。なかでも大丹生岳は乗鞍へのハイウェーが肩をまいているから、あまり高くは見えない。しかしその影響はすこぶる大きい。東の長野県側には奈川渡に落ちこむ山の急斜面に、

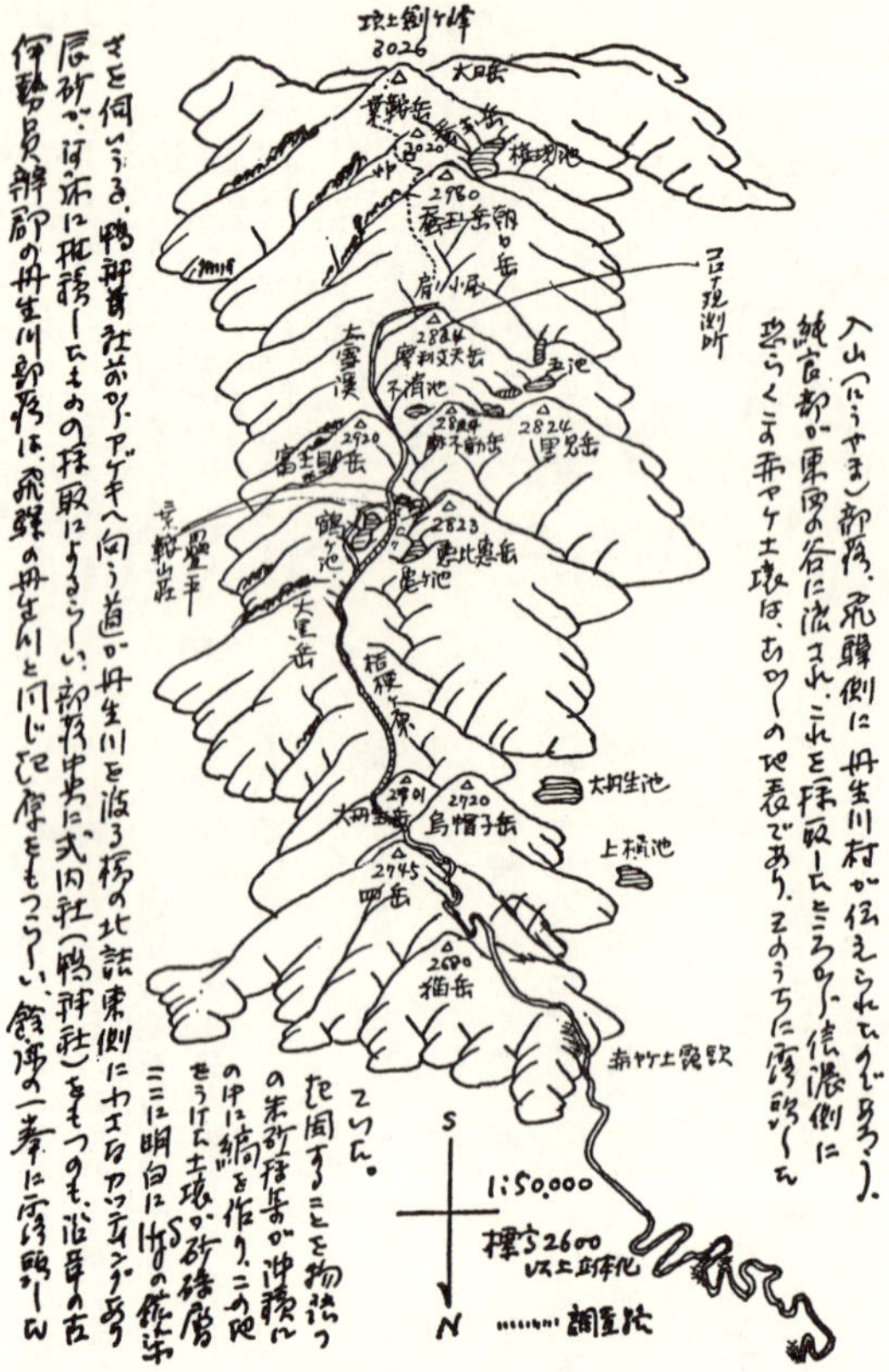

大丹生岳の調査（昭和36年８月24日）

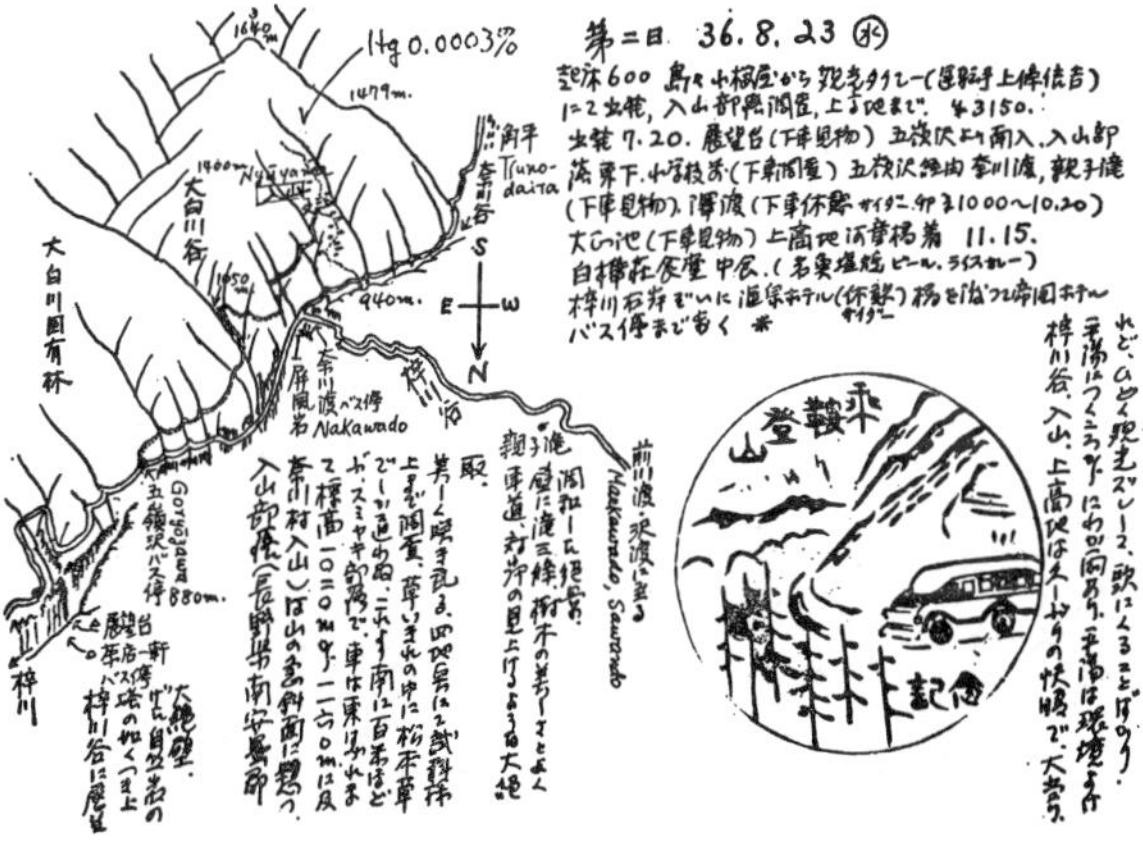

長野・入山部落の調査（昭和36年 8 月23日）

やっとすがりついている入山《にうやま》部落（長野県南安曇郡奈川村入山）がある。西の岐阜県側を見ると、山下に大丹生池、小丹生池があり、流れだす川を丹生川（いまは小八賀川という）とし、この川を名とする村名が生れている。飛騨の高山市から乗鞍岳や上高地にむかう道は、この川に沿うわけだ。しかしこの丹生川村にも水銀〇・〇〇六〇%を含有するほどの土壌があるし、『血ノ水』つまり血のような水がわく地点もある。この谷に丹生氏の入植を考えて、まず誤りはないであろう。

（註二七）いま岐阜県の丹生川を考えて、奈良県や和歌山県の場合、つまり吉野川（紀の川）に合流する二本の丹生川がそれぞれ朱砂地帯を流れているのと同じに見なした。ところが三重県員弁郡の丹生川村は、

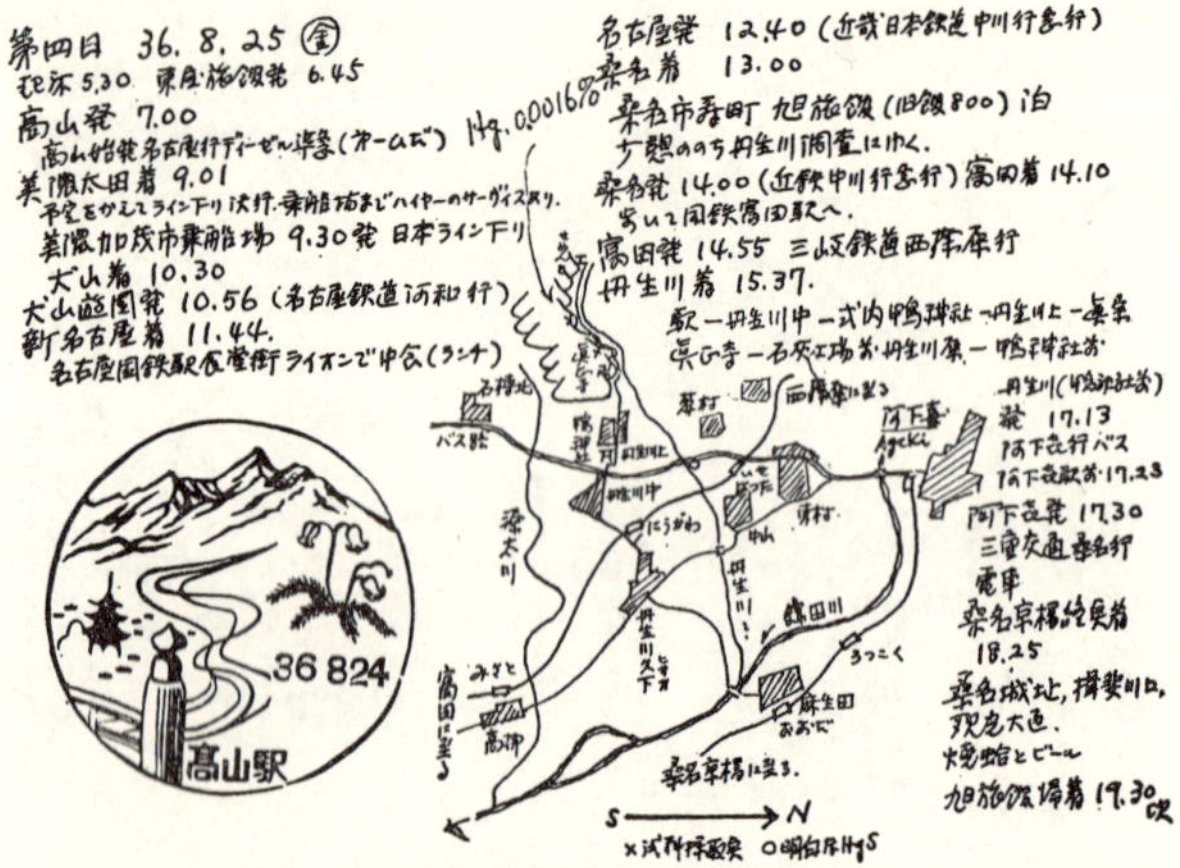

三重・丹生川村の調査（昭和36年８月25日）

すこし事情がちがうようだ。

　ここは国鉄関西線富田駅から出発する三岐鉄道の電車で丹生川駅に下車する。鉄路の東に丹生川久下《ひさか》、鉄路の西に丹生川中、だらだら上りに丹生川上と三つのグループに分かれ、いちめんの水田に、点々と森をあしらっている。丹生川上の部落にとりついたところには式内社の鴨神社が鎮まり、社前を南北に走って丹生川村を貫くみちとクロスする街道は、北して阿下喜《あげき》の町に達する。ここは桑名市から西行する近鉄北勢線の電車の終点だ。ところでこの丹生川という村名は、村の北側を東流する川にちなんでいるらしい。この川は鈴鹿山脈に発源し、丘陵のなかを流れてくる。この丘陵部には〇・〇〇一六％の水銀を含む土壌があり、それを出はずれて、村に入った川岸には、水銀の鉱染を受けて赤く発色した土壌が沖積して、砂礫層と縞をつくっていた。おそらくこの川は上流から朱砂を流し、それが堆積した、下流部で採取されていたことから村名があらわれたと思われる。

（註二八）和歌山県内には『紀伊続風土記』から拾いあげただけでも七九社の丹生神社がある。それは前著『丹生の研究』のなかで表として掲げておいた。しかし最初からニウズヒメが単独で祀られていた地点はすくない。そのわけは、高野山仏教がこの水がね姫を保護するとともに、高野明神をとりあげて丹生高野の両所明神とし、これを宗勢の拡大に従って各地に勧請させたからである。しかも紀北はだいたい朱砂地帯が多いから、この問題はじつに面倒になる。天野の丹生都比女神社は丹生氏の総本社だから、たとえむかしは高野山の山頂に祀られていたにせよ、ニウズヒメ単独祭祀に起ったことは間違いない。しかしほかの地点では、そうは考えられないのである。やっと私はこの姫神が忌杖《いみづえ》を刺したことをキメテにして、もとの丹生氏の居住を探ろうとしている。そのことは一〇章にのべた。

一方、現に丹生という地名をもつのは、和歌山県内ではここにあげた八地点にすぎない。ただし、丹生図（17）は金屋町丹生（16）の附属と認められ、印南町丹生（14）も川辺町丹生（15）と密接な関係にあったから、すくなくとも丹生氏の居住があった形跡は六地点であろう。そのうち粉河町丹生谷（18）については、一〇章で触れていないから、ここを借りてちょっと論及しておく。粉河町は粉河寺の存在で有名だ。紀の川ぞいに走っている国鉄和歌山線は粉河駅を設けている。駅から北に市街地をぬけると粉河寺。寺から東北に四キロ強で、道はいままで右の眼下にしていた名手川谷と交わる。この谷を丹生谷とし、『丹生大明神告門』にいう「名手村の丹生屋」だ。西川原の賀茂神社は丹生明神と加茂明神の併祀。名手下の丹生神社は丹生、狩場、八幡の三神。上丹生谷の丹生神社は丹生四所明神であり、粉河寺の境内にも丹生明神が祀られ総社と称している。

最後に挙げた総社は、粉河寺ができたときに、宗旨の関係から祀られたもので、それより前は名手村の丹生屋として名があり、丹生谷に丹生氏が住み、その谷にニウズヒメを祀っていたのであろう。

(註二九) 福井市の西、直距離で一八キロをはなれて丹生がある。日本海に臨む海浜で、もとは鮎川を中心として国見村をつくっていた。丹生川(現地では一光川と称する、上流の渓谷に上一光《いかり》と下一光があるから)の河口をはさんで、左岸が小丹生、右岸が大丹生と分かれ、大丹生の北二キロの海岸が鮎川だ。鮎川の役場に保存されていた地籍図を見ると、鮎川の小字として大入、東大入、北大入、西大入、中大入、上大入、奥大入、大入口などがあって、鮎川をふくめた大丹生の存在が考えられる。小丹生は大丹生から分置されたものであろう。大丹生は、むかし大丹生浦という港市として栄えたところ、しかしなぜこの港が大丹生と呼ばれたのか、まだ判明しない。ただ、この大丹生浦の影響を受けて舞鶴市大丹生(32)ができたことは確かであろう。

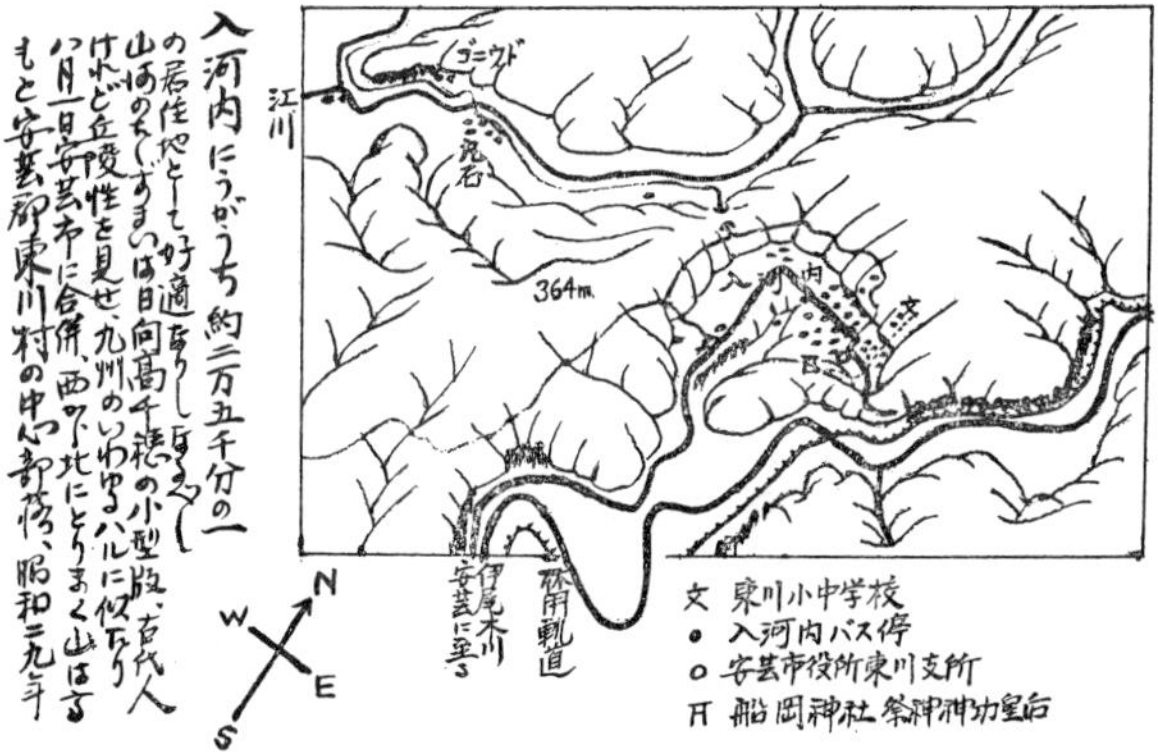

安芸市入河内の調査（昭和35年8月5日）

　この港には東舞鶴港から船で一時間近くかかって湾を縦断しなければならない。湾口を狭める半島の西端に位するからである。ここは大丹生川を軸として耕地がクサビ形にできていて、住民は漁と農との二本立ての生活をしている。部落の北には赤坂山がそびえ、朱砂の産出も考えられるから、この地に丹生氏の居住が見られなかったとはいえない。しかしここが大丹生とよばれるようになったのは、前記の福井市の大丹生浦との海上連絡のせいだと私は思っている。舞鶴市の大丹生の北には小湾があって、奥に浦丹生という港がある。奥丹後半島の北端にある蒲入《がまにう》（京都府与謝郡）はこの港と関連する漁港として発展したのであろう。

（註三〇）　安芸市は高知市の東、南国市（国鉄土讃本線後免駅）から土佐電鉄で東に二七キ

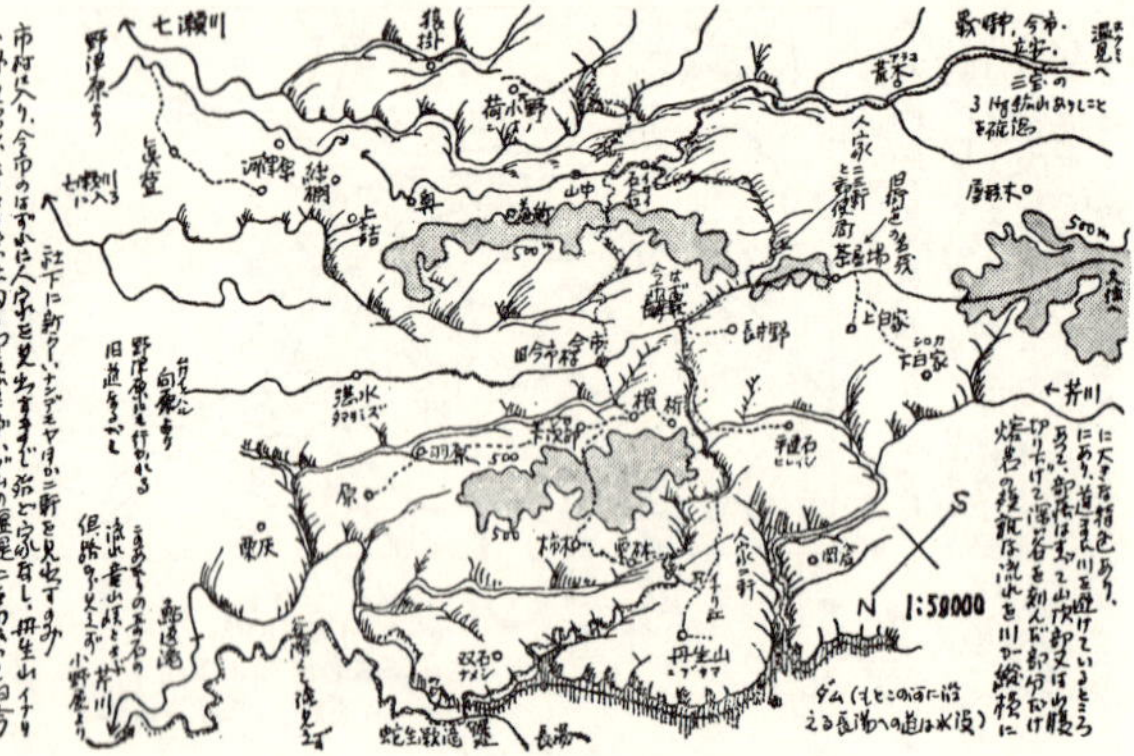

大分・丹生山の調査（昭和40年８月12日）

ロ。そして入河《にうご》内《うち》は安芸駅から東北に直距離で九キロ。ただし道は伊尾木川を眼下にして屈曲をつづけるから、道のりは優にその倍にも達しよう。まったく木材を切りだすだけの深山である。こんな深山を探査できたのも、ひとえに中田善水君（前章の註一八参照）夫妻による導き、連絡、焚出しなどの献身的な協力のおかげである。この地点は『和名抄』国郡部の土佐国安芸郡の丹生（尓布）郷の中心地であって、「入は即ち丹生なり」として入河内に当てたのは『大日本史』の国郡志であった。この山中のささやかな別天地からさらに伊尾木川について上流へ、源流へと求めつづけて、土佐と阿波との国境を越すと那賀川の谷である。この谷は阿州丹生谷として知られていたのを考えると、丹生族の一部がここまで進出したのも、うなずけるであろう。

（註三一） 大分県野津原町の丹生山《にぶやま》は国鉄久大線小野屋駅の南九キロ。芹川が熔岩の複雑なひろがりを縦横に切りさげて深い谷を刻む部分を行く。部落はすべて山頂か山腹にあり、道も川も避けている。蛇生瀬滝で長湯への道と別れると、まもなく丹生山の家が点々と認められる。芹川をせきとめて作った人造湖の東側丘陵上にあった。この部落から東南に四キロ進むと今市。その東の荷小野（荷尾杵）については本文のなかに述べておいたから省略しよう。この地区には、戦時中に三地点で水銀鉱山が開かれていたことにも触れた。丹生山の表土から採った試料には〇・〇〇八％の水銀が含まれていた。

（註三二） 臼杵市の丹生島はいま市の公園になっている。日豊線の臼杵駅におりると、家なみの上に、東北にもりあがった小高い丘が見える。もともとは独立した一小島であり、大友氏の丹生島城が築かれていた。しかしいまでは完全に陸とつながり、南側の裾まで市街が押しよせて家々を密集させ、北側もまた舟付門などを残しながら、埋立てがつづいている。この島の北側の断崖から私が採った土壌には〇・〇〇一五％の水銀が含有されていた。だから古代の朱産は疑いをいれない。しかし本文（九章）で述べたように、むかしの丹生郷（坂の市町）の南にそびえる九六位山（四五二メートル）の東、御所峠のみちでここが直結されていたのを見のがしてはなるまい。丹生郷の南方での出店、ないしは舟付場としての機能をもっていたのである。いま佐伯市の海上に浮かぶ大入島《おおにうじま》は臼杵市の丹生島と比べて大小を冠したもの。「入」は尓布《にう》つまり水銀産地を意味する。しかし臼杵の丹生島が

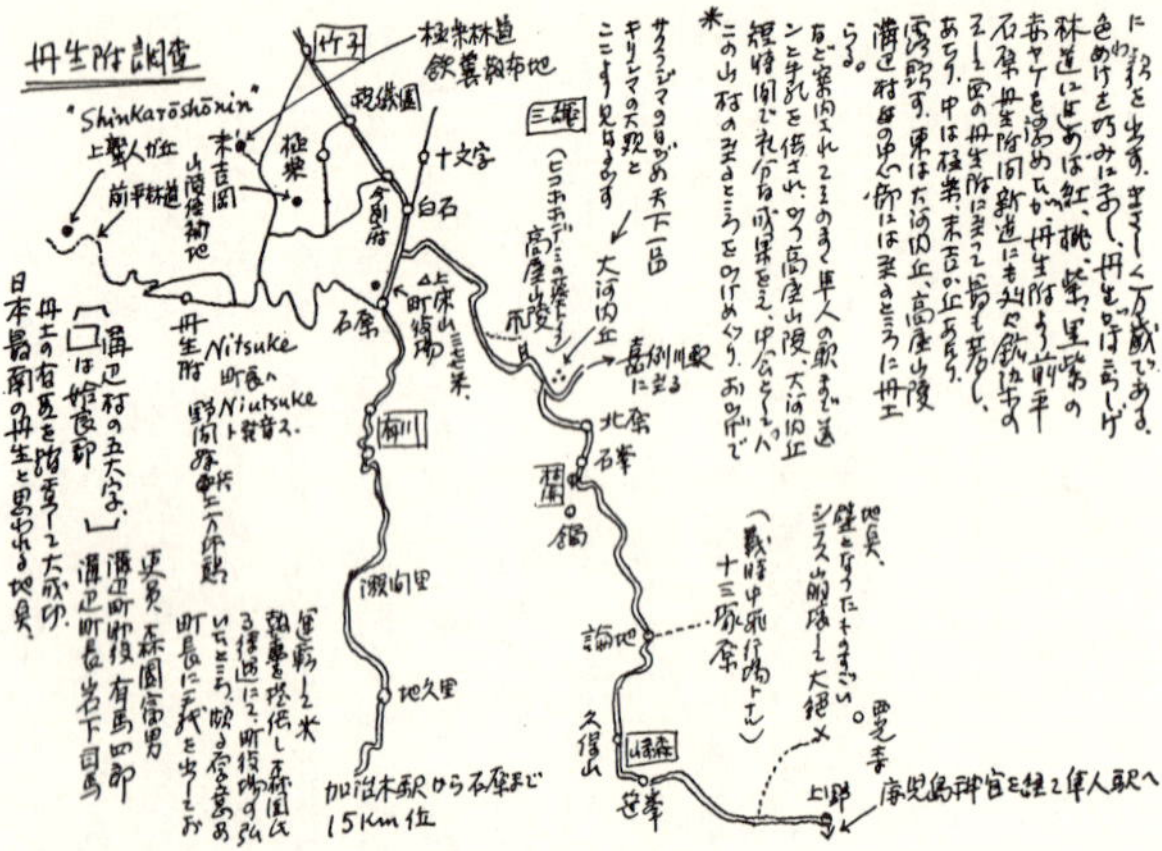

鹿児島・丹生附の調査（昭和36年４月３日）

丹生氏との関係から現在のような漢字名を採用しているのに、佐伯の大入島はちがっていた。それは同じ水銀産地でも丹生氏の形跡がなかったために、入字を採ったのであろう。

（註三三）　鹿児島県の溝辺町は、いまでこそ附近に鹿児島空港が新設されたから、あまり遠地とは感じられないが、加治木町（日豊線加治木駅）から北に一二キロある。私の一行はその一二キロを経て、石原部落にある溝辺町役場に行かねばならないほど苦労した。そこで溝辺町長（岩下司馬氏）にたいへんお世話になり、便宜をうけた。感謝にたえない。石原は街道に面した部落だが、丹生附は西の山中に三キロも入らねばならなかった。赤い土は大河内の丘、高屋山陵、末吉ヶ岡あたりにも認められたが、丹生附ではみごとであった。ことに丹生附から前平林道にはいって、上人ヶ丘のあたりまでたどってみたが、ますますはなはだしい。紅色、桃色、紫色、黒紫色など、いろいろな発色の土壌が交錯していた。微量分析にかけると、いずれも〇・〇〇四〇%であったから、たしかに地名とマッチして、ふさわしい。ただ、なぜに「附」の字がついたのか、まだはっきりつかめない。長野県大町市の丹生ノ子（註二五）とともに、私には大きな懸案となってしまった。

八　水がね姫の変身

水がね姫

水がね姫とはニウズヒメ（ニホツヒメ）のことである。いわばミス・シンナバー。このミスが場所によってはミセスになっている。住民がミスのままではお淋しかろうという気持から男神ニウズヒコ（丹生津彦）を作りだし、これを夫婦神とした。兵庫県香住町の丹生神社（前掲の表中の㉚）および和歌山県海草郡山東村（現在は和歌山市）の明王寺にある丹生神社の祭神がその例。しかしこの神はだいたいがミスのままで通すのを通例とした。本来はこの朱砂の女神を祀ったのが丹生神社であることは、すでに述べて、四七社を挙げておいたが、もちろんそれだけではない。和歌山県内からさらにいくつか附加しなければなるまいし、またすでに滅び去って、世人の目から消えてしまったものも考えなければならないかららである。和歌山県内に鎮座する丹生神社は七九、その飛地と見られる奈良県五条市犬飼の狩場神社を加えて八〇社におよぶ。それに高野山系と認められる岡山県白石島のもの（前掲表中の㉜）、また広島県甲山町のもの（註一六参照）をあわせると八二社となる。しかしこれらは高野山真言宗の拡勢によって分布したものであるから、どれだけがもともとからの朱砂の女神の祠であるのか、いまは不明というほかはない。ただしそのいくつかについては後章でのべよう。

それにしても、ニウズヒメ祭祀を現在まで留めている丹生神社としては、前記の四七社からすると、その四分の一にも達しない。つまりそのほかの丹生神社では、水銀の女神がいろいろと変身しているわけだ。もっとも多いのは水の女神のミズハノメにとって代られている社が一〇社に近く、また中国的な雨師であるオカミ祭祀に変っているのが五社も数えられる。

神様をとりかえる人間

なぜであろうか。人間は勝手なものだ。神社に祀りこんで信仰していた神様を、住民の生活様式が変ると、御都合主義で性能を変えてしまう。あるいはほかの神様ととりかえてしまう。ある場合には政治的圧力をうけて、朝廷の本筋と見られる神を併祀する。それだからこそ、神社の盛衰や祭神の変遷は歴史の材料になるのだ。伊勢神宮が天照大神一本で、古今を押し通してきたのは珍しい例といわなければならない。神社はこういう点で史料となる。

よく「式内社」ということをいう。しかしそれは『延喜式』が編集された醍醐天皇の延喜年間（九〇一〜二三年）に政府が重要と認めた神社にすぎない。無格社のなかにも、それ以前にきわめて大きな役割を演じたものがなかったとはいえないし、それ以後もそうである。神社の意義、そこに祭られる神とその性能は、けっして一定不変なものではない。その点にわれわれの目のつけどころがあるのではなかろうか。

ある地点で、人々が朱砂の採掘をやりながら、あわせてハタケ作りの生活をする。その状態のくらしでは、水がね姫は信仰を集めている。しかし朱砂の採掘が絶えてしまって、人々がハタケやタンボの仕事を専らにするようになると、長いあいだには朱砂の女神の正体がボケていく。農耕の神が、あるいはタンボに水を配分する神や、耕地に雨を降らせる神が、人気を呼ぶ。祭神の性能も変らざるをえないではないか。

もともと住民が従事していた朱砂採掘はいつのまにか忘れられてしまって、祀りこんだ水がね姫がどういう神なのか、わからなくなる。いよいよ不明になってしまうと、岡山県に二例が見られるように、淫祠という悪名を掲げられて棄てられてしまう。その二例とは、岡山藩士の松本亮が著作した『東備郡村志』のなかに見える。一は和気郡日笠保の日笠下村にあった丹生神社、他は邑久郡福岡庄の福岡邑に鎮座した丹生神社だ。両社とも正徳二年(一七一二年)に「不祥の淫祠」として上道郡大多羅に移された。いま西大寺市の西北に高まる芥子《けしこ》山《やま》の山腹に大多羅寄宮址を留めるが、じつは神捨場だった。麓に国鉄赤穂線の大多羅駅がある。こういうわけで、どのくらいの水がね姫祭祀の神社が、正体不明のまま「淫祠」扱いをうけて消滅したか、残念ながらいまでは判明しない。

丹生川上神社

こういう風潮は古代日本での水銀（朱砂）採掘が下火になった鎌倉時代から起ってきた。この風潮のうちに大きな誤解が出てくる。それは丹生神社と丹生川上神社との混同にほかならない。

丹生川上神社は神武天皇の丹生川上で行なった神事を記念するために、天武天皇の白鳳四年（六七五年）に創建されたもの。その神事は『日本書紀』巻三に収められている。それによると、当時イワレヒコと称していた神武天皇は、宇陀にあって大和の「国中」に攻め入ろうとしていた。このために丹生川上にのぼり、天神地祇を祀る。配下の軍兵の士気を鼓舞するために、天香久山《あめのかぐやま》から秘かに運ばせた土で八十平瓮《やそひらか》を作り、それで水無しに飴を作って、この瓮を丹生川に沈める。ところが魚が浮きあがってアプアプする。それを見た全軍が振いたつというしだいだ。このときの呪詛《かじり》を行なった主役が水の女神ミズハノメであったから、丹生川上神社はこの女神を祭神として営まれた。

一つの伝説である。しかしその伝説がよし真実であったにせよ、行なわれた地点は一カ所のはずだ。ところが現在ではどうか。丹生川上神社は吉野郡内に、しかも距離的にもかけはなれて三社が立っている。三社を一社と見せかけるために、上社、中社、下社と区別しているが、常識ではとうてい考えられないことだ。これをあえてしているのは、明治、大正の政府にキメテが見つからなかったためである。神武天皇の丹生川上での神事は、宇陀郡であるはずなのに、それが吉野郡で顕彰されるとは。それも天武天皇と吉野との密接な関係からすれば、理解できないことではない。しかし吉野郡内を流れる丹生川は一つしかない。それは大峯山塊の西側から発源して黒滝、丹生の谷を潤し、下市町の南部を西流して、大日川《おび》から北を指し、末は吉野川（紀の川）に入る。この河がたしかにむかし丹生川と呼ばれていたのは、この河を支配する「丹生川神社」が五条市の霊安寺すなわち吉野川との合流点に鎮座することからも明らかだ。もちろん丹生川神社は式内社である。天武天皇のときに丹生川上神社が創建されたのはこの丹生川のほとりにちがいない。

この川が流れる谷には、いまでも丹生という地名を残しているように、丹生氏の採鉱地であり、その祖神とさえ仰ぐ丹生神社が営まれていた。天武天皇のときになってそこに丹生川上神社が立てられたのである。現在は丹生川上神社の下社と称しているが、もとは現地では丹生神社とか、丹生明神とかよばれていた。丹生神社と丹生川上神社とが重なったわけである。

ニウズヒメとミズハノメ

考えてもみるがよい。だいたい全国の有数な峠道や渡河点には、それぞれ神があったとするのが、古代日本人の考えかたではないか。ところがこの山路なり、渡河点なりを旅したり、行軍路にしたり、ある場合には戦場にしたりした一人の英雄があったとする。その英雄の行事を記念するとなると、その峠の祠や渡河点の祠が利用される。つまりそれらの祠は後から祀りこんだ英雄の祠と化してしまう。神武天皇の丹生川上での神事が、天武天皇によって吉野の丹生川で顕彰されるときに、在来の丹生神社のひとつが使用されたのは、こう考えると理解にかたくない。同様な事情によって日本武尊とか、景行天皇、あるいは神功皇后などを祀った神社が全国的に散在することも、私たちはよく知っている。

かたやニウズヒメすなわち水がね姫を祀った祠であり、一方の社はミズハノメ（水の女神）を祀っている。もともと別個の神社であるべきなのに、混同されてしまったそもそもの原因はここに求められよう。ところが正座を占めていたニウズヒメは、丹生氏の採鉱が下火となっていくにつれて、だんだんに忘れられていく。これに反してミズハノメのほうは地位をあげる一方であった。それはハタケ仕事やタンボ仕事が全国的に普及し、それには降雨が全面的に要求され、水の女神は降雨の女神と考えられていたからである。

朝廷じたいが丹生川上神社に雨を祈る。雨を降らせるためには黒馬を、ながが雨をやめさせるためには白馬を奉る。こういう風習が起ったのも、人々が農耕を建前とするようになった反映であろう。平安朝の時代にはいると、丹生川上神社を丹生川上雨師の神社と呼び、中国から竜神をよび迎えてこれを雨師とし、オカミと称した。オカミ一族には、降雨の神としてのタカオカミ、雷をともなう雨の神としてクラオカミなどいろいろある。一ウベヒメのヒサシを借りたミズハノメは母屋まで奪う形となったが、さらにオカミ族の侵入に負けてしまったのであった。丹生神社と丹生川上神社との混同には、拍車がかけられたというべきであろう。

混同された丹生神社と丹生川上神社

室町時代の末といえば、丹生川上雨師の神に雨を祈って黒馬を奉ったという記事が『日本後紀』の平城天皇紀にはじめてあらわれた大同三年（八〇八年）から見て七百年も経過している。すでに日本から朱砂を産出するという事実すら忘れ去られて久しい。世のなかは農耕一本で進む。人々の水への関心は高まりつづけている。このころ卜部兼倶が『二十二社註式』を著作した。当時の流行神を二二だけ挙げたわけである。この書物では、もちろん丹生神社と丹生川上神社とを混同して報告し、それが日本人の常識となってしまった。なんとも処置なしではないか。

好例をひとつだけ挙げておこう。それは前掲の神社表の㉑としておいた奈良県宇陀郡榛原町雨師に鎮座する丹生神社だ。この社には永享三年（一四三一年）に書記したと称する社記が伝わっている。そのなかに「丹生川上雨師の祭神」として中央に罔象女（ミズハノメ）尊、右に丹生都姫（ニウズヒメ）命、左に伊弉冊（イザナミ）命の三柱を挙げている。その土地の名前がすでに雨師であり、社記にも丹生川上雨師とよんでいるように、タカオカミを祀りこんだこともあり、それが社名や地名に残っているわけだ。もっとも社記ではタカオカミは末社の一つになっている。

しかしこの社記と称するものは、あちらこちらの書物から記事を引き集めてきているし、それだけに和製の漢文と和文とをミックスしたそうとうの代物だ。もちろんこの社は、朱砂の女神（ニウズヒメ）を祀った丹生神社として発足していながら、丹生神社と丹生川上神社とが混同されると、それを平気で受取っているではないか。この問題は、『二十二社註式』が代表して誤ってしまったとおりだから、いくら同じ大和だといっても、すこしは許されるかもしれない。しかし社記が挙げた三柱の神は注意を要する。本来のニツズヒメは、丹生川上神社の流行につれて水の女神ミズハノメに正座をゆずりわたしている。しかも正座はいちどはオカミが占めていたときもあるらしい。そして大和朝廷の祖先とされる伊弉冊（伊弉冉の誤写か）命すなわちイザナミの女神を政府への配慮から祀りこんで一座を与えていることであろう。大正時代になってこの丹生社が丹生川上神社と本家争いまで演じたことは、まだ記憶している人もあると思うが、噴飯にたえない。

ニウズヒメの大和系変化

丹生神社の祭神ニウズヒメに起った変化、つまり水がね姫の変身には、ニウズヒメからミズハノメへ、ミズハノメからオカミへという経過があった。この過程を私はニウズヒメの大和系変化と呼ぶ。

畿内で生起したこの混同は、やがて津々浦々にまで波及する。全国的に散在する丹生神社のうちには、いまや正体不明となった祭神を、丹生川上神社の祭神ととりかえていく。農業の盛行、それによる降雨へのあこがれを水の女神への信仰と変じたことも、もちろん基本として作用した。こうしてミズハノメの祠となり、あるいはオカミの祠と化した丹生神社ができあがるわけだ。

さて私は、この水がね姫変身の過程を逆に使って、不明な丹生神社を捜しだすのに成功したことがある。次にその経過を報告しておこう。この探査には群馬県の郷土史家山本三郎氏による絶大な協力を受けた。問題は『群書類従』神祇部にも収録されている『上野国神名帳』から起る。それには上野国の五百七十九座の神社を紹介してあるが、そのなかに、

甘良郡三十三座のうち従三位丹生明神

緑埜郡十七座のうち従三位丹生明神

群馬郡百四十六座のうち従三位丹生明神

がある。甘良郡はいまの甘楽郡であるから、その丹生明神は富岡市下丹生の字六反田に鎮座する丹生神社（前掲の表中の①）だ。また緑埜郡のそれは現在多野郡鬼石町浄法寺の字丹生にある丹生神社（前表中の②）にほかならない。

しかし群馬郡の丹生明神には閉口した。なにひとつ痕跡を留めていないからである。私

と山本君とは額をつき合わせて考えた。そのとき私の頭には、ニウズヒメ祭祀の大和系変化を方式として用いたならば、あるいはこの湮滅した神社を探りだせるのではないか、という考えがヒラメいてきた。そこで二人は昭和三年に同県の学務部が編集した『群馬県神社輯覧』をとりだして協議した結果、北群馬郡白郷井村中郷字浅田に大靇《おおおかみ》神社があり、祭神はタカオカミとあるのを候補にした。前記の表中の⑦である。山本君はさっそくこの神社に出かける。そして現地ではこの社を大頭竜神社と呼んでいること、しかも現在この社に蔵されている寛延二年（一七四九年）十月の年記をもつ棟札にも大頭竜宮とあるから、このよび名がじつに古いことを知る。同時に同君が現地で採取した試料は、後日に微量分析にかけたところ水銀含有〇・〇〇七三％を示した。マイナス三乗オーダーではないか。これで万歳。私の推定は的中したのだ。現地はむかし朱砂の産地で、丹生氏が移り仕み、丹生神社を営む。ところが朱砂がとりつくされて丹生氏が他に移住してしまうと、いつのまにか古代の朱産という事実が忘却のかなたに押しやられてしまって、水の女神の社となり、つづいて雨師の社と化す。それが現在の大頭竜神社だったのだ。これを『群馬県神社輯覧』では大靇神社と書いたが、現地ではオカミすなわち靇の字があまりにも複雑で、訓みにくいために頭と竜（龍）とに分けて書き、それに輯覧のように大字を冠せて、大頭竜としたのであろう。

朱と古墳

群馬県(上野国)には古代の朱産地が多い。従三位に列せられた丹生神社が三社も鎮まっていたのは、そのためであった。それにつけても本多亀三が『群馬県北甘楽郡史』で、茶臼山古墳(高瀬村と額部村との境にあり)、不動塚古墳(富岡市七日市字北横町)、大山古墳(新屋村白倉字大山)、また福島町小川字二日市所在の石棺などを例示して、上野における朱の盛んな使用を説き、古墳朱への注目の先鞭をつけたのを忘れることができない。古の上野、すなわち古代群馬県での朱の使用例は、その後も続々と報告されている。これらは丹生の現実とともに、古代人が使った朱が現地自給の品であったとする考えを、ますます裏づけるであろう。

九　漢字から生まれた神

大分市の丹生郷調査行

日本の列島は、南北から二つの地塊が密着したものだ、と地質学者はいう。かれらはそのツギハギの部分を中央構造線とよんでいる。その中央構造線にそって水銀の産出がとくにめだつことは、むかしから知られていた。

この一線の東はいまの豊橋市や豊川市を通る。そこから西に、伊勢の松阪市。高見山をこえて宇陀・吉野。吉野川（紀の川）の川すじを目安として西進して高野山、和歌山市。海をわたり、四国の背ぼねとなって石槌山。もうひとつ海をこえて大分県の南部に入り、大分市と臼杵市との間を通る。

この部分はむかしから豊後国の海部郡《あまのこおり》といわれ、奈良朝のころ早くも水銀の産出を記録に残した。『豊後国風土記』の海部郡に四郷があり、その一つ丹生郷がそれ。「むかしから人々はその地方の山から朱砂に当る砂を取っていた」と伝えている。

この古代の朱砂地帯に私が調査の足をむけたのは昭和三十六年の春であった。私の三男の知彬と四男の宜彬とが助手となり、野村鉱業株式会社からは及川貢技師を派遣してくれる。現地の大分新聞社が全面的な後援をおしまず、その上に富来隆氏（大分大学教授）や太田亘氏（坂の市在住の郷土史家）たちを参加させてくれる。一行は大分新聞社のジープで大分駅から四駅西の坂の市駅から丹川《あかがわ》へと遡って赤迫のあたりまで調べ、大野川すじの宮河内一帯をかけまわった。折柄さくらがみごとに咲きほこって、野山を飾っていたが、さすがに九州だけに、もう夏の訪れが近いという感じだ。

一つの疑問

私たちは、いまの坂の市地区から宮河内地区にかけて、いたるところでマイナス三乗オーダーが検出された試料を採り、なかにはマイナス二乗オーダーという、想像もできなかったほど高品位の試料もあった。だから調査は鉱物学的には大成功。まさしく『豊後国風土記』を裏づけることができた。しかし歴史のがわに立つ私は腕を組んでしまう。というのも、私がいちばんひっかかったのは、こうである。十八世紀の後半に岡藩士であった唐橋世済は『豊後国志』（文化元年刊）を書き、この地に三社の丹生神社（一宮、二宮、三宮）を紹介した。そのうち二宮だけは、現在もなお丹生神社を称して坂の市の原というところに残っている。しかしこの社の祭神は健磐龍《たけいわたつ》であって、他の二社もそうだ。けっして祭神はニウズヒメだとしてはいない。

では健磐龍とはどういう神か。それは阿蘇明神なのである。『延喜式』神名帳に肥後国

四座として、

阿蘇郡三座（大一座、小二座）

健磐龍命神社（名神、大）

阿蘇比咩神社

国造神社

と説明されて、熊本県阿蘇郡一の宮町に鎮座する阿蘇神社の主神にほかならない。この神は雨の神であって、平安朝のはじめ（嵯峨天皇のころ）からたしかに阿蘇山に祀られていた。それは『日本紀略』に「弘仁十四年（八二三年）冬十月壬寅に肥後国阿蘇郡に坐す従四位下勲五等の健磐（竜命）神に特に当郡の封二千戸を宛て奉る。此神は亢旱の時に祈れば、即ち雨を降らし、国を護り民を救う。之に頼らざるはなし」とある一節から明白になる。

ところが同じく祀られている阿蘇比咩《あそひめ》はどうか。

この女神は『日本書紀』巻七の景行天皇紀に、

時に二神あり、阿蘇津彦、阿蘇津媛という。忽に人に化け、以て遊詣りて曰く、われ二人あり、何ぞ人なからんや。故にその国をなづけて阿蘇という。

と紹介された阿蘇津媛と同一神である。だから伴信友は『延喜式』の神名に註を加えて、タケイワタツはアソツヒコだと主張したように、両神を同神の異名とし、それが現在まで通念となっているのだ。

アソツヒコとアソツヒメの出現

しかしアソツヒコとアソツヒメとは夫婦神で、火山の神であった。『延喜式』の豊後国速見郡三座のうちに数えられ、いまもなお鶴見丘の山上に鎮まっている「火男・火売神社二座」はこの夫婦神の神格そのものなのである。これに反してタケイワタツは雨師だ。したがって阿蘇国、もっと広く見て肥後国に雨の神が要求された後代の産物。この地方が農耕化したために、農民の願いがこめられて、農業の守り神としてうけ入れられたにちがいない。アソツヒコ、アソツヒメの二神の出現が伝説にすぎないとしても、それから弘仁十四年までは七百年以上も経過しているし、このころ国造《くにのみやつこ》はまだ配置もされていないことを忘却してはなるまい。

それならば、アソツヒメは、火の山としての阿蘇の化身と認められるアソツヒコの配偶者として神性を受けながら、後代には雨の神タケイワタツと再婚させられたことになるではないか。しかも彼女の二度目の相手となったタケイワタツは阿蘇国造つまり後代に阿蘇をなのって代々大宮司となっていた家の祖先が、中央から肥後の一角にまで運びいれた神であろう。くどいようだが、こうして農業の守り神雨師としてタケイワタツが主神とされ、つれてきた阿蘇家の祖先が国造神社に祀られる。アソツヒメは火の山阿蘇の守り神となって残ったということになるであろう。

タケイワタツという神名

いうまでもなく、タケイワタツという神名をもつ雨師は、ほかのどこを捜しても存在していない。だから私は、この神名を解こうとして、ずいぶん苦慮した。そのうちにフト思いついたのは、さきほど述べておいた大頭竜神社、すなわち群馬県群馬郡白郷井村の大〓神社の解決である。なるほど雨の神のオカミは『延喜式』を開いても、大祁於賀美神社（河内国石川郡）、意賀美神社（河内国茨田郡、和泉国和泉郡、同日根郡、越前国坂井郡、備後国奴甲郡）、多賀意加美神社（備後国恵蘇郡）のように万葉仮名の社名をもつか、またはこの神の正体に基づいて蛟蝄神社（下総国相馬郡）と書いてオカミ神社と訓ませている。

正しく漢字で書くとオカミは〓である。これは『説文解字』の竜部に見えている古い字で、「竜に従い霊声だ」と説明される。霝すなわち霊と龍（いまの日本では略字で竜と書く）の合字。この合字が表わしているようにもともと竜神を意味するが、日本に輸入されてタカオカミ（高〓）として雨の神となり、クラオカミ（闇〓）として雷の神（もちろん雷雨を伴う）となった。おそらく初代の阿蘇国造が運びこんだのはタカオカミ（高〓）といわれた雨師であったろう。

オカミという字のむずかしさ

けれども、このオカミという字はなんとしてもむずかしい。一般の字書などには載っていない。むずかしいから後世になると訓めなくなる。もともと合字だから、二字だと思いこまれたのも無理はない。そこで、もとの中国文字のように霝と龍とされる。それでも読めない。おそらく霝は嵓だろうということになる。嵓は岩、巌と同じだ。しかし高嵓龍ではどうにもならぬ。最初につけられた高は、おそらく神名につきものの美称、つまり健、武と見なされる。タカとタケとは発音がよく似ているからであった。そうして健岩龍、むずかしく書けば健磐龍という神が誕生したのである。『延喜式』の神名帳には越中国新川郡（富山県）に健石勝《たていわかつ》神社がある。おそらくこれは阿蘇明神の末社であろうが、この『延喜式』の時代にはこのような形勢を起していたのだ。

こう考えて、私は阿蘇明神を雨師信仰とする。オカミ信仰は平安朝のはじめに俄然さかんになった現象だ。弘仁十四年に阿蘇の雨師が阿蘇郡の二千戸を神封として贈られたという前掲の記事は、雨師信仰の開始を告げるものであろう。このとき従四位下であったこの神は承和七年（八四〇年）四月には従四位上に、同じ年の七月には従三位にあがるというスピード振り。それから二十年たらずの貞観元年（八五九年）の正月には、とうとう正二位にまで達している。このころが雨師信仰のピークであったらしい。

丹生川上神社が丹生川上の雨師と呼ばれたのも、この時期であったのを思いおこしてほしい。『日本後紀』から『三代実録』まで四つの正史で表示される時期に、丹生川上の神は正五位上から急ピッチで正三位にまで昇っていく。また水分神社が、はじめは国境の守り神として、飛鳥地方の四隅の分水嶺上に配置されていたのが、一転して農民に水をくばる神として性格を変えたのも、この時期にあたる。日本での稲作農耕化の進行、つまりタンボ作りの拡大と即応した現象であった。

阿蘇明神の流行

阿蘇の山上に火の山の神として祀られた阿蘇明神は、雨師と変って流行した。それは、ただむかしの阿蘇国だけに限らず、「火の国」の守り神となり、ついに肥後の一の宮にまでなりあがった。現在の町名はそれを記念している。雨師としての阿蘇明神の力は、東の外輪山をも越えた。大野川すじを東に進んで「豊の国」にもはいりこむ。なんとしても日本人の生活の基本が農耕に一本化したことは強かったのである。

ニウズヒメ祭祀はどこへ行ったか

大分市坂の市（もとの丹生郷）にあった三つの丹生神社が、阿蘇明神にとって代られて、もともとの水がね姫祭祀を失ってしまったことは、こうして判明した。たしかに、ニウズヒメからミズハノメへ、そしてオカミ信仰へと変遷したわけだ。しかしニウズヒメ祭祀の

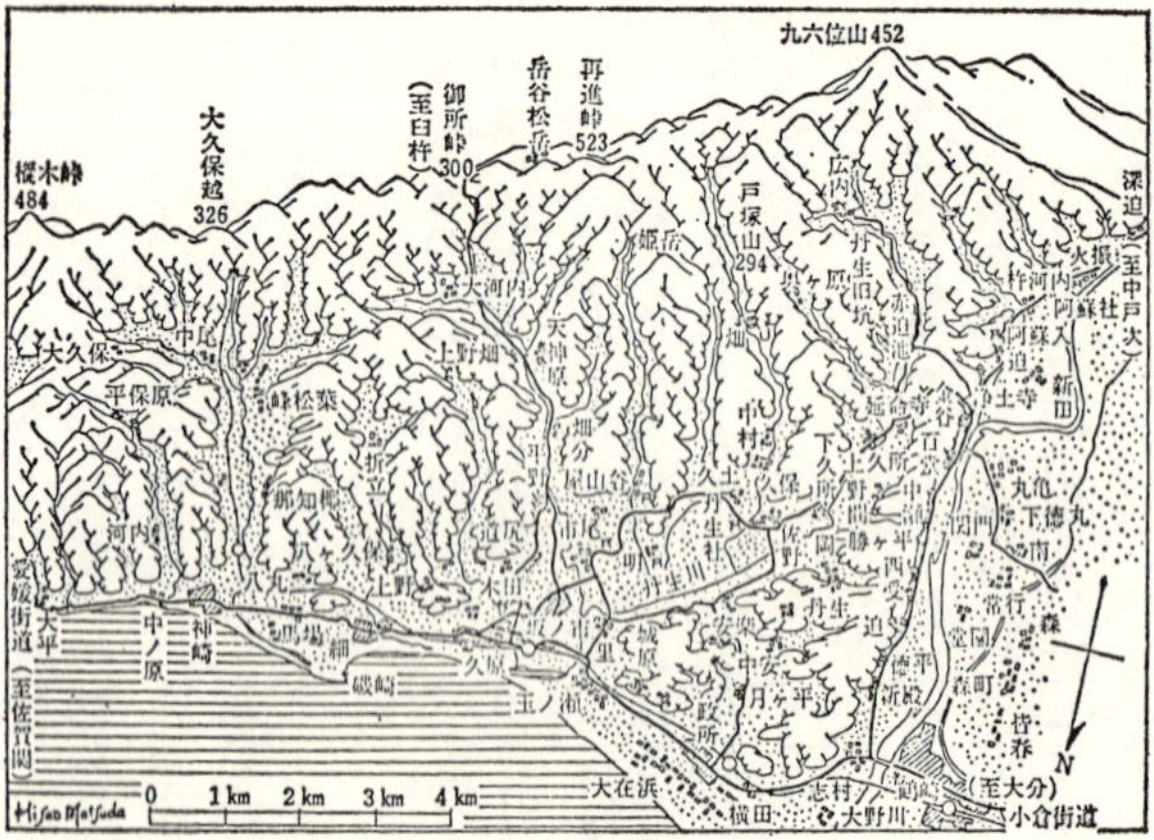

大分・坂の市の調査（『丹生の研究』36頁より）

痕跡がどうしても見つからない。ところが、これは不明だとされていた丹生神社の一の宮をさがしているうちに、その事情がわかってきた。そのことをこれから物語ろうと思う。

さきほど私の調査隊が丹川地区から宮河内地区へと進んだことにはふれておいた。この地帯はむかしから朱砂の産出があったし、現在でもそうであることは、自然科学から証明できたし、一行の及川技師は赤迫にある丹生鉱山のニッケル鉱に混って朱砂が産出されたことを、実際に確認している。宮河内地区は大野川の下流右岸にあたる。丹川・赤迫の地区が低い丘陵となって河におちこむ部分だ。その丘陵部の断崖の入りこみの部分を見つけて、数軒ないしは十数軒の家なみが点々と散在する場所である。

そして『豊後国志』によれば、丹生神社の一宮はこの宮河内地区にあったという。

私たち一行は、まずこの地区のうちもっとも川上にある火振《ひぶり》に鎮座する阿蘇神社を、有力な候補として進んでいった。火振の狭い河原に、大野川を背にして県道に面し、ポツンと立つ神社だった。むろんこのあたりも朱砂地帯と確認したものの、私の心は満たされない。たぶん宮河内には、もうひとつ阿蘇社があったはずだ。それに気づいた私は、火振の阿蘇社からもとの道を川にそって一キロほどもどる。なんのことはない。道の上におおいかぶさるように立っていた。名ばかりの小祠ながら、元宮《もとみや》と呼ばれ、部落の名を阿蘇入という。部落の古老は、明治年間にこの社から火振に阿蘇社が勧請されたと話す。私は、そのためにこの社が元宮と呼ばれていると、いちおうは受取ったが、よくよく考えてみると、どちらにせよこれが丹生の一宮であったにちがいない。私が社地から採取した試料は驚くべし、水銀含有〇・一三％という高品位を示して物をいった。この社こそ、朱砂の採掘にちなんで創立された丹生神社だったのである。

解決の根は深い

けれども私に解決を迫っている問題はもっと根深い。そこで取上げねばならないのは阿蘇入という地名だ。これをアソイリと訓まずにアソニウと呼んでいるし、しかも入は丹生と還元できるではないか。それならば、今日では見るかげもない姿で、こんなところに置き忘れられてしまったこの神社こそは、むかし丹生郷がその名称どおりの事実によって栄えていたころの丹生神社の一宮であった。そこに後代になると阿蘇明神という雨師が呼び迎えられて「阿蘇・丹生神社」となる。その社名が部落名となって現在まで伝わったのであろう。私が抱いた疑惑の一切はこうして氷解した。

もとをただしてみると、この宮河内の阿蘇入に鎮座する阿蘇神社は、旧時には阿蘇丹生神社とよばれていた時期があった。阿蘇明神が水がね姫の祠のヒサシを借りて、しまいには母屋までのっとってしまったものだ。そう考えると、丹生神社の二宮すなわち坂の市の原部落に鎮座する丹生神社にも、同様な事情があったにちがいない。この神社も本来はニウズヒメ祭祀であった。ところが奉仕する人たちの生活が農耕に専従するように変ってしまう。そこから雨の神の武磐龍命が勧請されてくる。その雨師がついに神座を独占してしまうということになった。ただしこの神社はむかしからの丹生神社が、その名称だけでも残している。せめてもの慰めといえるであろう。

阿蘇宇神社と入山と丹生山

ついでながら、静岡県庵原郡由比町の阿僧に鎮座する阿蘇宇神社にふれておこう。『静岡県庵原郡誌』によれば、この社は武磐龍命《たけいわたつ》のほか二座を祀る。この神社が阿蘇明神を勧請したことは明白で、地名の阿僧は社名に因む。しかしこの地名の発音は変っているではないか。また社名に阿蘇の二字だけでなく、宇の字を加えてあるのも、阿蘇明神をそのまま呼び迎えたとは認められまい。だから私は思う。社名の三字目の宇は、仁宇または丹宇の短縮で、阿蘇宇や阿僧は阿蘇入であろうと。それならば、阿蘇明神が東方に拡勢して豊後に入って丹生明神と合体し、阿蘇丹生つまり阿蘇入となったものを分祀したことになる。由比町の主街から由比川に沿って二キロほど北の谷に入ると、入山《いりやま》という部落がある。ミカンを産出する丘陵地帯だ。ここも古代の朱砂産地であって、その土壌からはマイナス三乗オーダーの水銀が検出されている。おそらく入山はもとの丹生山であって、豊後の丹生とおおいに関係があったのであろう。

一〇　丹生高野明神

金剛峯寺開山の頃

弘法大師が高野山に金剛峯寺をはじめたのは、まさに雨師信仰がさかんになっていこうとする時期にあたっていた。つまり弘仁七年（八一六年）のこと。この年に勅許をえて、四年後の弘仁十年に落成すると、同年の五月三日には丹生・高野の二柱の神を迎えて寺の守り神とした。もちろん世のなかでは、朱砂の採掘とその利用は滅びてはいない。しかし多くの丹生神社は、そのころ丹生川上神社の祭神の水の女神（ミズハノメ）祭祀に変り、なかにはいっそう進んでオカミの祠と化していた。ところが弘法大師空海は、水神の女神ニウズヒメを敬いつづける。どうして空海が、こうまで水がね姫を守っていたかには、こんな伝説がある。五章で空海のミイラの話を引用した『今昔物語』のうちの一節をとりあげて、前半を現代かなづかいなど多少考慮しながら読んでみよう。

我が唐にて擲げし所の三鈷《さんこ》の落ちたらむ所を尋ねむと思いて、弘仁七年という年の六月に、王城を出て尋ぬるに、大和国宇智の郡に至りて一人の猟人に会いぬ。その形は面赤くして長は八尺ばかりなり。青き色の小袖を着せり。骨高く筋太し。弓箭を以て身に帯せり。大小二の黒き犬を具せり。即ちこの人、大師を見て過ぎ通るに云く、何ぞの聖人の行き給うぞと。大師の宣わく、我れ唐にして三鈷を擲て、禅定の霊穴に落よと誓いき。今その所を求め行くなりと。猟者の云く、我れはこれ南山の犬飼なり。我れその所を知れり、速かに教え奉るべしというて、犬を放ちて走らする間、犬は失せぬ。大師はそこより紀伊国の堺の大河の辺に宿しぬ。ここに一人の山人に会いぬ。大師はこの事を問い給うに、これより南に平原の沢あり、これその所なりと。明る朝に山人は大師を相具して行く間、密に語って云く、我れこの山の王なり、速かにこの領地を奉るべしと。山の中に百町ばかり入りぬ。山の中は直しく鉢を臥たる如くにて、廻りに峯が八つ立ち登れり。檜のいわん方なく、大なる竹の様にて生い並びたり。その中に一の檜の中に大なる竹幹あり。この三鈷がうち立てられたり。これを見るに、喜び悲ぶ事限りなし。これ禅定の霊崛なりと知りぬ。この山人は誰びとぞと問い給えば、丹生の明神となむ申す。今の天野の宮これなり。犬飼をば高野の明神となむ申すと云いて失せぬ。

また、さきほど読んだ『丹生大明神告門《のりと》』と同じく天野の大社に伝えられた『丹生祝氏本系帳』すなわち俗に『丹生氏文』と略称される文書には、二犬をひきいた犬黒比止というもの（犬飼をさす）が、阿帝川（有田川）の川下の長谷の川原で石神となり、犬甘《いぬかい》の神となったという話を長々と伝える。もちろん長谷は貴志川に臨み、有田川には求められない。

いま長谷を訪れてみると、貴志川のなかに、犬飼明神が化したという石が残っている。まったく話自体が頭から信用できないが、高野明神を狩場明神とも犬飼明神ともよぶのは、こういう伝説から生じているのだ。はなはだしい場合には、このときひきつれていた犬を皮張明神とも称して信仰している。伝説からいろいろな神が創作されたのだ。

守り神となった丹生明神と高野明神

だいたい空海の入山を手びきしたという犬飼が怪しい。これは高野明神として祀りこまれている高野山の地主神にほかならない。また空海に三鈷《さんこ》の落ちていたところ、つまり禅定の窟を教えたとある丹生明神は、高野山一帯を朱砂の採掘場としていた部族（丹生氏）が祖神と仰いだ水がね姫である。それはこの神が山人として空海に「我はこの山の王で、領地を奉ろう」と話したという伝説から私が想定したわけ。大師が丹生明神と高野明神とを高野山金剛峯寺の守り神としたのは、丹生氏の活動舞台つまりニウズヒメの神領の上に空海が金剛峯寺を建てたこととおおいに関連しているわけだ。それゆえにこそ空海は金剛峯寺の壇場にも、また自らの墓側にまでも、両明神の祠を営み、丹生氏の本拠を西隣の天野に移している。『延喜式』巻十にいう紀伊国伊都郡の丹生都比女神社（名神、大）がそれで、いまも天野の大社と俗称される。もちろん高野明神もこのときにいっしょに祀られた。これを高野御子神と呼ぶ。それは水がね姫の子という意味だ。男女の神を併祀する場合、その男女が夫婦神でない限り、どちらか親になり子になる。日本の道徳がそうさせたのはいうまでもない。山陰の香住町浦上に鎮座する丹生神社では、高野山の影響をうけて高野明神をニウズヒメと併祀したが、神名を高野姫としている。

金剛峯寺の寺領と丹生高野明神の拡大

さて高野山金剛峯寺は真言宗。しかも宗勢はおおいに振った。天正十九年（一五九一年）十月二十一日に豊臣秀吉が寄進した寺領の目録をとりあげてみても、二八地点に及ぶ。まず紀伊国伊都郡では、ふき（富貴）、つつが（筒香）、まる（?）、北また（北又）、にしごう（西郷）、ひがしごう（東郷）、しいで（椎出）、じそんいん（慈尊院）、しぶと（渋田）、こさわ（古沢）、くど山（九度山）、ほそ川（細川）、あまの（天野）、みたか（三谷?）、大たき（大滝）、やなぜ（簗瀬）、ゆかわ（湯川）の諸地である。また南賀郡（那賀郡）では、野田原（?）、小川（現在海草郡）、花坂（現在伊都郡）、しが（志賀、現在伊都郡）、四村（現在海草郡）、はせ（長谷、現在海草郡）、毛原（現在海草郡）、ともふち（鞆淵）、ほその（細野）、さるかわ（猿川、現在海草郡）、こうの内（現在海草郡神野）が挙げられ、都合一万石となっている。二、三の地名が明らかでないのは遺憾だが、判明した地点を現在の地図上にマークしてみると、その範囲はだいたい高野山の勢力圏と見られ、高野山側に残っている諸文書が示す四至とも一致する。むろんその宗派の勢力が拡大するに伴って、丹生高野明神も勧請される。しかし『紀伊

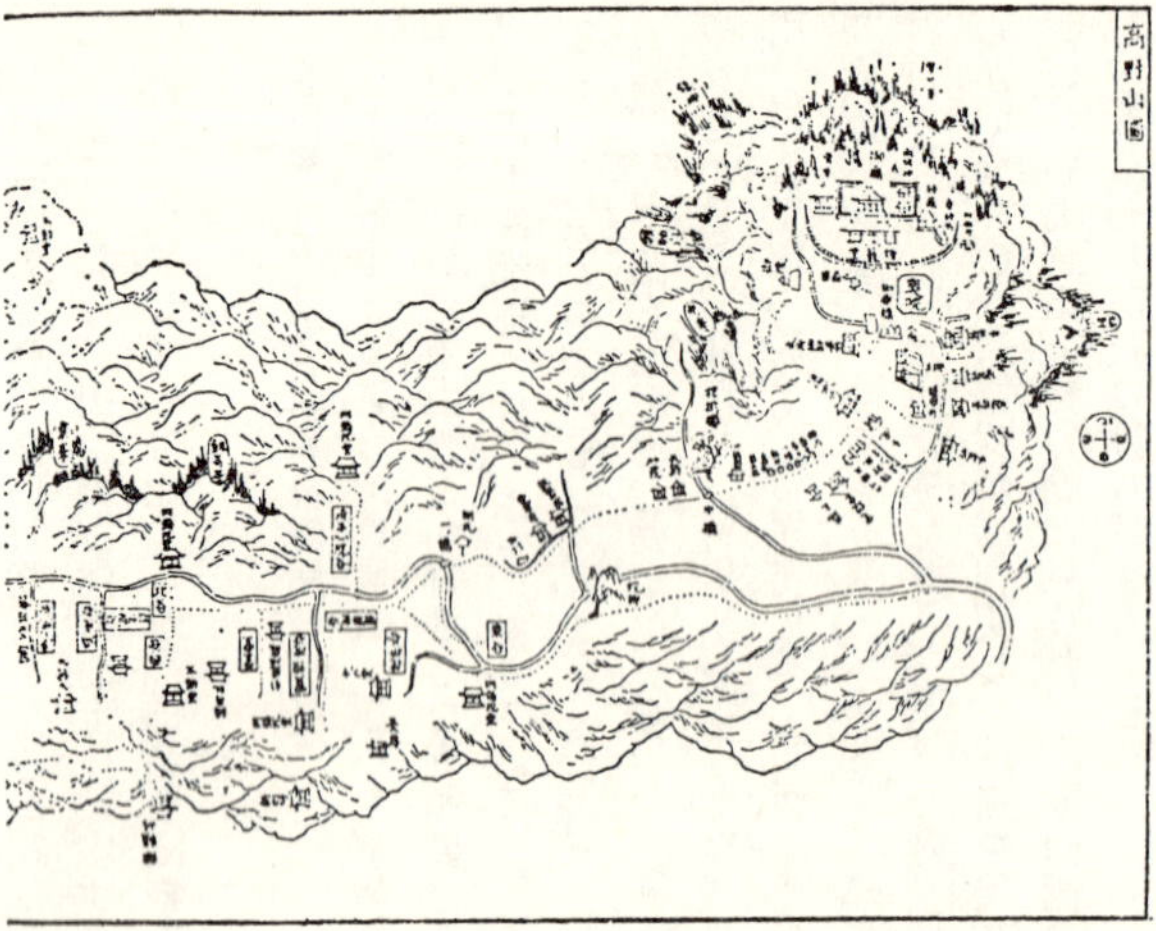

の高野山古図

続風土記』から拾いだした七九社に、前記の一社を加えて、すべて八〇社のうちから、もともとのニウズヒメ祭祀の地点を選びだすのは容易ではない。とくに紀伊の北部は、一帯が朱砂地帯であるだけに、もとから丹生氏が根拠としたとみとめられる土地を挙げることは、ほとんど不可能であろう。

丹生氏の拠点はどこか

とはいえ私は努力をつづける。そして『丹生大明神告門《のりと》』にこの神が忌仗《いみづえ》を刺した、つまり神界を設定したとある地点に注目する。なによりもさきにこの告門を紹介しなければならない。これには註記があちらこちらに加えられているが、一切を省略する。和風の

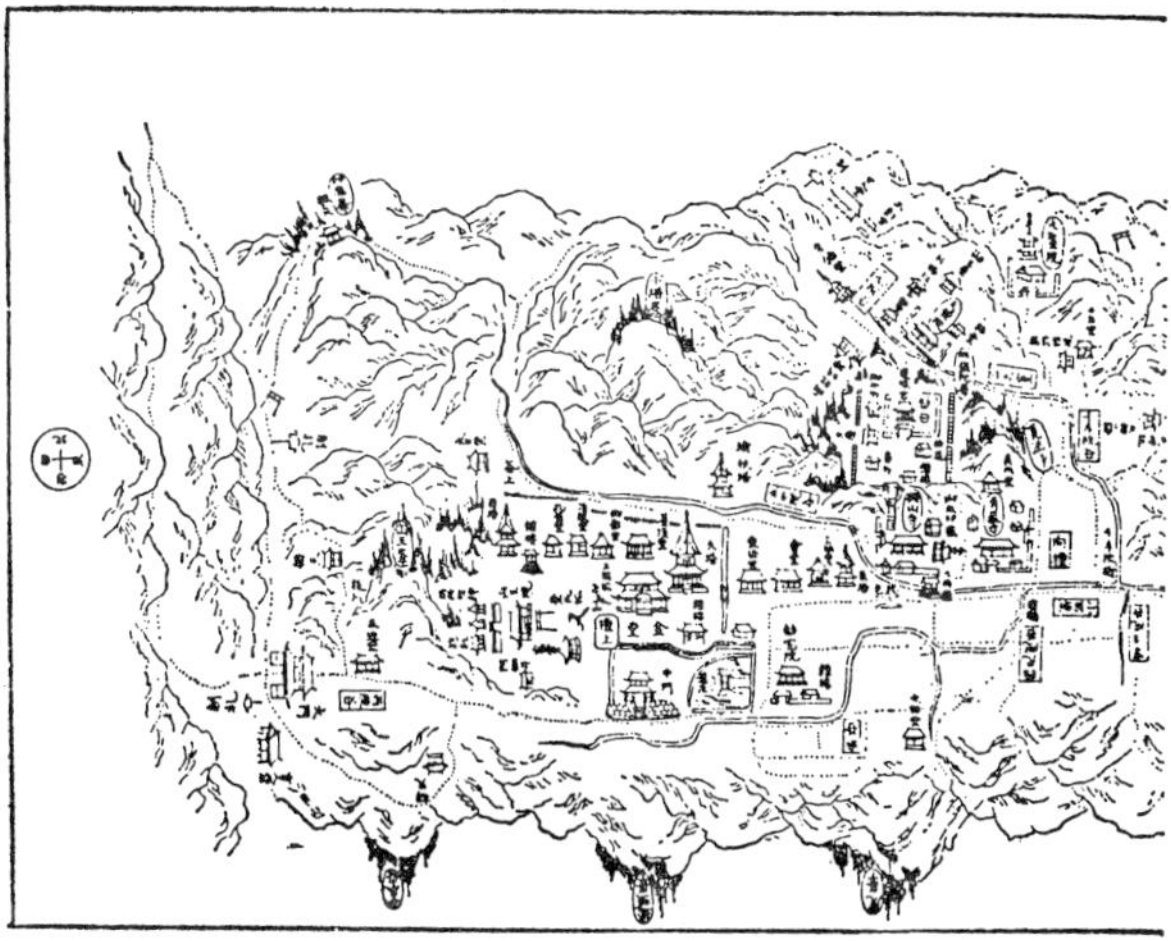

『紀伊続風土記』

漢文と万葉仮名が混っているが、例によって現代仮名を主とした文になおしておく。

かけまくも恐こき皇大御神を、歳の中に月を撰び、月の中に日を撰び定めて、銀金の花さき開く吉日に時を撰び定めて、当年仕え奉りて申さく。高天原に神積ります天の石倉を押放ち、天の石門を忍開き給い、天の八重雲を伊豆の道別に道別け給いて、豊葦原の美豆穂の国にみつけ給うとして、国郡はさわにあれども、紀伊国伊都郡庵太村の石口に天降りまして、大御名を申さば恐し、申さねば恐し、伊佐奈支・伊佐奈美の命の御児・天の御陰・日の御陰・丹生津比咩の大御神と大御名を顕わし給いて。川上の水方（水分？）の峯に上りまして国かかし給い、下りまして十市の郡□□に忌仗を刺し給い、下りまして巨勢の丹生に忌仗を刺し給い、下りまして宇知郡の布々支の丹生に忌仗を刺し給い、下りまして伊都郡の町梨の御門代に御田を作り給い、下りまして波多の倍家多の村の字堪梨と云う、並びに天沼田と云うに御田を作り給い、下りまして忌垣豆に御田を作り、其田の稲を太飯・太酒に作りあそび、豊明を仕えまつりて。上りまして伊勢礁におわしまし、上り（下りの誤か）まして巨佐布の所に忌仗を刺し給い、下りまして小都知の峯におわしまし、上りまして天野の原に忌仗を刺し給い、下りまして長谷原（長谷・毛原？）に忌仗を刺し給い、下りまして神野・麻国に忌仗を刺し給い、下りまして那賀郡の松門の所におわしまし、下りまして安梨諦の夏瀬の丹生に忌仗を刺し給い、下りまして日高郡の江川の丹生に忌仗を刺し給い、返りまして那賀郡の赤穂山の布気と云う所におわしまして。遷りいでまして名手村の丹生屋の所に夜殿おわしまし、遷りまして伊都郡の佐夜久の宮におわしまし、然り而して則いて渋田邨の御門代の御田を作り給いて、神賀奈の淵の所にあそび、豊明を仕えまつり給う。則いて天野の原に上りまし、皇御孫の命の宇閇湛のまにまに、於（上）土をば下に掘返し、下の土をば於（上）に掘返し、太宮柱をふとしり立て給い、高天原に知木を高しりまつり、朝日なす耀く宮・夕日なす光る宮に、世の長きに常世の宮に静まりますと申す。

この告門は、伊都郡天野の丹生都比女神社に仕えていた丹生の祝《はふり》がむかしから神事に用いていた祝詞を、時流に応じて加筆したり、改変したりしてきたものが、ある年次に現存の形をとり、そのまま保存されたと判定される。では、そのある年次とはいつか。なかなか判断にむずかしい。けれども日本の人たちが稲作農耕を専らにするようになった時期から後の作品、いいかえると、鉱産の神であったニウズヒメが、その正体をぼかしはじめて以後のものであることは確実といえよう。それは「御門代に御田を作り」とか「その田の稲を」どうしたとか書かれているのに、みごとにあらわれている。

では、なぜ私は、女神が「忌仗を刺し給」うた地点にこだわるのか。それは、大和から紀伊にかけて、むかし丹生氏の一族が散居して、なおニウズヒメ祭祀を保持していた諸地点をよみこんだものと認めるからだ。その意味で、はじめてこの古文書はわれわれの研究対象となるのではあるまいか。とにかくその諸地点を挙げてみよう。

(1) 十市郡の□□
(2) 巨勢の丹生
(3) 宇知郡の布々支の丹生
(4) 巨佐布
(5) 天野の原
(6) 長谷・毛原

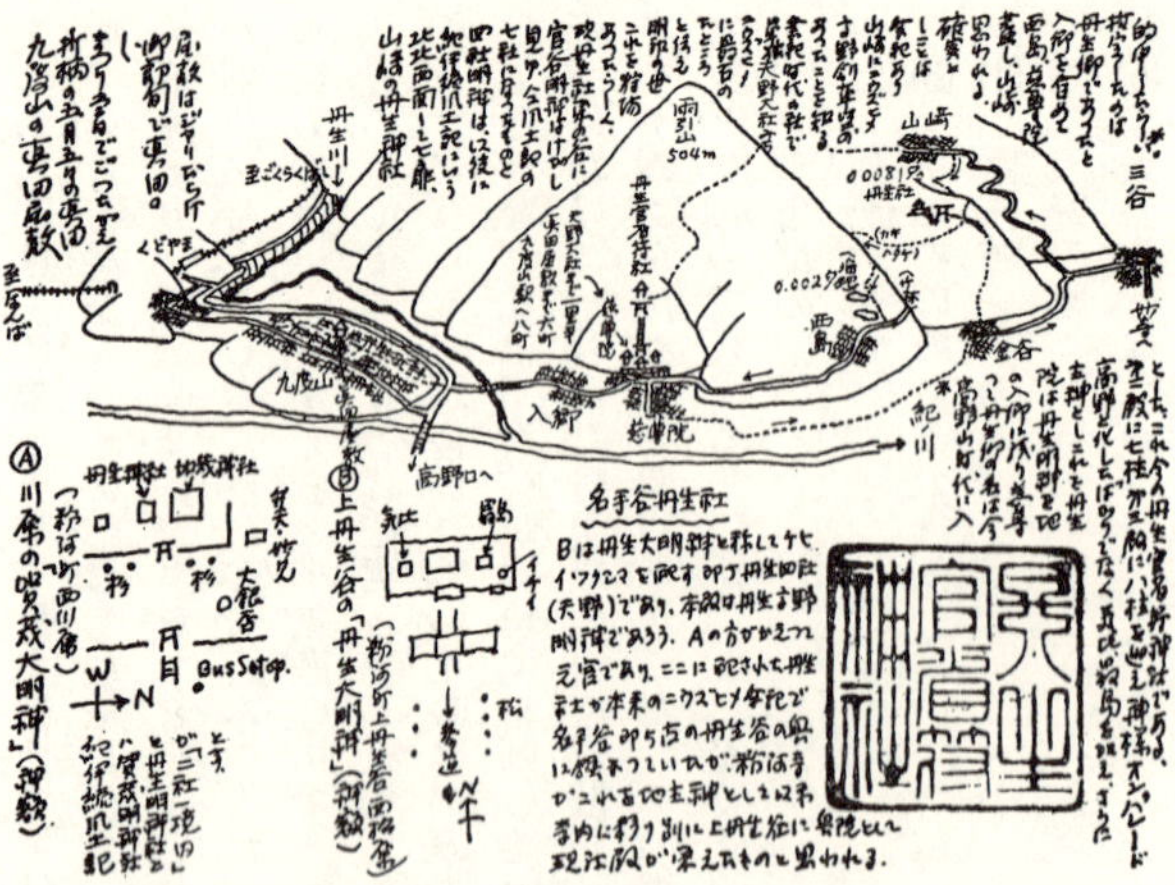

紀の川すじの調査（昭和36年5月5日）

(7)　神野・麻国
(8)　安梨諦の夏瀬の丹生
(9)　日高郡の江川の丹生

となる。

まず、ニウズヒメ祭祀の本拠とされる⑸天野の原については、さきほど弘法大師の所行に関連して説明したし、かつ私が実際に出かけていって朱砂の産地だったと立証したから、それ以上にくわしく触れておく必要はあるまい。ここは丹生川が紀の川（吉野川）に流入する九度山、慈尊院のあたりから、高野山頂の寺院町に通ずる街道の通過地であった。神田という神領を意味する地名も残る。この道は、雨引山の肩をまき、天野の原を踏台として高野山に登るわけで、道にそって立てられていた町石もあった。

九度山は真田幸村の話で名高いが、その全体は低い丘陵をなす。その西隣が入郷である。丹生川は二つの土地の間で深い谷をえぐって紀の川に流れこむ。入郷の西は慈尊院だから、入郷は九度山と慈尊院とにはさまれた部落であって、『紀伊続風土記』がいうように、むかしは丹生郷と書かれた。ここは丹生氏の本拠であって、丹生神社が存在したことは疑いをいれない。今日でもこの地方一帯には高品位の朱砂が点々と存在しているように、丹生氏はここを中心として、丹生川すじはいうまでもなく、遠く高野山や天野にかけて散居し採鉱していたのであろう。ところが丹生郷の丹生神社は、金剛峯寺が落成した弘仁時代ののち、高野政所とさえいわれた慈尊院の奥に移され、しかも現在ではニウズヒメ祭祀を主体として一九柱の神を祠り、神様オンパレードと化して丹生官省符神社と呼ばれる。

丹生川をさかのぼる

九度山から南海電鉄は丹生川に沿い、高野下駅（椎出）でこの川と別れて西の谷にはいり、下古沢駅、ついで上古沢駅となる。電車はそのままこの谷について極楽橋に到着し、ここからケーブルで高野山にのぼる。しかしこの谷すじの交通は近代のことで、むかしの街道は東側の尾根を進んでいた。尾根すじ東郷、西郷、桜茶屋などの古来の地名が指摘される。しかしこの西側の谷はむかしの巨佐布と考えてよく、丹生神社を留める古沢の部落名はそれを伝えているらしい。

丹生川の発源地である富貴谷はむかしの布々支の丹生であろう。このことは『丹生大明神告門』や『播磨国風土記』の解釈に関連してしばしば触れた。しかし、もし布々支を富貴だとすると、これを宇知郡（現在の奈良県宇智郡）に属させている点は、この告門の年代決定に都合がよい。というのも、富貴谷と西の筒香谷とは紀和間でつねに争われていたからである。

大和三山から飛鳥川へ

大和で丹生告門と関係ある地点は十市郡の一地と巨勢とが挙げられている。それならば、ここは大和の「国中」ではないか。畝傍・耳成・香久山のいわゆる大和三山の地区とその西南に連なる巨勢の丘だ。『紀伊続風土記』は十市郡下の二個の欠字を「丹生」と指摘し、これを高市郡明日香村の入谷《いりたに》に比定している。入谷は、なるほど、ある時期にはニフタニと訓まれた。しかしこの入谷は、高市郡としてもずいぶん山の奥である。いま明日香村の役場のある岡部落から、南に飛鳥川をさかのぼり、稲淵をへて栢森《かやのもり》まで約六キロ。その栢森の東に迫る、椀を伏せたような山腹にのっている部落だ。しかも途中の稲淵には飛鳥川の上坐宇須多伎比売神社があって、『延喜式』にも高市郡五十四座の一社として紹介されている。だから、それよりも遠い南部に十市郡の一地点を求めるのは、どだい無理である。どうしても丹生告門の十市郡を高市郡の誤りとしないと、この説は成立しがたい。

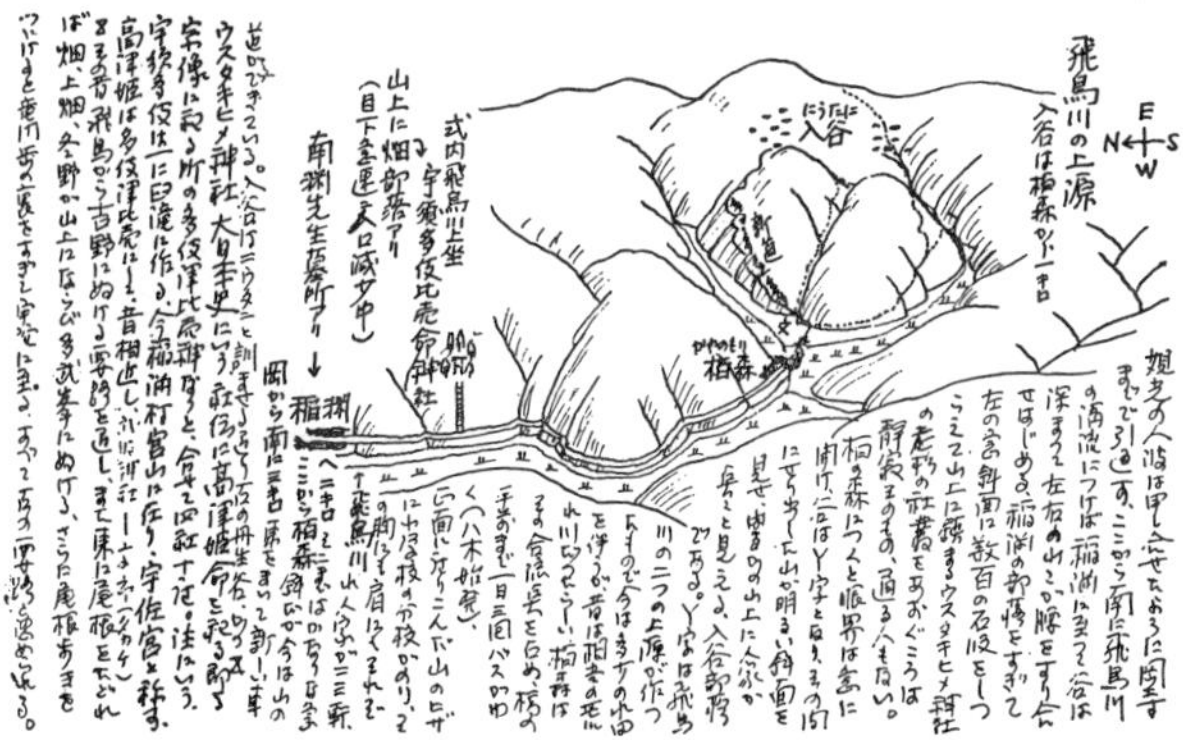

飛鳥川上源の調査（昭和37年10月29日）

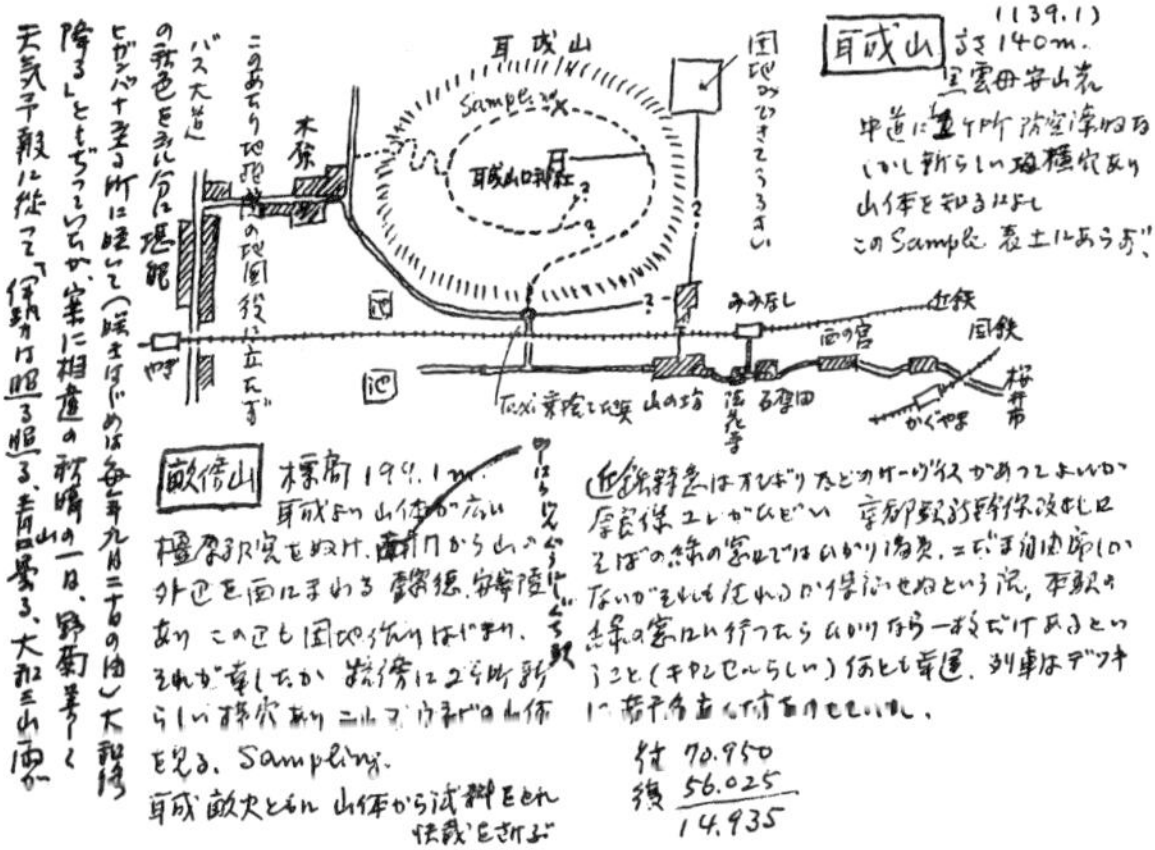

畝傍・耳成両山の調査（昭和43年９月21日）

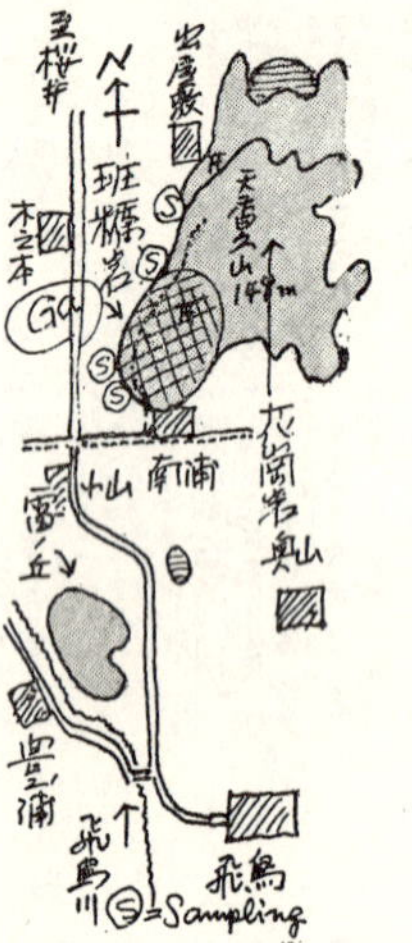

天香久山の周辺（昭和43年9月21日）

十市郡の中心は畝傍、耳成と香久山である。広大な古代の「大和湖」に浮かび、あるいは湿地帯の上にもりあがった大和三山であった。この三山がすべて古代に朱砂を産出していたことは、すでに私が三山からそれぞれ試料を得て、分析によって証明されている。しかしこのあたりには丹生という地名は、どうしても捜しだせない。だから、問題の欠字の二文字は、あながち「丹生」と推定する必要はない。不明のままにしておいて差支えないようである。丹生氏がここに移住したとしても、政争の渦中にまきこまれたか、それを恐れたのか、わからない。なにかの理由で、早々に他に移ったのであろう。そこで地名が消えてしまったと考えられる。

高市郡には大仁保神社と丹生神社とがあった。この二社をどう扱ってよいか、つねづね私は悩んでいた。やっと思いついたのは、次章でのべるように、丹穂と丹生とが音韻上からも同視できない、という一事である。この重大なことを無視したために『奈良県高市郡志料』は、大仁保神社が鎮まっていた大丹穂山と丹生神社のあった丹生谷とを混同してしまった。

丹生谷の周辺

近鉄の葛駅で降りて、丘の間の高原を東南にすすむ。このあたりがもとの船倉村の丹生谷で、ある時期には丹生谷村という独立村であった。右側の丘を見ると、その中腹に、いまは見るかげもない小祠と化した丹生神社がある。これこそ高市郡志料が、里俗「於丹生サン」と称せり、と伝えているものだ。これに反して『三代実録』に元慶二年（八七八年）に従五位下に叙せられたという大仁保神社は、大丹穂山に鎮まっていた。ここは高市村の入谷、さきほど説明した明日香町の入谷である。大仁保神社は明治四十四年には稲淵の飛鳥川上坐ウスタキヒメ神社の境内に移転・合祀されている。おそらく葛駅附近の丹生谷に廃残の身を横たえる丹生神社こそ、巨勢の丹生氏が祀っていたニウズヒメ祭祀を留めているのであろう。

二つの丹生

いよいよ高野山から西の谷間にあった二つの丹生(6)・(7)に話を移そう。私がこの谷

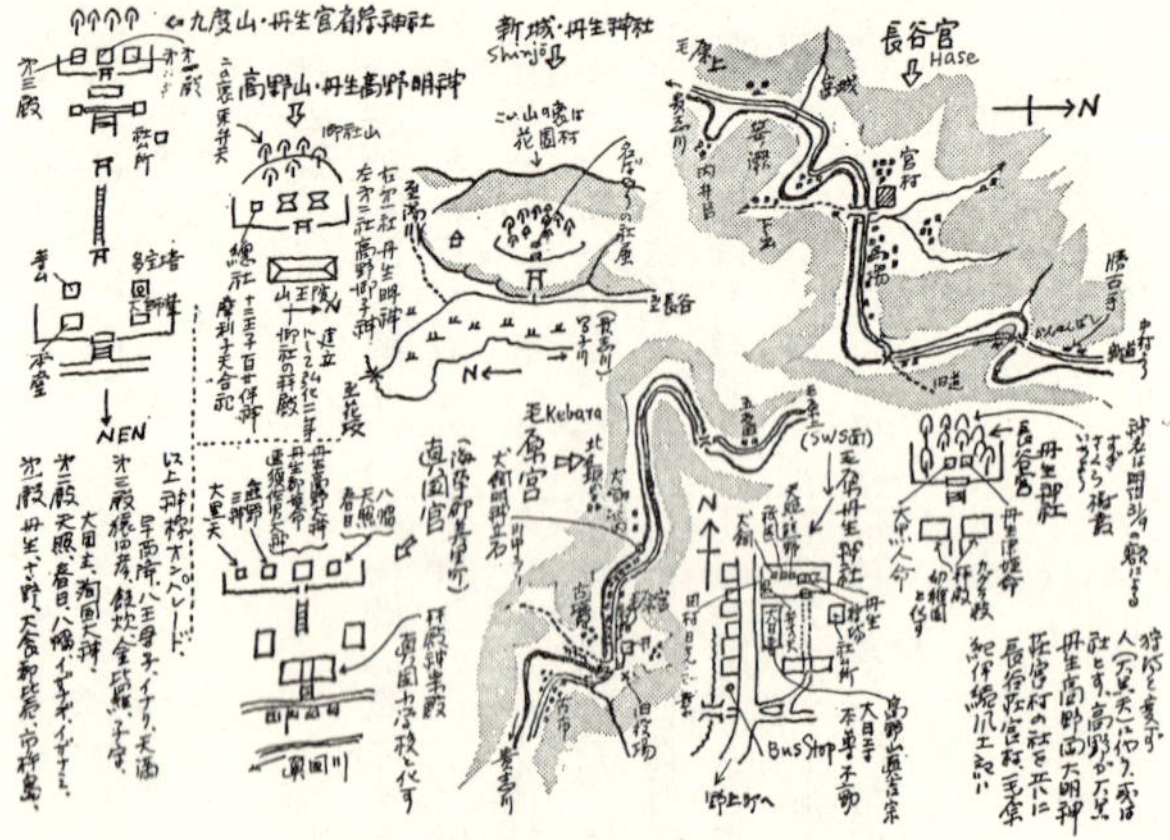

貴志川すじの丹生神社（昭和36年５月６日）

を調査したのは昭和三十六年の五月であった。高野山の大門から花坂に下ると、道は貴志川に沿う。深い谷である。それがいやが上にも狭い谷を関門として四つの長い谷にわかれている。ややゆとりがある谷を長谷といい、つづいて毛原といい、ともに丹生神社があった。五月とはいえ、初夏の快晴。私と助手をつとめてくれた宜彬とは、試料さがしに大汗をかく。やっと採取した土壌試料は分析の結果マイナス二乗、ないしはマイナス三乗オーダーの水銀含有を示して、労苦にむくいてくれたし、同時にこの両地点に丹生氏の根拠がいとなまれていたことをも論じられるようになった。

　貴志川が、天野の原を貫流して、鞆淵川となり、ついで志賀野川となって西流する水をあわせるあたりを神野という。真国とは志賀野川の谷を指す。神野には一三神社が鎮座するが、その一つにニウズヒメ祭祀がのこり、真国には丹生神社があり、その土地を真国宮と呼んでいる。そして神野からここに行く途中の志賀野（志賀西野）にも丹生神社があって、真国のものとともに丹生高野明神と化していた。

高野山から南に流れだす諸河は有田川となって西流する。いま有田郡とよばれる。告門にいう安梨諦は有田にほかならない。その南が日高郡になるが、この有田・日高の両郡にかけて二つの丹生(8)・(9)があった。

紀勢線の藤並駅から東の金屋口駅まで有田鉄道が走る。助手として同行してくれた大阪の井岡畯一君と私がこのガソリンカーに乗ったのは昭和三十五年の十月。金屋口の一駅手前の御霊駅で下りる。駅の所在地を丹生図《にうず》という。ここから北に有田川を渡ると丹生である。川にせまる山々の南斜面は頂上近くまでミカンの段々畑となり、山裾と有田川との間の狭小な部分に丹生の部落があった。現在は、有田ミカンのうちでももっとも甘いので名高い丹生ミカンの産地だが、むかしは朱砂の産地として丹生氏が移りすむ。それを表示する丹生神社は部落のなかに旧址を留めるだけで、金屋の白岩神社に合祀されてしまった。告門にいう夏瀬は、部落の西一キロくらいに夏瀬の森として名を残す。

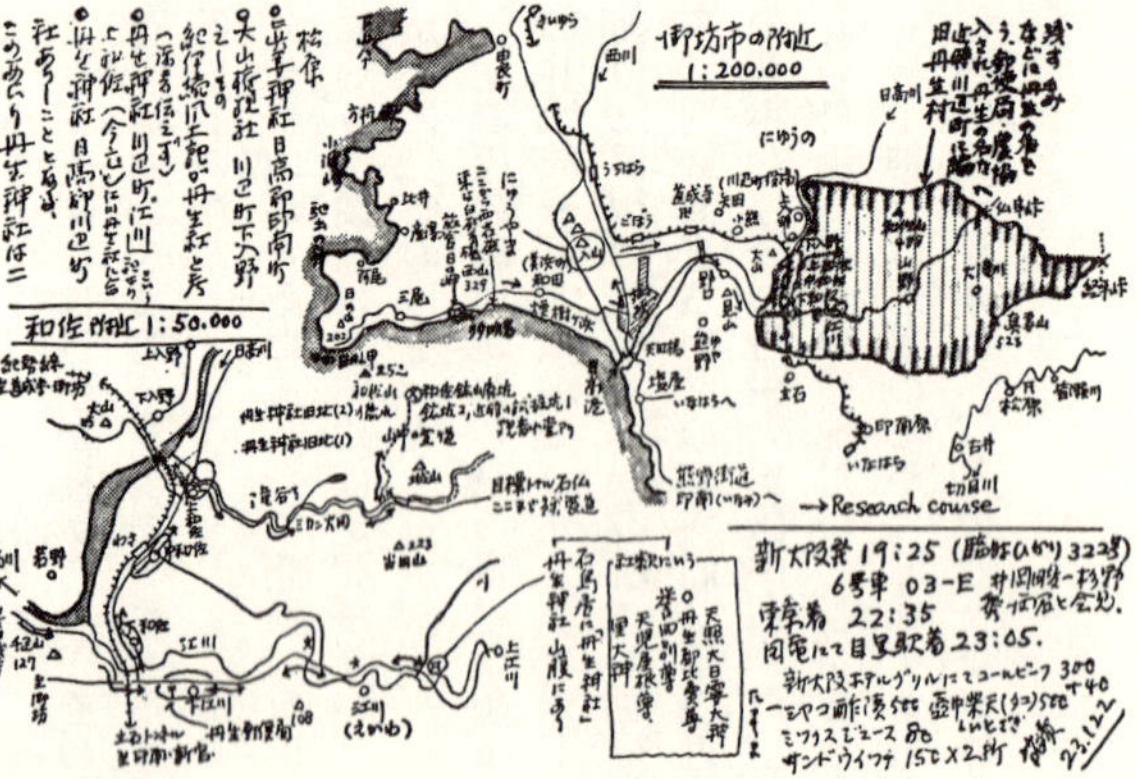

御坊市和佐附近の調査（昭和44年11月１日）

格下げられた朱砂の女神

日高郡の江川の調査は、昭和四十四年の秋にひとりで行なった。御坊市で海にであった紀勢線が、ふたたび東の山中を迂回するかのように南下する和佐駅が下車地。日高川のほとりである。和佐には東の山中にもと和佐水銀鉱山が開かれていた。紀勢線の鉄路を傍らにして上和佐にひろがる耕地のなかに、石鳥居や献灯が丹生神社の旧址を告げる。しかし祠そのものは江川の丹生神社に合祀されてしまったと聞く。江川は和佐の南にとなりする部落で、上・中・下の三部落に分かれ、日高川に注ぐ江川に貫かれる。上江川に丹生神社が鎮座する。和佐と江川とはもと一体として丹生村を構成していた。けれども今は農協や郵便局に丹生の名を留めるだけである。歴史の古い丹生という呼称は消されてしまった。

それだけではない。江川の丹生神社の石の鳥居には「丹生神社」という社額を掲げていながら、朝廷から押しつけられたのか、村民の意向によるものか、わからないが、ホンダワケの尊を主神とし、朱砂の女神（ニウズヒメ）は次席に下げられていた。なんとなく胸をしめつけられるように感じたのは、私だけではあるまい。

一一　丹生と丹穂

ニウとニホの違い

同じ朱砂の女神でありながら、私は丹生都比売《ニウズヒメ》と爾保都比売《ニホツヒメ》とを異名の神とし、そこから丹生という使いかたの特異な点を指摘した。もうすこしこの論議を徹底させておきたいので、この一章を設ける。

ニウとニホのちがいは、丹生と丹穂にもよく示されている。それは同じ赤い土を産するところでも赤生と赤穂とを分別した。また石生と石穂のちがいでもある。例えば『和名抄』国郡部を開いてみても、信濃国水内郡の赤生には「安加布」と訓がつけられ、播磨国赤穂郡の赤穂は「阿加保」と訓まれた。丹波国氷上郡の石生は『和名抄』に「伊曾布」と音ぜられ、『延喜式』神名帳では丹波国桑田郡に石穂神社というのがあって、イハホとよまれている。生と穂が同じくプロデュース（産出する）を意味しながら、ニュアンスを異にすることはすでに書いておいた。古語はこうしたニュアンスのちがいに注意して、フとホとを混同するような誤りにおちいってはならないと思う。

水がね姫は『播磨国風土記』に爾保都比売とされ、この女神を祀った神社が広島県に二社、島根県に一社を指摘できることも前に紹介ずみである。邇保姫神社の鎮まる広島市仁保町は、もとの仁保島を継承した町名であって、仁保は邇保という女神の名にほかならない。

また『和名抄』を見ると、近江国野洲郡に邇保郷がある。『野洲郡史』には「現在北里村大字十王町を二保と俚称し、同村大字江頭には仁保寺なる小字がある。仁保川は蒲生川の末にして蒲生郡綿向山より発し、日野町・鏡山村を経て江頭に至り湖に注入す」という。今日の滋賀県近江八幡市十王町にあたる。おそらく鏡山から流れ出た朱砂がこの川を運ばれ、河尻に堆積するのを採取し、そのために邇保という郷名があったのであろう。

ニホは鳰という雅字で表現された場合もすくなくない。琵琶湖を鳰《にお》の海とも呼ぶのは、十王町の江頭あたりから船出したことを告げるようである。もちろん鳰つまりカイツブリという水鳥が多かったのにひっかけたわけだ。ニホが仁保と書かれた地名、また仁尾とされた地点の例をすこし挙げておこう。すべて私の検証を経て古代の朱砂産地と認められたものばかりである。

山口市仁保町（もとの山口県吉敷郡仁保村）

広島市仁保町

岡山県赤磐郡山陽町仁保

兵庫県三原郡南淡町福良の西の仁尾

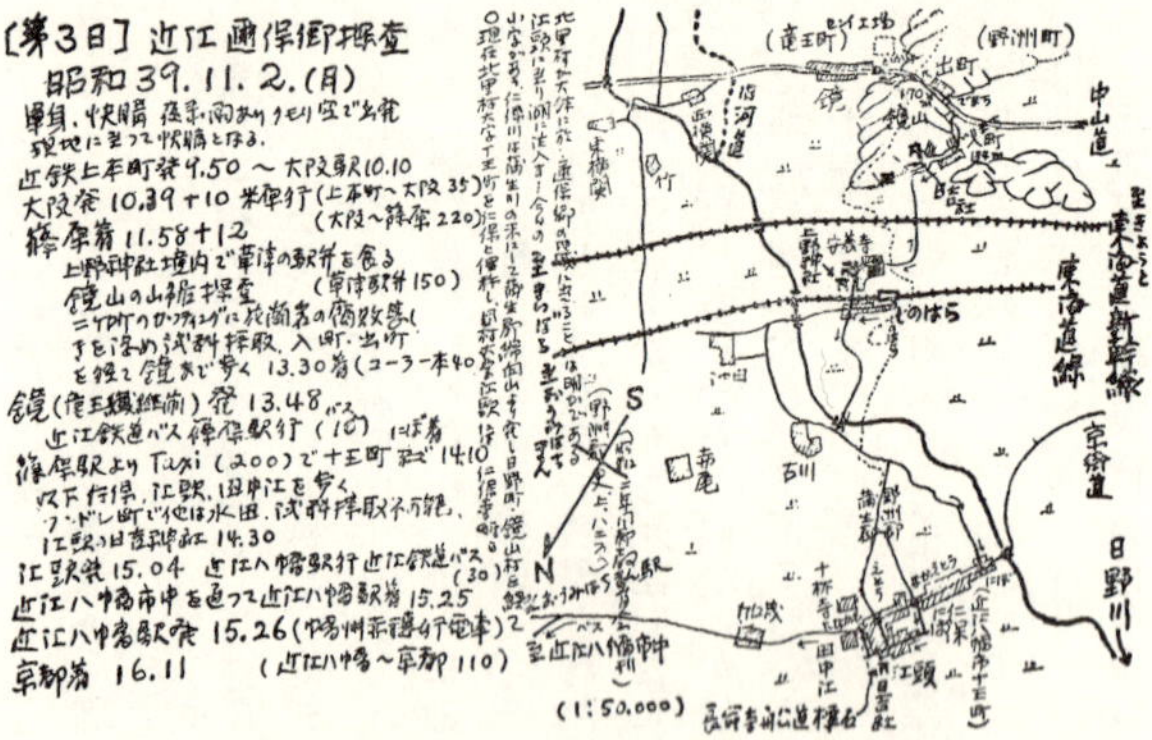

滋賀・邇保郷の調査（昭和39年11月２日）

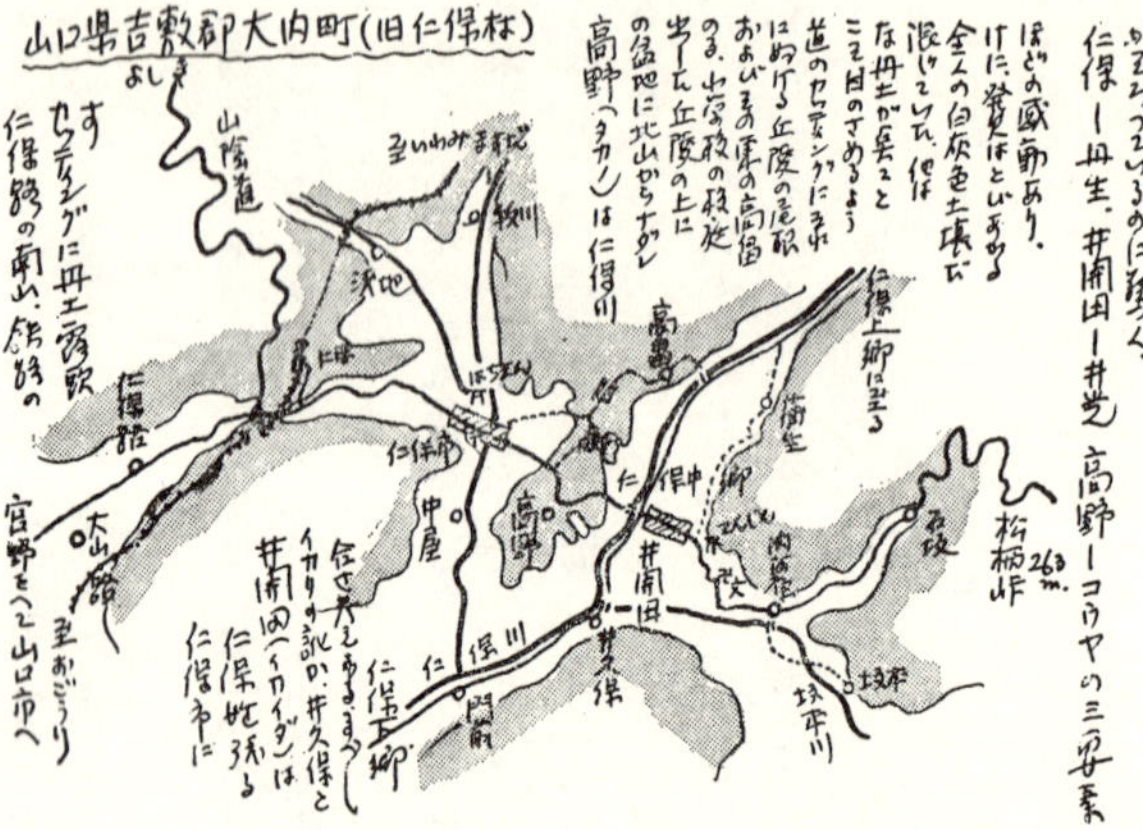

山口市仁保の調査（昭和37年12月８日）

香川県三豊郡仁尾町
高知県土佐山田町仁尾島

この土佐の仁尾島は広島市の仁保町が往古に仁保島と呼ばれたのとまったく同一のケースであって、もとは物部川の三角洲上の一小島であった。

ところが、大分県大分郡野津原町の今市の附近には荷尾杵と荷小野という奇妙な地名がある。今市の東、七瀬川にのぞむ丘陵の上に立ち、今市の西、芹川のダムの上にある丹生山とわずかに四、五キロしか離れていない。今市の地区には戦時中に今市・立安・三宅の三水銀鉱山が経営されたと聞く。われわれがじつに興味ぶかいのはこの地区に同じ朱砂を産しながら、ニホとニフとが対立していたことにあろう。

たいへん簡単にしてしまったが、ここで以上の論議をまとめて表示しておく。すなわちニホ系の地名は、

仁保・爾保（表音）、丹穂（訓音）、丹保（音訓併用）、仁尾・荷尾（訛音）

ということになる。これにたいしてニフ系の地名としては、

仁布・爾布（表音）、丹生（訓音）、壬生（音訓併用）、仁宇・仁歩（訛音）

と考えられよう。

そこでニフ系に移るわけだが、さきに説明しておいたように、丹生はきわめて特殊な用語であるから、これを浮かびあがらせるのに努力をはらってみよう。すでに述べたが、『延喜式』神名帳に若狭国三方郡の丹生神社と仁布神社とが、同じ朱砂産出を掌りながら社名を異にする点は、あらためて思い起してほしい。また丹生と壬生とのちがいも大切であろう。なんとなれば、壬生の二字は現在では京都市内の壬生寺に準じてミブと訓まれるが、壬はもともとM音をもたない。『説文解字』という字書を見ても「如林切」とあり、現在も「如今切」とされるように、正しい発音はニンあるいはジンだ。だから壬生は上掲のニフの音と訓とを併用したものにちがいないからである。愛媛県周桑郡の壬生川町は今でもニウガワと呼ばれているではないか。『和名抄』は『倭名類聚鈔』の略で、平安朝の末に、『延喜式』よりも三十年近くおくれて源順が著作した漢和字書だ。その国郡部には五地点の壬生が見られる。

㈠　安房国長狭郡の壬生
㈡　遠江国磐田郡の壬生
㈢　美濃国池田郡の壬生
㈣　安芸国山県郡の壬生
㈤　筑前国上座郡の壬生

安房・長狭郡の調査（昭和39年9月15日）

がそれ。もちろん六国史には地名としての壬生は見えていない。ついでながらこの書物ではこれらの壬生を全部「尓布《にふ》」と訓んでいる。

安房の壬生

千葉県安房郡（もとの安房国）の一角、すなわち平久里川の一支流の丹生川のほとり（もとの安房国平群郡内）に丹生があることはさきに紹介した。壬生は平久里川の本流を遡って山一つ越えた安房国長狭郡にあった。長狭郡は東流する加茂川と曾呂川の流域を管轄したから、この両河のほとりに壬生が存在したわけだ。しかし現在は残っていない。平群から北に分水嶺をこえると加茂川の上流地帯になるが、ここに金《こ》束《づか》地区がある。鋸山の山なみを北に負ったささやかな谷間ではあるものの、中央には大山を三角形にそびえさせ、釣鐘形の山々にとりまかれて深山のたたずまい。むかしこの一画を大山町とよんだが、今では長狭町の西部になっている。しかもここには入上《いりじょう》、入田《いりた》、入宇田《いりうだ》など入の字のつく地名が散在する。もっとも入宇田だけは丸山川の発源地にあるが、この三地点を結ぶ線上に私は水銀の顕著な鉱徴を確かめることができた。入上の試料からは水銀〇・〇四六％、入田のそれからは水銀〇・〇〇一五％。こうして私は壬生が「入《にう》」に変化していることを知った。つまり千葉県安房郡では丹生川のほとりに丹生があり、また加茂川の上流盆地には壬生があって、二つの地名が対立していたわけである。

遠江の壬生

遠江国磐田郡の壬生もまた同じケースに属する。ただしここでは丹生という地名が残らずに、丹生神社が現存する点で、ややちがう。この神社は静岡県袋井市豊沢の宝野新田に鎮座する丹生神社（前掲の丹生神社表の⑨）である。おそらく現名の豊沢は第一字目の「仁」が脱落している。つまり仁豊沢《にうさわ》の省略で、後世には字訓まで変ってしまったのであろう。兵庫県神崎郡（現在は姫路市）の仁豊野《にぶの》を見るがよい。ここでは〇・〇〇二六八％の水銀を含有する試料がえられている。袋井の丹生神社は丹生氏の経営と考えてまちがいなかろう。
それにつけても思い浮かぶのは『今昔物語』に「遠江国丹生の弟上が塔を起せる語」であろう。

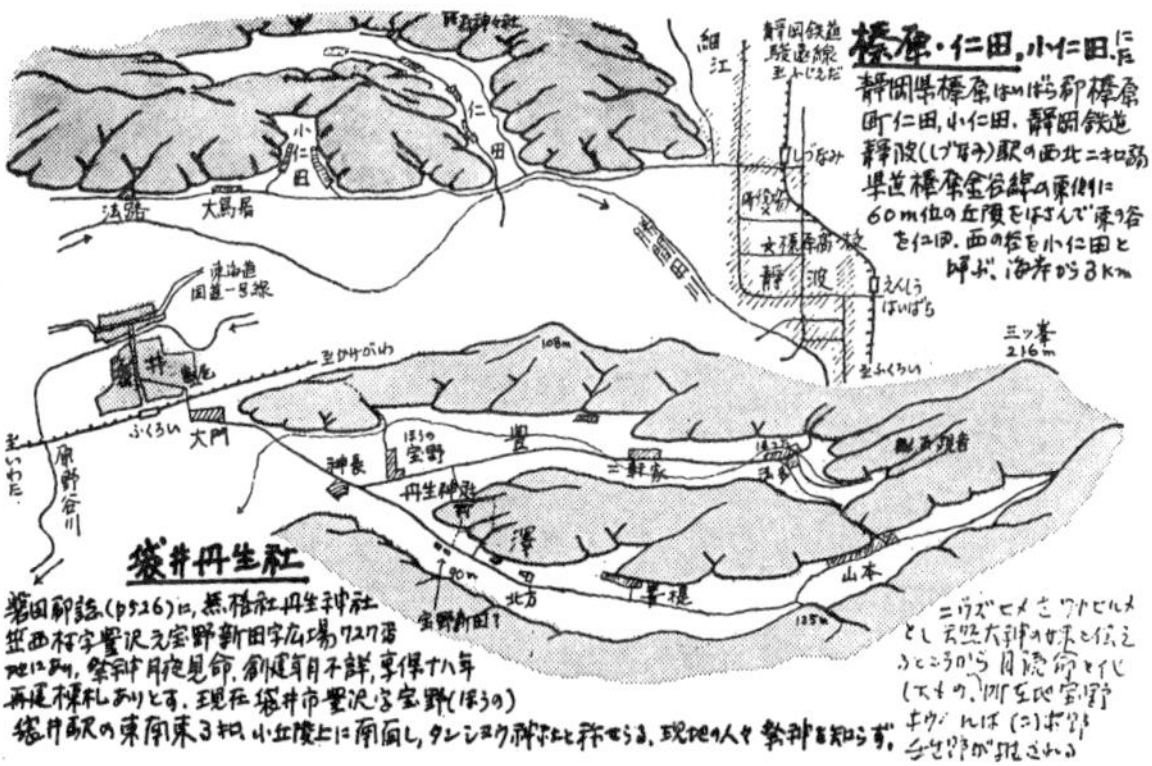

袋井市豊沢の丹生神社（昭和39年12月18日）

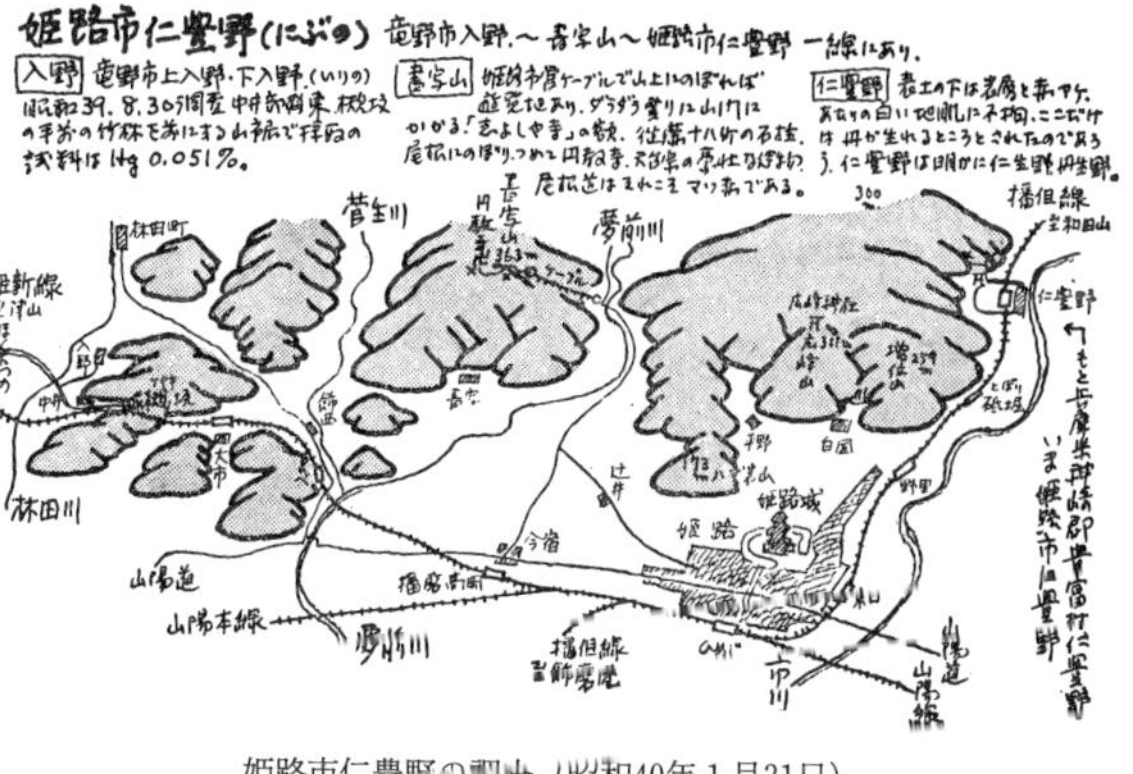

姫路市仁豊野の調査（昭和40年１月31日）

今昔、聖武天皇の御代に遠江の国の磐田の郡□□の郷に丹生の直の弟上と云う人ありけり

と書きだしてある。吉田東伍は『大日本地名辞書』のなかで、この磐田郡下の欠字を「壬生」と補った。しかし私は後文に、

其の郡に有る磐田寺の内に五重塔を起て……

とあるから、磐田寺の所在地と丹生弟上の居住地とは別地と考える。したがって磐田郡の下の欠字を「丹生」としたい。

磐田寺は今の磐田市の匂坂《さきさか》に比擬される。ここは国鉄東海道線の磐田駅から北行し、遠江二俣に通ずる街道をとって、約八キロ。磐田台地が天竜川の河原に落ちこむ。その山裾に岩田山増参寺があって『今昔物語』に見える磐田寺にあてられる。台地から採取した土壌試料は、〇・〇〇一八%から〇・〇〇二四%に及ぶ水銀の含有を示したから、ここは明らかに「ニウ」であった。郷名を壬生と書かれたらしい。

むかし磐田郡内には二つの朱砂産地があった。一つは豊沢（袋井市）の丹生であり、一つは旧豊田村（磐田市）の匂坂の壬生で、二つのニウが並存していた。その一つに丹生氏が移住してきて、その子孫の丹生の弟上は壬生にあった磐田寺の境内に五重塔を建てたのであろう。

美濃の壬生

つぎの美濃国池田郡は、いまの岐阜県南半の西北隅、揖斐《いび》川の本支流を包括する揖斐郡と見てよい。『和名抄』によれば池田郡には額田、壬生、小島、伊福、春日、池田の六郷があった。しかしそのうち壬生郷だけは、現在まで不明となっている。それは大正十三年に刊行された『揖斐郡志』に「池田郡六郷、内壬生郷不詳」と書いているとおりだった。ところが昭和二十七年になって揖斐郡徳山村の門入《かどにゅう》の徳山鉱山から朱砂を伴った石英脈が発見され、翌年には矢嶋澄策理学博士の報告(「日本水銀鉱床の分布について」)があらわれた結果、はっきりと物がいえるようになってきた。

徳山鉱山の所在する門入の東には戸入《とにゅう》の部落がある。江戸時代末の編集である岡田啓の『新撰美濃志』にも池田郡の戸入と門入が挙げられるほど、このへんは山奥の交通不便なところながら、沿革が古い。門入から北方に、不動山をめざしてさかのぼる谷は入谷といわれる。門入の小字には大入山があり、徳山村の現在の中心である開田には入戸という字名が見出されよう。これらの諸地点がそれぞれの名称にもつ入字こそは、ニウからの変化すなわち壬生の換字と考えてよい。

揖斐川は上流に行くにつれて、まったくの深山の渓谷となって、往来さえ阻害されがちだ。その上流の谷間は、これほどの朱砂地帯である。そこには古くから朱砂の採掘をなりわいとする人たちがはいりこんでいた。その郷を壬生といったものと思われる。

ただし門入にある八幡神社には文明八年（一四七六年）の金鼓つまり鰐口を所蔵し、その銘文には「門丹生」と刻まれているという。このことは『揖斐郡志』がピックアップしたものだが、郡志の報道がまちまちで、あるいは「門丹入」とあるとか、あるいは「丹生」となっているとか、いろいろに報告している。どうしても調べてみないとわからない。もし門入が門丹生と書かれているならば、壬生郷に丹生氏の移居が考えられる。丹生と壬生とが別個の朱砂地帯とする以上の考察も改めなければならなくなる。たった一つの金鼓銘ながら、気にかかって仕方がない。

安芸の壬生

ここで第四として挙げた安芸の国の壬生にはいろう。ここは広島県山県郡千代田町の壬生で、ミブと訛っている。広島市から北北東、直距離で三四キロを距る山中に位する。日本海に流れていく可愛川（江の川）の上流が津津羅山の腰で美しい渓谷を作る前に、西から流れてくる志路原川を合わせる。その合流点が壬生だ。志路原川を二キロ遡った八重町と合体して千代田町を名のる以前は単独に壬生町と称していた。この合流点には、北方の中国山地からなだれだした山なみが迫って、八〇メートルほどの高まりを見せる高峰山となり、その山裾に壬生の家なみをまといつかせ、腰には多聞寺と壬生神社とをのせている。この山は花崗岩から成り、一に壬生山とも、また多聞寺山ともよばれ、壬生荘五郎の城址

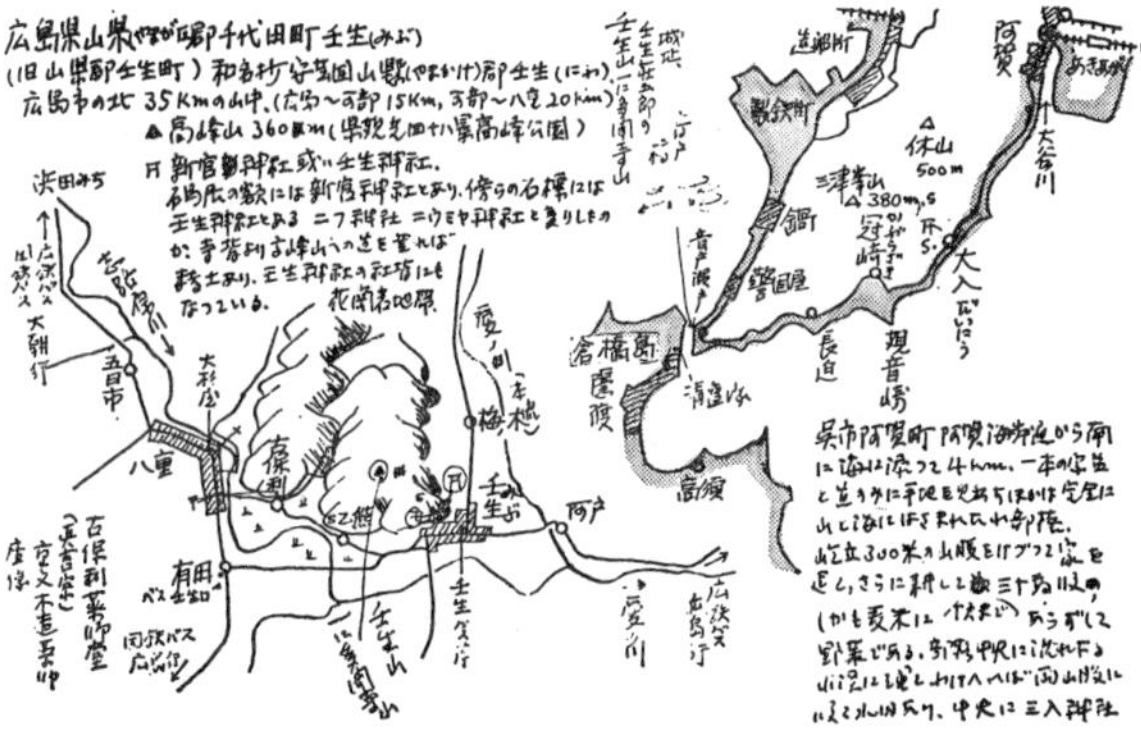

広島・壬生の調査（昭和38年10月26日）

と伝えられる。私は多聞寺と寺背の高峰山を探り、壬生神社に下った。このコースで採取した数点の試料はマイナス三乗オーダーの水銀含有を示し、古代の朱砂産地として充分な資格を告げてくれた。

　しかし現地の人たちは、そして郷土史家も、一様にこの地名を後代の壬生氏の活躍に結びつけて説き、多聞寺の背にする城址に特別な意義を見出している。この壬生氏はじつにこの地点の朱砂に誘われて移住してきた一群の人たちの子孫なのであった。

筑前の壬生

『和名抄』が示した五つの壬生の最後になったのが、筑前国上座《かみつあさくら》郡の壬生郷である。『大日本史』の国郡志はこの郷に注して「按ずるにいま把伎《はぎ》の西に入地村あり、入地と壬生とは音訓が通」じているといった。この村は現在の福岡県朝倉郡朝倉町の入地で、もとは大福町の入地といわれた。

ここは甘木市の東南六キロに位置し、筑後川の広い河原をはさんで、はるかに田主丸《たぬしまる》の町と相対し、河の北岸の水田地帯となっている。だから試料の採取には最悪の環境といわねばならない。ただし入地の東二キロの比良松附近には、斉明天皇七年（六六一年）五月に百済を救う必要から置かれた大本営としての「朝倉の橘の広庭の宮」の址と、その事件に関連して『日本書紀』に見られる朝倉の社すなわち現在の朝闇神社とがあり、附近は一帯の丘陵地だ。そこには緑泥片岩や石英質の岩相も露頭し、かつ背後の山々にはいくつかの銅鉱山をもつ。この丘陵地から古賀登君が採集してくれた試料は、〇・〇〇一六％というかなり高品位の水銀含有を告げた。矢嶋博士の理論に従うと、往古はこのあたりに朱砂の良質なものが露頭していたが、地下水位以下の部分は別として、地表部はすっかり採掘しつくされたことになる。

この壬生もまた古代の朱産地として壬生郷をつくって栄えていたが、けっきょく丹生の場合と同様に、「入」の一字に変えられてしまったといわねばならない。

壬生氏と壬生の神

ついでながら『芸藩通志』を見ると、安芸国豊田郡田野浦村（現在は三原市神明町）の地名として仁部《にんぶ》を伝える。これは「壬生の転称なりという、壬生忠岑の古跡なりとて、屋敷址一二畝、其傍に没字卵塔あり」としながら、「忠岑の此国にきたりしこと、いまだ聞かず」と疑っている。福井県の郷土史家として私の古代朱砂産地の調査に協力された永江秀雄氏は、わざわざこの地を探訪してくれて、壬生家の存在を確かめた。壬生と仁部との関係はこうして明らかになり、ニウがニンブと訛り、壬生氏の植民さえ考えられることになった。

古代の朱砂産出を意味するニウというコトバにたいして、丹生氏が進出した場合は丹生となり、壬生氏が移居したときは壬生となる。もともとの地名はニウだから、その地名を壬生と変化させるほど有力ではなかった。したがって地名はニウから仁部となって、後世に伝わる。これが『芸藩通志』に残ったのであろう。

壬生が氏族の名から出自したことは、さきほどの壬生荘五郎といい、いまの壬生忠岑といい、論議を必要としない。しかしこの氏族にも祖神があった。『文徳実録』の仁寿元年（八五一年）の条に、

長門国の鹿集・福賀・磨能峯・壬生などの四神は、並に従五位下を授く。

とあるのは、それをほのめかす。この壬生の神の祠は、山口県美祢郡秋芳町の堅田に比定される。この地点は有名な秋吉台《あきよしだい》の石灰岩地帯の西北隅にあたる。

秋吉台の広大な台地の上には、あたかも白い羊の群を散らしたかのように、石灰岩が

点々と露頭する。その間に地理学者によってテラ・ロッサ（赤い土）という不明確きわまる用語でよばれている粘土があり、この粘土は名高い秋芳洞の内部にまで浸出して、鍾乳に混り、それを赤く染めた部分もある。そのいわゆる赤土を試料として、私はそれが水銀の鉱染を強く受けたものだと知った。つまり粗悪な朱砂にほかならない。

こんな地帯の一角に、むかし壬生を名のる神祠が営まれていたのだ。この一隅での壬生氏の活動もさることながら、私はかれらが建てていた壬生神社の存在を、古典について確かめることができた。丹生を、同じ朱砂とりの氏族ではあっても、特殊な、限られた採鉱氏族とする私の説は、壬生氏の研究からも証明されたようである。

おそらく仁宇《にう》、仁部《にんぶ》、仁歩《にんぶ》という地名は、丹生氏も壬生氏も関与しなかったか、あるいは関与の仕方が弱かった地点と認められる。それらは、現在もなおむかしながらの朱産を表現するニウを名称とし、あるいはそのコトバが訛っているではないか。

仁宇から那賀川に沿って

仁部の例はいま観察した。仁宇については、徳島県那賀郡鷲敷町の仁宇と小仁宇を掲げておこう。鷲敷町の主街を和食という。もちろん同音で、簡略な文字を使ったまでだ。いま阿南市の中心となっている富岡から、那賀川ぞいに二三か二四キロある。現代の交通は川ぞいの道を避けて富岡から橘港や桑野を経由する国道に代ってしまったから、国鉄牟岐線の桑野駅から西に山を越して一三キロ半と表示できよう。しかし両道にはさまれて、休山中ではあるが、水井《すいい》水銀鉱山が存在するのはとくに注意しておいてよい。

和食は那賀川の右岸に位する。ここから国道を二キロ進んで丹生谷橋によって左岸に渡る。橋の手前に小仁宇、渡った左岸には仁宇の部落が水田のなかにひろがる。いうまでもなく小仁宇は仁宇から派生した部落だ。丹生谷橋から仁宇の部落をぬけて西側の山裾にたどりつくと、老樹にかこまれて八幡宮が鎮座する。『鷲敷町志』によると祭神はミズハノメ（水の女神）と応神天皇。しかし同書には、応神天皇は明治二十一年まで丹生神社の境内に別に八幡社として祀られていたという。したがって、丹生の本社はむかしミズハノメの単独祭祀であり、しかもその女神は大和系変化としてすでに紹介したように、ニツズヒメ（朱砂の女神）の変身だ。これは、私が淡路島の福良で確認した丹生神社と同一のケースだ。また香川県大川郡の丹生神社は、現在では大谷八幡宮（正しくは石清水八幡神社）と称されているが、これは八幡信仰がニウズヒメ祭祀に加わった結果、八幡が神座をのっとったものだ。仁宇の丹生神社も、まさにその轍をふもうとしているところである。

佐藤信景の『土性弁』やその孫の信淵の『経済要録』に、当時の水銀産地をあげ、その一つとして伝えられる「阿州の丹生谷」はこの部分であろう。仁宇から那賀川に沿って上流に、同郡の相生町延野にいたる約八キロにわたる。谷のたたずまいは、なかなかすばらしく、現代では鷲敷ラインと呼ぶ。『阿波志』に丹生村、小丹生村とされ「丹生祠、丹生

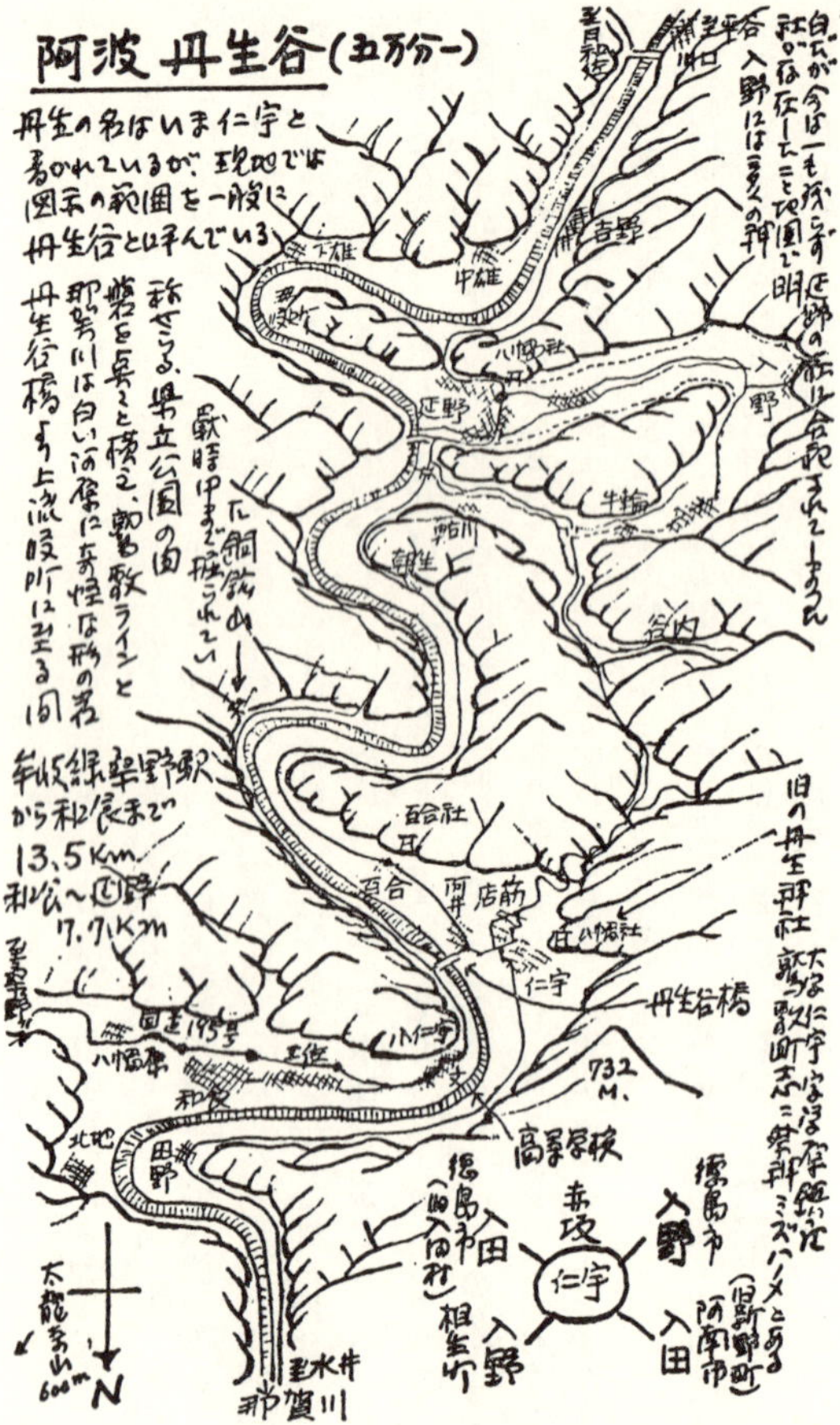

阿波・丹生谷の調査（昭和39年10月18日）

村にあり、また八幡祠あり」といわれるように、ここがむかし丹生といわれたのは、ほとんど疑いをいれない。しかし後には高野山系の真言宗の進出がめざましい。丹生谷と水井鉱山との間に、六〇〇メートルほどの高まりを見せて、山上に大竜寺が存する。しかしこうして高野山の仏教が及んでくる前には、朱砂の女神の信仰が強く、丹生谷に丹生氏が拠っていたのも確実であろう。その丹生氏が他に移ってしまうと、地名はもとからの仁宇にもどり、丹生氏が残した丹生神社も前記のような経過をとって没落していったと、私は考える。

仁歩とは何か

もうひとつ片付けておかねばならないのは仁歩の場合だ。その例として富山県婦負郡八尾町の仁歩《にんぶ》をあげておこう。ここはもとの仁歩村で、国鉄高山線越中八尾駅の南に位する。仁歩村は河谷である。その仁歩谷はいわゆる野積四谷のひとつ。上仁歩、中仁歩、下仁歩、大下仁歩などに分かれる。江戸時代には二戸《にへ》《にべ》また二部《にべ》《にぶ》とも書かれたという。さきほど広島県三原市にある仁部《にんぶ》を扱ったが、ここでもその語源を壬生に帰する意見が強い。加賀藩の森田柿園の『越中志徴』はその代表であろう。この書では、聖徳太子のときに壬生部が配されたとし、これを証拠にして立論した。前記の永江秀雄氏はわざわざ現地を訪れて、私のために試料を採られ、それによってこの谷が古代の朱産地であったことは明瞭となった。

しかし私は思う。もし壬生部がここに関与したのであるならば、どこかにその名称を地名として残さねばなるまい。

はじめにコトバありき

いままでニフ（ニウ）系とニホ系との諸地名について考慮をめぐらしてきた。ニウ系としては仁宇（ニフからすれば訛音）はもとより、それが仁部、仁歩となった場合をとりあげ、さらに同系に属する壬生と丹生についてもいくつかの例を求めた。しかし、後世にはそれらの地名が「入」の一字に変ってしまった場合もすくなくない。たしかに『続日本紀』の元明天皇和銅六年（七一三年）五月甲子の条には「畿内七道の諸国郡郷の名は、好字を著け」させたとあり、『延喜式』の民部には、すべて諸国の部内の郡里などの名は「並びに二字を用いて、必ず嘉名を取れ」とあるように、公の地名表記は好字二字を原則とした。それによっていままでの三字名が二字名に変ったことは疑いない。この詔《みことのり》によって、ニウの漢字をもつ三字名が入字をつけた二字名になった。今日の入谷、入山、入川、入野、入田、入地、入島などのなかには、その形跡を考慮できるものが混っている。ニウが入となったわけだ。しかしその入字はすべて丹生と還元できるものではない。極端な例だが、いま三重県津市上浜町に鎮まる小丹神社は、私の調べた限り同じ津市の小舟部落（小丹の誤字が慣用されたもの）から移されたものだが、地名の小丹生を二字名としたときに社名も二字表記に改変されている。丹生がかならずしも入字になっただけとは考えられまい。しかしなかには和歌山県九度山町の入郷とか、奈良県宇陀郡の入谷とか、はっきり証拠がつかめるものもある。

また前に例示した福井県三方郡の丹生神社と仁布神社のように、丹生氏と関与して前社があり、後社は無関係だった例もある。したがってこのようにいえると思う。ニウの地点に丹生氏が入植した場合には丹生と書かれ、壬生氏が移居したときには壬生となる。そうでない場合には仁布、あるいはその訛った仁宇などの地名で写された。なかにはそれらが住民の便宜主義から、いつのまにか入字に改まるものがあった。もちろん入字をもつ地名は、その一つ一つについてはっきり考証する必要があろう。

日本の古代を対象とするには、「はじめにコトバありき」という事情をけっして忘れてはならない、と私はつくづくと思うのである。

一二　石鏡を考える

朱砂で鏡面を磨く

出羽の開物学者佐藤信淵は、水銀の原鉱石である朱砂の一つの利用法として「鏡を明にする」こと、すなわち青銅鏡を朱砂で磨いて、鏡面を光らせることをあげている。いまさら説明するまでもなく、銅鏡は古代から近代にいたるまで庶民の生活のなかにまで浸透していた。しかしその鏡面はすぐ曇るし、そのまま長く放っておくとサビが出る。だからいつも鏡面を磨いてピカピカにしておかねばならない。その磨研に朱砂が使われていたわけである。

思いをわれわれの古代にまで遡らせるがよい。銅鏡の出現はたしかに人々の驚異であった。けれども人々は、それ以前に面や姿を映す手段をもたなかったであろうか。むかしの女性が水面に姿を映して満足したように。もちろん鏡として使用されていた石製の遺物は、現在不幸にして発見されていない。それは、考古学の対象とされていないからだ、と私は思う。日本には「石鏡」とか「鏡石」ないしは「鏡山」という地名がたくさん残っているではないか。巨石であってもよい。その一部分を刻り磨く。それには朱砂（硫化水銀）やベンガラ（酸化第二鉄）が用いられた。石の面はこれでピカピカになって物を映す。そこに映る姿を通して祖先を見る。なんとなれば、鏡面を磨くために使うのは赤い土であるから、彼らにとってみれば、石に血を吹きこむことになるではないか。

このようにして祖先に接することは、氏族の社会ではもっとも大切であった。氏族という共同生活を送っていた人たちは、その石を中心にして集団をつくる。そんな地点に、石鏡また鏡石という地名、あるいはその伝承が残ったのではあるまいか。歴史は多元から発足している。たくさんの「点」の散在にほかならない。それらの「点」は「線」で結ばれていく。生活の向上・発展は、それぞれの「点」をしだいに拡大する。やがては「面」にうつりかわる。こうして現代の世界はできあがっていくのだ。日本の歴史もけっして例外ではない。今日の日本のような一元世界（面の世界）は、まず多元（点の世界）から出発しているといえよう。つまり氏族社会という「点」の世界から考えはじめねばならない。

石鏡・鏡石という地名

どうして石鏡とか鏡石なんて地名が現存するのか。考えてみるのも学徒の仕事であろう。最近のソ連では、あの広大なシベリアで鉱産資源を探るのに、土民のコトバから出発した地名を利用し、そこからヒントを得ている。日本でもその方法を受入れはじめたという。ところがこの方法は、私と矢嶋博士とが共同して、すでに十数年も前から行なっているものである。むしろ日本のほうが本家・本元なのだ。日本の学者は、もっと日本での研究方法に注意してくれてもよいであろう。なんでも西洋のマネをするという、いままでのいきかたにも、このへんで反省があってよいのではあるまいか。

私が石鏡について考えはじめたのは、いまから十数年のむかし（昭和三十三年十月）である。それにかんする自分の考えを手記にして、考古学の巨頭の藤田亮策先生に読んでいただいた。先生は事こまかに批評をくだし、結局「それほど深く考える必要はあるまい」ということだった。しかし私はどうしても石鏡や鏡石という地名が頭を去らない。そこで、この書物で朱砂に触れたついでに、平素から考えていたことを簡単に附記しておこう、という気持になったわけである。

私の疑問

私の疑いは、鏡作りの神として二柱の神があったことからはじまる。たとえば『延喜式』の神名帳を見ると、大和国の城下郡十七座のうちに、鏡作伊多神社と鏡作麻気神社とが掲げてある。『延喜式神名帳頭註』（群書類従本）によれば、前者は石凝姥《いしこりどめ》命、後者は天糠戸命を祀ってあるという。

石凝姥は『古事記』では万葉仮名で伊斯許理度売と書き、「鏡作連《かがみつくりのむらじ》等が祖」としてある。そして彼女の活躍については、たった一カ所、すなわち天照大神の岩戸隠れの条に、

天の安河の河上《ほとり》の天の堅石を取り、天の金山の鉄をとりて、鍛人《かぬち》の天津麻羅《あまつまうら》に求《ま》ぎて、
イシコリドメのミコトに科《おお》せて鏡を作らしめ、

と見えているだけである。「科す」という動詞は、後文に「玉祖命に科せてヤサカニノマガタマ……を作らしめ」とあるのを参考にしても、その仕事を命令して行なわせたという意味であろう。また「求める」という動詞は、この鍛人が一般人であったからで、もしミコトであったならば「召す」となっているはず。つまり「捜してきて」の意味と思われる。とにかくこのときに鏡を作ったのは、たしかにイシコリドメであった。では、天津麻羅という鍛人は何のために求められたのか。

『日本書紀』の岩戸隠れの条では、本文にイシコリドメは出てこない。しかしこの書は「一書に曰く」としてたくさんの異なった伝承を採集して別説をならべている。この点は『日本書紀』が歴史書としておおいに価値をもつゆえんだが、岩戸隠れの話でも、三つの異説をあげている。第一の説では、

イシコリドメを以て冶工となし、天の金山の金《かね》を採りて以て日矛《ひぼこ》に作らしめ、また真名鹿の皮を全剥にして天の羽鞴《はぶき》（フイゴのこと）に作り、これを用いて造り奉るの神は、是れ即ち紀伊国の所坐の日前《ひのくま》の神なり

とし、第二の説では、

乃ち鏡作部の遠祖の天糠戸《あまのぬかど》なる者をして鏡を造らしむ

とあって、この鏡を石窟に入れたために、すこし瑕《きず》がつき、その瑕はいまもある。そしてこれが伊勢に崇祠する大神である、というのである。まさに八咫の鏡だ。また、第三の説では、天児屋命が天香山から根こぎにした真坂木《まさかき》の上枝に「鏡作りの遠祖の天抜戸《あまのぬかど》が児の石凝戸辺《いしこりとべ》が所作の八咫の鏡を懸け」云々とある。石凝戸辺は石凝姥であろう。

『紀』の天の金山の金《かね》は『古語拾遺』には「天の香山の銅」となっている。これは『古事記』の「天の金山の鉄」に相当する。カナヤマのカネといったら、カナヤマヒコ・カナヤマヒメの名前と同様に、銅を指す。その銅で作ったのは日矛であろう。それこそ鍛人の天津麻羅の作製であったにちがいない。かつ『紀』には羽鞴つまりフイゴが見えているから、おそらく日矛とは鏡面を刻むイシノミに近いものであったらしい。『紀』や『古語拾遺』に出てくる日像の鏡が、日前神宮と伊勢神宮との、それぞれの神体となった話については、ここではわざと触れずにおく。

とにかく『記』『紀』の編述された当時は、明らかに金属時代であった。鏡といえば、すべて金属鏡、いわゆる白銅鏡《ますみのかがみ》を建前とした時代だ。だから当然のことながら、『記』『紀』は金属鏡以外に鏡を考えていない。そのことは、鏡作りの祖神に関して、『記』はイシコリドメとし、『紀』の別説ではアマノヌカドとして、みごとに馬脚を露わした。これを折衷しようとしたのが『紀』のひく第三説で、それは「鏡作りの遠祖のアマノヌカドが児のイシコリドメ」として、両神を父子関係とする。多くの神に親子関係をつけたがるのは、氏姓や血統を重視した古代日本人の習癖だ。

『古語拾遺』の原註にもイシコリドメは「アマノヌカドのミコトの子の鏡作りの遠祖」とされている。すでに述べたように、当時は金属鏡の時代であったから、アマノヌカドが父とされたのは、当然で、イシコリドメが配偶者をもたない女性であったからだけではない。したがってイシコリドメは、天の金山の鉄《かね》を取りて日矛を作ったと推測される天津麻羅とはまったく別個の存在である。彼女はそのノミで鏡を作ったとされている神であり、「天の安河のほとりの天の堅石」で鏡を作った神でなければならない。

『古事記』は天武天皇に旧事を記録して残そうとする気持があったのを汲んで、元明天皇が太安万侶に命じて和銅五年（七一二年）に書物としたもの。『日本書紀』は次の元正天皇の養老四年（七二〇年）に作られているから、わずかに八カ年のおくれにすぎない。しかし編修の過程がちがう。『記』『紀』が同じ話を採用しながら、編集の関係からか、状況判断からか、いずれにせよ所伝を変えてしまったことは、神武天皇の吉野めぐりの話が例となるであろう。また『紀』の物語はいかにも理路整然だ。しかし私たちはむしろそれをあやしむ。『記』『紀』のどちらも語部《かたりべ》が語り伝えてきたものを文字に直したのだが、『記』ではあまり意を用いていないのにたいして、『紀』は「歴史」を意識しすぎてはいないであろうか。神武天皇の吉野めぐりの話は、語部が語り伝えやすいように、神武天皇という一人の英雄に保護された古い吉野の風土記である。『記』『紀』はこの古い風土記を採録するのに部分を異にしたのだと私は思う。

記紀と新旧唐書

この二つの書物に接して、私は『旧唐書《くとうじょ》』と『新唐書』との関係を思いうかべる。唐朝に二つの正史があることは、だれも承知しているが、『旧唐書』のほうは、いろいろな所伝をツギハギしたので、文体上では不整理だ。しかし私たちにとってはツギハギがわかるだけに無上の価値をもつ。ところが宋の時代になって欧陽修は、『旧唐書』があまりにも文体が悪いと考えた。いかにも文章家らしい。そこで欧陽修は『旧唐書』の文に改訂を加えて、スッキリさせた。だから文意が変ってしまった部分さえできてしまった。そのうえに欧陽修一派の手許に集まった唐朝に関する記録を加えてできあがったのが『新唐書』である。しかし私たちが『新唐書』を利用するときは、欧陽修一派が集めてきて加えた新記録だけに目を注ぐ。その反面に『旧唐書』は今日でも『唐書』といわれ、その史的価値を失ってはいないのである。

鏡作の二神

だいたいこんな考えで、私はイシコリドメを石鏡時代の鏡作りの祖とし、これにたいしてアマノヌカドは銅鏡時代の鏡作りの祖神として祀られたと考え、鏡作りに二柱の神が求められている矛盾を解く。『古語拾遺』に註釈を加えた池辺真榛は、アマノヌカドとイシコリドメとを同一神の異名としながらも「金類を石凝という語は、もとよりものに見えず」（二四三ページ）と告白した。石凝とは、石の気が凝って堅く結ばれたものを指し、『古事記』の前引文に天の安河のほとりからとったとある天の堅石そのものではないか。もちろん姥は女性であるから、石凝姥《いしこりどめ》とは、まさしく堅石の女神にほかならない。ちょうど朱砂の神格化が丹生都姫であったように、日本人がもった最古代の神々が、多くは女性であった例に漏れない。彼女に父（あまのぬかど）を作るとは、まったくコジツケもはなはだしい、といわざるをえないではないか。

『古事記』がせっかく堅石の女神が鏡を作った話と、鍛人が日矛を製作した話とを捕えながら、二つの所伝を混同してしまった原因は、銅鏡を建前とする時代の編集だったからであろう。しかし『古事記』が、鏡作りの祖をあくまでも堅石の女神とし、アマノマウラという鍛人には神格を与えていない点は注意してよい。おそらく『日本書紀』の別説にいうアマノヌカドは、銅鏡が輸入され、また作製されるようになってから誕生した神で、それが神とされる以前の段階こそ鍛人アマノマウラであったろう。このように、古代の日本を考える場合には、とくに「はじめにコトバありき」を忘れてはならない。

石を神体とする神社

さて、由緒ある神社のうちには石を神体とするものが圧倒的に多い。『倭姫命世紀』に基づいて、それを究明した『大日本史』神祇志の成果を借用すると、伊勢の国の度会郡にある式内小社四三社のうちで、そのような由来をもつものが二三社にも及ぶ。現に伊勢市の東の朝熊山上に鎮座する朝熊神社は「鏡の宮」とよばれる。社の西南の山下に朝熊川をへだてて石巌があり、その上に上古いらい神鏡二面を安置してあったのに因む。この神鏡について事件もあったがそれは省筆する。しかしその鏡そのものは、石巌の一部に刻まれていた石鏡であったはず、と私は考えている。伊勢神宮の境内を流れる五十鈴川の語源を思うがよい。これにはいろいろと説が提出されたが、私はそれが石出（イスズ）に由来すると信ずる。鹿持雅澄の説に基づくと、神宮の斎宮を磯宮というが、それはおそらく石宮であろう。志摩の礎部も石部に起源をもつにちがいない。

神を祀るのに石をもってするのと並んで、異形の石を神体とすることも後世にたくさん痕跡を残している。たとえば、天の石門《いわと》別《わけ》神社は式内社だけでも一二を数える。岩戸開きの話から天地開闢を記念したものであろうが、多くは石門、石穴、岩窟を対象とする。また石畳《いしたたみ》や石牀《いわとこ》という名をもつ神社は、扁平な巨石を祀り、石船《いわふね》神社は舟状の巨石から起り、石徳高《いわとこたか》神社や石穂《いわほ》神社ないし石刀《いわと》神社などは直立する巨石に因む。それをもっと明瞭に告げるのは、立石、あるいは石立の名をもつ神社であろう。ただたんに石、あるいは磐という一字で示されている神社もあって、式内社だけでも十を超すほど数が多い。ささほど水分神社について、神が山中の堅石に降臨したという伝えをもつことを記した。その神座となった石を神体とする神社もまた多いわけだ。私は神の降臨には氏族の集団居住が前提となっているような気がしてならない。

堅石の女神を祀った朱砂の産地

もちろん、こうなってくると石凝姥の祭祀には石鏡を考えねばならない。しかし私は神体まで調査していないので、何もいう資格はない。しかしこの堅石の女神を長い間にわたって祀りつづけていた土地は、奇妙にもすべて古代の朱砂の産地である。これは埋窟からすると、石鏡の磨研に通ずる。その例を以下に挙げてみよう。

第一の例としたいのは、山形県東田川郡朝日村に鎮まる護石神社で、祭神はむろんイシコリドメ。くわしくいえば、朝日村の本郷の熊出に位置する。無格社ではあるが、由緒は古い。そしてこのあたりには、弘法大師の朱の伝説や朱ガメ伝説がまとわる。それらは『東田川郡郷土教育資料』に譲ろう。附近の湯殿山は朱砂の山が神体となっている。

第二には群馬県多野郡鬼石町の下三波川に鎮座する姥神社をとりあげよう。鬼石町の主街から西に、桜山に通ずる道をとり、小平部落と下三波川部落とを結ぶ姥ヶ橋のそばに立つ。正式には総社姥大明神と呼び、イシコリドメを祀ってある。社名はむろん石凝姥の

「姥」の字にあるが、総社の二字を冠してあるのは、同町内の月吉や金丸にも姥明神があるからだ。また秩父郡風布村にもイシコリドメを祀る姥宮社がある(『群馬県多野郡誌』)(『新編武蔵風土記稿』巻二五一)という。鬼石町の一帯は、浄法寺に丹生神社があり、ここから神流川ぞいに山奥の万場町にかけて丹生神社が五社も数えられるほどの朱砂地帯である。

第三の例として掲げたいのは美作の一の宮。すなわち岡山県津山市の中山神社である。この社の祭神についてはじつに異説が多い。『大日本史』神祇志は吉備津彦説をとり、『苫田郡志』は鉱山の神カナヤマヒコ説を継承した。しかし社伝では鏡作りの祖神イシコリドメである。美作の国は和銅六年(七一三年)に備中から分国したもの(『続日本紀』)だ。『大日本史』神祇志は、このときに備中の吉備津彦神社を分祀して中山神社が創建されたと解するが、それではまるで無人の山野に新国を営んだような考え方ではないか。もし中山神社の起源がこの年以前にさかのぼるならば、その祭神はかならずイシコリドメであり、彼女を祀っていた鏡作りは石鏡の製作者の一群と見なさねばならない。

また『和名抄』国郡部には美作国苫西郡に香美という郷名を紹介している。いまこの郡は苫東郡と合体して苫田郡となり、香美郷は鏡野町となった。この郷名の起りこそ鏡作部の居住に求められよう。私が津山市の二の宮(高野神社)から採取した土壌試料は、水銀含有〇・〇〇四一%を示したほど、品位の高い朱砂の産地であることを告げてくれた。悠久のむかしにここに住みついた鏡作りの一群は、その附近から朱砂を運んで、石鏡の面を磨いていたのであろう。美作が分国した和銅という元号の由来から案じても、この地方の鏡作りが金属鏡を作るようになったのは後世であったにちがいない。そこに銅の神のカノヤマヒコが出現し、従来のイシコリドメに代るか、あるいは相殿のかたちで登場する機会が生まれたのではあるまいか。

石鏡を祀った神社

そこで、実際に石鏡を祀りこんだ神社について一、二の例をのべておこう。岡山県和気郡三石村の八木山字御影堂に鎮座する鏡石神社がその一つの例となる。これは式内社ではないが、現地の報告によれば「境内に高さ三十丈余の岩石聳立し、渓谷に面する一方には、方二間余の鏡石直立す。物影を止めて明かなり。社の名付けられたるもの蓋し之に由る」(『和気郡誌』)という。社名だけでなく、小字名の御影堂もまた鏡石に由来する。さきほど掲げた朝熊神社(鏡の宮)のほかに、伊勢にはもうひとつ例がある。五十鈴川の川上、神路山の山中にある鏡石神社だ。その起りは社側の鏡石であって、「高さ二丈、横五丈余の巨岩あり、西面削るが如くして晶熒《しょうけい》、物を鑑《て》らすこと白銅鏡に異ならず」(神宮司庁編の『神都名勝誌』)と伝えている。

それにつけて思いだされるのは『常陸国風土記』の那賀郡の項に、

郡家から西北に六里のところに河内の里があり、もとの名を古古之《こここし》邑という。その東の山に石鏡がある。むかしここに怪物どもが集まってきたことがあったが、彼らは、この鏡を見ると、姿を映してたのしみ、とうとうそのままどこかへ行ってしまったそうだ。（原漢文、意訳）

とある。この話は、鏡を魔除けとする思考の産物ではあろうが、石鏡の存在は疑うことができない。おそらくこの石鏡は、もとは部落の集会場となっていたが、時が経つとともにそのことが忘れ去られて、怪物どもの活躍に結びつけられた話ができたのではあるまいか。『和名抄』国郡部には常陸国那珂郡に河内の郷がある。しかし一般にこの石鏡をもつ山のある河内の里は、今の茨城県久慈郡金砂村の上宮河内および下宮河内の地区に当てている。水戸藩の西野宣明が加えた頭註によると、これは鏡山の石を指す。その石は藩政時代には月鏡石と呼ばれ、紫黒色で潤沢があり、よく物を映すので有名であった。

次に『豊前国風土記』の逸文に、田河郡の鏡山を紹介して、こう書いている。

むかし気長足《おきながたらし》姫尊がこの山に登って国見をされた。そのとき姫尊は天神地祇にむかい、自分を助け、福を授けよと祈られ、使用されていた御鏡をその場所に安置された。その鏡はたちまち化して石となり、現在もこの山中に在る。そのことから鏡山という名で呼ばれているのだ。（原漢文、意訳）

これも石鏡ではないか。しかも山上にある鏡石に、三韓征伐でこの地方と縁故も深いオキナガタラシ姫すなわち神功皇后が附会されている。栗田寛博士の考証（『古風土記逸文考証』）に引用されたように、その現物は『両豊記』に横二間四尺、長さ三間六尺の青黒い石と伝えられ、『豊前国志』には、その石を神体としてオキナガタラシ姫を祀り、鏡山大明神といい、田川郡鏡山村の鏡山にあると報告されている。いま福岡県の鏡山村は勾金村に編入された。この村の北に隣接して採銅所という地名があり、この地区から銅の産出が考慮できる。おそらく金属の使用を知らなかった時代には、この鏡山の青黒い石をとって、それを磨いていたのであろう。このへんも古い朱産地だった。

全国に散在する鏡山

今日、ほとんど全国的に分布する鏡山のうちには、このように鏡石の存在から命名されたものがあろう。また鏡の材料に用いる石材を切りだしていたことからの命名もあったらしい。さらに、たんに石材だけにかぎらず、銅の原鉱石の場合でも、金属を処理する知識をもたない原始のころには、それをとっても鋳造せず、そのまま磨きあげて鏡に使っていたことも考慮される。この場合でも、原石の産地は鏡山とよばれたであろう。

鏡山という呼称をもつ山はもちろん、石鏡とか鏡石などといわれる地点で、その正体をあばきだし、それらに磨研を加えられているかどうかを検証し、歴史的な判断をくだすことも学徒の役目だと思うが、どうであろうか。

（『古代の朱』学生社、一九七五年八月）

即身仏の秘密

人間の死体をミイラとして保存する風習は、古代エジプトだけのものではなかった。ヨーロッパの旧教高僧の場合も有名である。またメキシコにも見られたし、昔の中国や日本でも、それは行われていた。

今から十数年前に、平泉の中尊寺に科学的調査が施されたさいに、「降りのこしてや」の金色堂の、あのきらびやかな須弥壇の中に眠る藤原氏三代のミイラが脚光を浴びた。その噂が世人の耳にまだ生々しく残っているうちに、今度は真言修験の即身仏が次々に紹介されはじめた。行者のミイラ化した遺体を即身仏として信仰することは、昔かなり流行したらしい。ところが今ではそのこと自体すっかり忘れ去られ、それが小説になったり、展示会が催されたりすると、今更ながら世人の関心を高める。しかしこれをマスコミのせいだと割切って、皮肉な眼で看過しておくわけにはいかない。というのも、なるほど日本にはミイラがたくさん残っているという事実は発かれたものの、それらのミイラがどのようにして製造されたかの問題は、一向に解明されていないからである。

たしかに日本製のミイラは説明がむずかしい。まさに謎だらけだといってよい。しかし、ただ紹介と報告に終始し、理由の解釈を放棄したままにしておいて、「日本人はナゼに弱い」という風評をこのうえにも高めてしまっては残念ではないか。何をいうか、中尊寺調査のメンバーではなかったし、即身仏の紹介にもタッチしていないくせに、と叱られるかもしれない。しかし私が、今までの歴史研究の諸過程を通して知り得たいろいろな知識を利用して、この重大な謎を解こうと努力することは、許されてよいであろう。そのような意図から、私はこの一文をつづる。解決へのヒントらしいものでも出たら、もっけの幸いである。

一　日本のミイラ

日本製ミイラの解明に、一番困るのは、日本の風土が湿潤であって、ミイラの製造にもっとも不適当だという事実であろう。そこで日本とは自然的条件がまったく違う乾燥地帯の場合から窺ってみよう。それにはまことに格好な、中央アジア産のミイラがある。

歴史が今世紀に足を踏み入れた前後の頃から、ヨーロッパ人の考古学的探究が、アジア極奥部のターリム盆地に偉大な成果を挙げてきたことは、あまりにも有名である。しかしそのさいに、この盆地の深奥部を占めるロブ砂漠から、多くのミイラが発見されたことは、案外にも世に知られていない。わずかにスウェン・ヘディン氏が、その文才にまかせて、一女体のミイラをクロライナ（楼蘭）の王女にこじつけたのが、人の噂にのぼったくらいにすぎなかった。同じクロライナの遺跡内の共同墓地らしい場所に残されていた多くのミイラ、あるいはその北方のトゥルファン盆地（高昌）から出土したミイラなどは、まったく忘却のかなたに追いやられてしまったかのごとくである。

二千年以上も古い頃、クロライナの共同墓地に葬られた多くの人たちの遺骸は、あるものは骸骨だけと化し、あるものはミイラとなっていた。この事実はロプ砂漠でのミイラにはほとんど人工が加えられていないことをほのめかす。死体を毛布に包んで砂中に埋めると、極度の乾燥が死体から急速に水分を奪って腐敗菌の活躍を許さない。いわば人間の丸ボシが出来るわけであるが、条件が悪いと、内臓はもとより皮肉までも腐敗して、骨格だけになってしまう。だから、中央アジアでのミイラは、まだそれについてなんら科学的な追求がなされていないけれども、そのほとんどが乾燥という自然作用の産物であり、人間のヒモノと見做して差支えないようである。

ところがエジプトの場合には、さまざまな技術が伴っている。まず死体から脳や内臓をぬき出して別箇に処理する。こうして最も腐敗しやすい部分を除去された死体は、酒類ないし曹達《ソーダ》の水に浸して消毒される。ある場合には内臓や脳髄だけでなく、肉までもとかして骨と皮だけにしている。また最も簡単な処置としては、遺体をそのまま一定期間だけ曹達の水に浸けておく方法があり、貧者に施されたといわれる。中央アジアのミイラも、あるいはこの場合に類する処置がとられているかもしれない。しかしミイラ自体を分析した人がないので、私たちにはノータッチの問題である。とにかくこのようにエジプトのミイラは、施術に差があった。とはいえ、身分の高いものほどミイラ化の確率を強める処置をしただけのことで、あとは乾燥に委ねたといえよう。つまりはこの場合も乾燥法の一例にすぎない。

しかしカトリックの場合とか、中国の僧侶や道人、ないし日本の行者といったものになると、そうはいかない。ことに日本のような湿った国土ではミイラができたこと自体、まことに意外というほかはないであろう。中国製のミイラのなかには漆を塗ったものがあり、日本の即身仏のなかには燻製のものがある。これらは明らかに湿気に対する処置であるが、前者の漆化法はとにかくとして、おそらく日本の燻製ミイラは、まったくの例外と見るべきではなかろうか。すなわちその行者が抱いていた即身仏への悲願、いいかえれば完全なミイラ化が叶いそうもないのを見た関係者が、あわれや腐敗しかけた遺体を燻製にして保存してやったと考えられる。そのミイラには梁からつるしたらしい縄の跡目が胸部についているのを、まざまざと見た人も多いであろう。それならば、多くのミイラはどうしてできたのか。なにしろ湿気の多い土地だけに、まったく頭の痛くなる問題ではないか。

そこで考えおよぶのは、イタリアやスペインなどに現存する高僧のミイラが、水銀によって防腐の処置が施されたといわれている一事である。私はそれらに水銀分析が施されたことを聞いていない。しかしその可能性は認める。何となれば、それらのミイラのうちには水銀を注射したと認められる血管だけが良好に保存されていて、それに反して皮肉が朽ち果てているものがあると聞いたからである。皮膚や筋肉の腐敗が、水銀の浸透よりも早かったからではないか。またイタリアやスペインが有数の水銀産地であることを見落せないであろう。ついでながらメキシコもそうである。それならば、日本の場合も水銀が何らかの方法で利用されたのではなかろうか。この十年来、古代日本の水銀文化を究明しつつある私は、この分野からミイラにメスを入れてみようと思うのである。

二　弘法大師と水銀の利用

中尊寺のミイラと真言修験の即身仏とでは、後述のように条件においても方法においても、かなりの違いがあったらしいから、まずもっとも解きにくい修験者の場合から考えてゆく。

有名な『今昔物語』の巻十一に、「弘法大師が始めて高野山を建てた話」が載っている。その中に空海の入定後、久しく経ってから般若寺の観賢僧正が高野山に参り、大師入定の洞を開いて大師にまみえ、大師の髪が一尺ほど伸びていたのを剃髪したという記事がある。この話は史料の信憑性からすれば、そのまま呑みこめない。おそらく真言修験の間に即身仏の風習が大いに流行した時代に作為されたものであろう。かつ、史料の吟味はさておいても、この話が宗祖空海の即身仏をさえとりあげたほど、真言宗とミイラとの深い結びつきを反映していることは確かである。しかもこれによって空海の遺体がミイラ化したことを考慮するよりもさきに、私は即身仏の秘法が、おそらくは空海によって中国から伝えられ、紹介されたのではないかとの暗示をうける（附記参照）。

即身仏は、弥勒仏が数十億年の後に再びこの世に姿を現わして衆生を済度するといわれる、その聖業に参加する希願をこめて、修験者たちがその身をミイラとしてこの世に留めておくもの。彼らは、一定の行法を終ったのち、断食の状態で生きながら洞穴あるいは棺に入って死を待ち、死後に約束の年月を経てミイラとして発見されるのである。この場合に、即身仏志願者の肉体は、死の瞬間に仏身と化すから、それに対して内臓を摘出するような作業を加えることは、聖体を毀損する行為として許されなかったであろう。また幾千年後の再生を考えると、行者の身体は自然死のままの状態でおかねばならなかったはずである。さらにその行者の死が、洞中あるいは土中で行われた時には、絶命の時期が確認されないから、その遺体に防腐の処置を加える機会もなかったにちがいない。たとえば、真言修験のミイラのなかには、その内臓を食い荒した上で同じくミイラと化したネズミを腹中に留めていたものがある。この事実は、その修験者の遺体がネズミに食われる内臓をもったまま、ミイラ化したことを教えるではないか。それならば、少なくとも真言修験の行者の場合だけについていえば、その即身仏は、原則として死後になんの処置も施されないでミイラと化したものと認めてよいであろう。もちろん、このような現象は、日本のように湿気の多い土地では、死蠟の場合を除いてまったく不可能といわなければならない。日本製ミイラのもつ謎は、こうしていよいよ深まってしまった。

乾燥のはげしい土地でなければ不可能なことが、現実にこの日本で行われたのである。それならば、ミイラと化した行者の肉体には、すでに生前から防腐の条件が「行法」を通して与えられていたと想定しなければなるまい。そこに、私は水銀の使用をとりあげる。

水銀またはその硫化物である朱（HgS）は、日本では歴史以前からさかんに使用されていた。土器、土偶、石棺、石室などに塗布された朱をはじめとして、奈良朝の頃には、それが塗料や染料として、また薬用として利用され、ことに黄金のアマルガム精錬やアマルガム鍍金さえ行われた立派な証拠さえ残っているのは、驚異に値しよう。したがって、その頃水銀鉱山は、今日では想像もできないほど多数に、かつ多方面に開発されていた。このかくれた事実は、数年このかた私と矢嶋澄策理学博士との、それこそ人文、自然の両科学分野による共同研究によって明らかにされつつある。詳細はすでに両人がいくつかの論文で公表したから、いまは触れずにおくが、特に当面の課題にとって見遁すことが出来ないのは、高野山が古代水銀産地の一つであったという、意外な事実であろう。

いうまでもなく高野山は、弘法大師空海が金剛峯寺を開基し、かつ自らの入定の地としたところであるが、私は昭和三十五年の秋から三回にわたって、その寺域および周辺の諸地を調査し、空海のいわゆる「結界七里」の土地が、東は伊勢から紀伊半島を横断して四国、南九州へとぬけている中央構造線に沿って生成した一連の水銀鉱床群の一部に相当することを確認した。

それだけではない。金剛峯寺の壇場には多くの堂塔と並んで丹生高野明神の社があり、丹生明神すなわち水銀の女神ニウズヒメが祀られている。またそこから二キロの東にある空海の墓の傍らにも、丹生高野の両所明神の祠が営まれていて、水銀の女神が静かに空海の遺骸を守っている。さらに空海の撰述と伝承される「丹生大神宮之儀軌」(『続群書類従』神祇部、所収)には、真言宗と水銀鉱業との深い関係を推測できる記述さえ見出されるのである。空海がその宗勢の拡張やその経済的基盤の一端を水銀鉱業に求めたことは、おそらく断定して誤らないであろう。詳細は、「紀伊における丹生都比売祭祀」(『早稲田大学大学院文学研究科紀要』第七輯、所収)と題する拙文に論じておいた。

弘法大師空海は、単に日本における真言宗の開祖として重んぜられるばかりではない。彼は平安朝で一、二を争う知識人であった。彼は入唐して専門の学問や教義を深めた上に、いろいろな新知識を日本にもたらし帰ったようである。中国の道士が水銀の薬物としての性能を巧みに応用して不老長寿の薬としていた「丹薬」の製法が、空海によって伝えられ、また水銀を屍体の防腐に利用するミイラの製法も、同じくこの高僧によって日本に入ったことが上記の諸事情から首肯できるであろう。

三　真言修験の即身仏

私の研究は、日本製のミイラの全部にわたって説明を加えられるほど進んではいない。しかし私は、少なくとも真言修験の即身仏の大半が、生前に水銀を用いてミイラ化の条件を与えられたと想定している。この考えを裏付けるいくつかの条件のうち、まず取上げねばならないのは、この種のミイラに水銀が含まれているか、どうかであろう。ところがこの重大な一点で、私の研究は最初から大きな壁に当面してしまった。というのも私は実際にミイラを検査できる立場にいないからである。

そこで私は、聖体を損傷せずに私の目的を達成する手段を案じて、さて思いついたのは即身仏の腹中に残っていた前記のネズミのミイラであった。なにぶんにも水銀の分析は、微量のためにまことに難しく、特殊な設備と技術とを要する。実をいうと、私は数年前に、古い文献の操作から明らかに水銀産地と判定した土地で採取した試料を、この点に注意しなかったばかりに、ありきたりの化学分析にかけて失敗した苦い経験をもっている。このたびは充分な自信をもってネズミのミイラの一部を削りとって、その分析を矢嶋博士に委ねた。その結果、豊実の全海上人のミイラの腹腔内に留っていたネズミは、水銀〇・〇四五パーセントを含有することが確認された。また海向寺（酒田市）の忠海上人のミイラの座布団の傍らに転がっていたネズミのミイラからは水銀〇・〇〇一パーセントが検出された。驚くべし、全海上人の場合の〇・〇四五パーセントという分析値は、水銀鉱山の表土に見られる鉱染土壌とほぼ同じ数値ではないか。もちろんこのネズミが蚕食したであろう全海上人の遺体には、同程度ないしそれ以上の水銀が含有されていたと認めるべきである。

行者のミイラが水銀の作用によることを、こうして知ることができた。それならばその水銀は、どうして投入されたのであろうか。水銀剤である丹薬の長期にわたる服用が考慮されるかもしれない。しかし一方、私は即身仏の製造が地域的に限られていて、しかもその本場が出羽の湯殿山であったことに注目する。

幕末の経済学者・佐藤信淵は、彼の祖父の信景が当時の日本国内における水銀鉱床の所在地を若干指摘したのを、実地に即いて確かめ、このことを『経済要録』の中で紹介している。それによれば、出羽は立派に水銀地帯と認められていた。ところがこのことは、明治の文明開化と共にすっかり忘れ去られ、現在ですら多くの鉱床学者に無視されてしまっている。なんとも不注意なことではないか。そこで私は、昭和三十三年の夏から秋にかけて出羽国内の数地点を選んで現地踏査を試みたが、そのなかにはもちろん出羽三山をも加えた。そのとき採集した試料は、矢嶋博士の微量分析を経て、踏査地点のすべてが水銀鉱床の所在地であることを証明した「古代東北日本の開発と水銀鉱床の役割」（『古代学』第六巻第一号所収、大阪、昭和三十四年）を見られたい。とくに問題の湯殿山から採集したものは、水銀含有率〇・〇四〇パーセントという、まことに高品位のものであったが、これはこのたびネズミのミイラから得た結果とほぼ同じ数値ではないか。私が調査した湯殿山は明らかに水銀地帯であった。この土地が即身仏製造の本場となっていたのも、決してこの事実と無関係とはいえまい。それならば、その水銀はどういう手段を通して行者の体内にはいったのであろうか。

ここに、行者が生前に水銀を摂取するという、第二の困難な条件に当面した。しかしこの問題は、次のような一連の現象を認めることによって、案外にも容易に解けそうである。すなわち、水銀の鉱染をうけた土壌に育つ植物は、土中から水銀を吸収し、またその植物を食用することによって、水銀は人体や動物体にはいり、しかも排泄されないという事実にほかならない。

この場合、植物体が土壌中から吸収する水銀の量は、その土壌が含有する水銀の品位に比例し、かつ葉部にとくに多く蓄積される。もちろん果実にも大きな影響がある。一例をあげよう。和歌山県の有田といえば、有名な紀州ミカンの本場であるが、わけても有田郡の丹生《にう》に産するものは甘味が強いとされている。何故か。それは、この土地の果樹が土中から水銀を吸収し、その水銀が作用して果実をとくに甘くするからである。丹生という地名は、そもそも私の古代水銀文化追求の手掛りとなったもので、現在では全国にわたって五〇ほど残っている。それらは私の調査と矢嶋博士の分析とをへて、いまや一つの例外もなく、水銀産地であったことが証明されている。このような土地で、そこの果実の味が優れているという自慢話を、私はたびたび聞かされた。語り手はその理由を知らず、またその秘密をさぐる気もないようであった。しかし私たちはそのような土地に産する植物の果実や葉部からの水銀検出作業をすすめている。

植物に及ぼす水銀のこのような作用は、動物にも同様に認められる。食物や薬物を通して動物体や人体にはいった水銀は、肝臓や腎臓に保存される。さらにそれは、血液に吸収されて体内に浸透する。したがって筋肉にも脳にもないし毛髪にまでもおよぶのであるが、その水銀は、過分なものが多少排泄されることはあっても、ほとんどが体内に滞留する。水銀地帯に棲息する川魚から水銀が検出されるのは、その証拠となるであろう。この実験も矢嶋博士によって行われた（附記参照）。身体のなかに水銀が溜るなんて、まったく恐ろしいことだと思われるかもしれない。それには、水銀の性質をのみこんでおく必要があろう。確かに水銀は、例えば昇汞（$HgCl_2$）のような化合物の場合、有害であり、とくに気化してガス体となった時も猛毒をもつ。しかし一方、水銀の適量使用が人体の新陳代謝を促進することは見遁せない。たとえば「水銀おしろい」が顔のシミを取り去り、色を白くする理由はここに求められる。それは水銀が老化した細胞を殺すからである。この理窟を内服薬に応用したのが、中国の「丹薬」であって、それが不老長寿の薬としてもてはやされたことは、よく人に知られている。もちろんこれは、あくまでも適量の問題であるから秘法であり、またたとえ不老長寿の薬でも、製法や分量を誤れば死を招く。なお、丹薬の製造の際に死亡した道人の話、あるいは水銀鉱業に従事している人たちが病むヨイヨイ的症状は、水銀のガスのせいである。

このへんでいよいよ湯殿山の真言修験の場合に立返ると、即身仏への根本条件としての水銀摂取の秘密は、丹薬の使用もさることながら、むしろ行者たちの苦難の行法にあった、と私は考える。

湯殿山に集まってきた即身仏志願者は、まずそのミイラ化への第一段階として約五年の間、五穀断ちを行う。米、麦、稗、粟、豆を食べないのである。続いて同じ年数にわたる十穀断ちに入る。この段階では、上記の五穀のほかに、蕎麦、玉蜀黍、芋、胡麻、麻の食用が禁じられる。この長い期間を過ぎると行者はいよいよ断食して入定を待つのであった。まことに常人には想像も出来ない難行ではないか。しかし行者は、これに堪えることによって体内の脂肪をぬき、同時に穀物の代替として摂取する野草や菜類から水銀を徐々に体内に蓄積していったと認められる。

穀類が脂肪に富むことは、改めて説明を要しないであろう。それゆえに行者が一〇年にわたって穀物を口にしないことは、脂肪の供給源を断ちきって、防腐への一条件を作ることにほかならない。また穀物は、たとえ水銀地帯で栽培されたものではあっても、土中から吸収された水銀は多く糠に集まる傾向をもつから、もしそれを精白すれば水銀含有量は激減する。これでは水銀を人体内にとりこむ目的には、まったく添わないではないか。これに反して、この土地に生育した野草や菜類は土壌が含有するそれとほぼ同率の水銀を保有し、とくにそれが葉部に多いことは前述のとおりである。行者が代用食としてこの種の植物を摂取すれば、それを通して水銀は体内に入り、しかも排泄されないから、水銀は溜る一方である。このことは、行者の身体に積極的に防腐の条件を具えさせることになるではないか。こうして行者が最後に迎える断食は、もちろん死への手段ではあるが、同時にそれは体内のバクテリアを減少させる手段ともなった。このような処置が肉体の防腐に適していることはいうまでもない。

しかし即身仏志願者がその悲願を達成するために採ったこのような「行」は、遺体のミイラ化にとって適切な条件とはなったが、必ずしも万全の方法ではなかった。なぜならば行者の肉体には個人差があり、かつ同一の行法に従っても、摂取される水銀量は等しくない。したがってミイラ化の確率は一様でなかったからである。だから、不幸にも目的を成就するのに充分な水銀を蓄ええなかった行者は、ミイラ化に失敗する。それが「行」の不徹底に帰せられた次第である。

四　中尊寺式のミイラ

湯殿山修験者のミイラにまつわる謎を、私はこのように釈《と》いてみたが、さてこれをそのまま中尊寺の場合に適用することは、もちろんできない。なぜならば、中尊寺の金色堂内にミイラとなって横たわっている藤原清衡、基衡および秀衡の三代は、父子相承けて事実上の陸奥の王者として、権勢と栄華とを誇った人たちであるだけに、生前に五穀断ちや十穀断ちの「行」をやったり、そのうえ断食によってみずからの生命を絶ったとは、とうてい考えられないからである。

陸奥藤原氏が残したこれらの遺体については、前述のように昭和二十五年の三月下旬に中尊寺当局と朝日新聞社の合同で科学的調査が行われた。同年に朝日新聞社から発行された『中尊寺と藤原四代』は、その副題どおり「中尊寺学術調査報告」で、各分野の権威者による論考が収録されているが、綜合的判断を欠く不徹底なものである。それにしても、この書が投げている問題は二つに集約できよう。すなわちその一は陸奥藤原氏をアイヌ系と認めるか、認めないかであり、その二は藤原氏三代のミイラを人工によるものと見るか、あるいは自然のものとするかの問題にほかならない。

ミイラとなって肉体を残した清衡、基衡、秀衡および首級を留めた忠衡の藤原一家は、古畑種基博士の法医学からの鑑定や鈴木尚博士の人類学的考察の結果、アイヌ系ではないと判定された。たしかにそうであろう。しかし、この結論をそのまま、この地方に当時住んでいた人たち、すなわち陸奥の蝦夷にあてはめて、彼らを同様にアイヌではないと見たのは、早計であろう。

なるほど藤原氏は、みずから「東夷之遠酋」とか「浮囚之上頭」とか称した。といって陸奥藤原氏が東夷であったとはいえまい。まして浮囚という用語が流寓者を意味するにおいては、当然この一家が大和民族系のコロニーの出身であることを思わせ、その支配下にあった蝦夷とは別系統と見做してよかろう。陸奥のような古代の辺境地帯を考える場合に、その住民を蝦夷系か大和系か、どちらかの一色で見ようとすること自体がおかしいではないか。そうすると、藤原氏支配下の蝦夷にアイヌ的風習が伝わっていたのは、なんらふしぎではないし、またそれは、けっして古畑博士らの成果と矛盾しないであろう。それよりも、むしろ藤原氏が中央部からのコロニーであるだけに、土着の蝦夷からアイヌ文化を受入れることが多かったと見る方が妥当ではあるまいか。それならば、近藤守重や間宮林蔵が樺太における蝦夷すなわちアイヌに、死者の内臓を摘去してミイラを作る風習があったことを伝えているのも、いちがいに平泉と関係なしとはいいきれまい。

中尊寺のミイラが人工によったものか、自然に成ったものかの問題も、さきの調査では決定されなかった。調査に参加した多くの学者は、人工説に傾きながらキメテを見出さず、一方では、その誤った古代観から、人工説を頭から「聞き捨てにできない」(『中尊寺と藤原四代』一一頁、以下同様)といいきりたった人もあった。この人のように、古代の日本人を科学的知識のない未開人と遇するのは、強く反省されるべきで、我々が研究している古代史は、けっしてそんなことを教えてはいない。むしろ、江戸時代よりも、ここに取扱いつつある奈良、平安時代の方が、はるかに科学が進んでいた証拠さえ見出されているではないか。

レントゲン照射によって、清衡、基衡、秀衡の三遺体には、どれも内臓が欠けていることが判明した。この事実は、多くの即身仏の場合と同様に鼠害によるか、あるいは死の直後に摘出されたか、いちがいには決められない。しかし考えてもみるがよい、八月の盛夏に死んだ清衡が、ただ漆棺のなかに密蔵されただけで、ミイラとなるであろうか。いかにその棺が巧妙に造られ、かつそれが土中に埋められずに、葬堂(金色堂)に安置されて、比較的湿気を避けられる状況にあったとはいえ、それだけの処置ではとうてい無理であろう。一方、葬堂を建てること自体を考えてみるに、それは死体を保存する目的を充分に示しているではないか。だから、その目的に添うためには、納められるべき死体に或種の防腐処置が施されて然るべきであろう。それには、なにをさておいても、もっとも腐りやすい内臓を取り去ったことを考慮しなければなるまい。三代の遺体が、「腐敗や蛆の発生が起らない状態でミイラ化していた」(大槻氏、九〇頁)ことは、その明らかな裏付けであり、「遺体の肛門が楕円形に拡大し、管状をなして腹腔に続いていた」(鈴木氏、二九頁)のも、内臓摘出の施術と関連する。こうした処理を慎重に行ったからこそ、没年を異にし、また死亡の季節のまちまちな藤原三代の遺体は、一つの例外もなく、すべてミイラ化しているのではないか。

遺体を納めてあった木棺の構造にも注意したい。三つの寝棺（秀衡のものだけは明治時代の再製品）は、いま中尊寺の宝物館（讃衡蔵）に出陳されているが、それぞれ底板に、中央線に沿って二個ないし一個の小孔が縦に並んでいるのに気づく。小孔は、棺によって形がちがい、長楕円形のものがあり、また長方形のものがある。しかし、けっして不規則ではなくて、同じ形のものが遺体のウナジにあたる部分や尻にあたる部分に配置されている。したがってそれらは、ネズミがかじりあけた孔ではなくて、明らかに当初になんらかの目的をもって、丹念にあけられたと認めねばならない。それにしても、この小孔を、「遺骸からの汚汁を流出させるためのもの」（田沢氏、二〇七、二一一頁）とするのは、いかがであろうか。もしそうであったならば、現在この孔の内側の木肌は素地のままに清浄であり、「汚汁のために汚れて、変色した形跡はまったく認められなかった」（田沢氏、二一一頁）という結果にはならなかったはずである。三代の木棺が、黒漆を塗り金箔を押した立派なものであったことは、内部に納める遺体に腐敗のおそれがないことを前提として、はじめて理解できることである。もしそれが、「死体の腐敗を防いで密蔵する目的」（長谷部氏、九頁）ならば、なんで小孔を穿つ必要があろうか。

調査団の報告によれば、「棺の内壁と蓋裏には、手筥の内貼りのように、錦がはってあった」（毛利氏、一六一頁）。そして、「背や股間の部分にも、錦の文彩がよく遺っていて、自然の褪色以外に著しい汚色は認められなかった」（田沢氏、二〇九頁）。これこそ、死体が棺内でぜんぜん腐敗現象をおこさず、棺に納められるさいに、すでに乾化していた、なによりの証拠ではないか。さらに、「遺体を包んであった白平絹の小袖を見るに、その両袖は腕に通さずに、両腕と脇腹のあいだにオクミの部分とともに押込んであった」（毛利氏、一六五頁および田沢氏、二〇九頁）という。死後、ある期間にわたって死体に処置を施し、そのうえで、硬直した死体に衣装をまとわせたことは、明白であろう。だいいち、納棺後に死体に変化があったならば、このような小袖や内貼りの錦などが残るわけがなく、またいかに葬堂であるとはいえ、棺底の小孔が異臭を外部に放って、とうてい金色堂はこの世の極楽どころではなかったであろう。

それならば、藤原氏の三遺体は、それぞれ死の直後に、別な場所に運ばれて人工的に防腐の処置が加えられ、ミイラ化の条件を具えたうえで、改めて漆ぬり金箔おしの寝棺に納められて金色堂の須弥壇のなかに鎮められたものにちがいない。この場合、死体からまっさきに内臓が摘出されたことは、くりかえして説くまでもなかろう。また棺底の小孔は、すでにミイラ化の条件が与えられた遺体の棺中でのムレを防ぐ手段にほかならなかった、と判定される。

死体をミイラ化するために、最も腐敗しやすい内臓をぬくのは、おそらくアイヌの酋長に対して古く行われていた秘法を継承したと考えるべきであろう。しかし、もちろんそれだけでは、ミイラ化は確実にならない。残された皮膚や筋肉を保存するためには、どのような方法がとられたであろうか。古畑博士が三つのミイラを検査して「皮膚の色が明るいトノコ様の黄褐色をしていて、自然にできたミイラの色とは大分違っている」(四七頁)と報告している事実は、まことに重大である。そのトノコ様の黄褐色、あるいはトノコがかった灰色(二三八頁)とは、或期間にわたって死体を朱づめにするか、杉の油に漬けるか、または曹達の水で処理するか、いずれにせよ人工を加えた結果としての漂白状態を示す(附記参照)。

別に、「基衡の臀部に赤色塗料の斑点があった」(鈴木氏、二七頁)とか、「秀衡の左側肩胛骨の下端と胸部脊柱のほぼ中央に赤色塗料の斑点が見られた」(同、二八〜九頁)とも伝えられ、泰衡の頭蓋からは朱色の物質がかなり多量に発見されている。この事実は、死体を朱(硫化水銀 HgS)によって処理し、納棺のさいに、それを拭い去った名残と見られないであろうか。「この赤色の物質は水に溶けなかった」(二五四頁)と報告されているが、朱であれば、それは当然のことである。また調査団では、「念のために棺内のゴミを集めて銅板試験を行い、HgS+Cu→Hg+CuS の原理に基づいて水銀の含有を調べてみたが、その形跡はなかった」(朝比奈氏、一三七頁)そうである。もし私が想定したように、水銀を死体に浸透させたのちに、表面を拭きとってあると見るならば、この試験が功を奏しなかったのは当然であろう。つまりこの試験では、さきほど湯殿山修験のミイラの腹中のネズミに含有されていた程度の微量な水銀は、ほとんど検出不可能である。どうしても筋肉の一部分について、もっと精密な微量分析を施すべきではなかったか。

ひとかけの肉片が解決したはずの問題である。報告書を読んでみると、調査団では中尊寺からの申入れにより、遺体を損傷しないことを原則として堅く守ったという。それでも「筋肉の破片が血液型の調査に利用された」(古畑氏、五三頁)ではないか。それならば、その破片に水銀が含有されているか、どうかの検査を、なぜ行わなかったのか。

もともとミイラの製法は、外国の諸例によって当時だって判明していたのであるから、そのあらゆる場合に応ずる用意が必要であり、水銀の微量分析についても充分に考慮さるべきであった。それなのに、寺側からの注文もさることながら、千載一遇の好機に、九仞の功を一簣に虧き、日本製ミイラの成因を依然として謎のままに止め、ひいては古代の陸奥文化も、平安朝時代の科学面をも、闇に葬ってしまった。痛恨にたえない。

五　平泉の水銀文化

私が最近に平泉を訪れたのは、昭和三十六年の十一月二十二日。五月雨ならぬ寒い秋の雨が、うっとうしく降りこめた一日であった。濡れもみじに美しく飾られた中尊寺を辞して帰る道すがら、ふと私の目にとびこんできた一地点。杉並木を通してみはるかす衣川の流れも清いその表坂（月見坂）の一部から採取した試料は、分析の結果〇・〇〇一パーセントの水銀を含むことが明らかにされた。

もちろん、月見坂での試料採取当時の私は、ただカンだけしか持っていなかったが、これに勢いづいた私は、そのカンを頼りに同行の古賀登君を励まし、その翌日にかけて付近一帯の調査に全力をあげた。こうして平泉町を中心に、束稲《たばしね》山から衣川村にわたって、数地点から採った試料は、すべて中尊寺の表坂のそれとほぼ同じ品位の水銀含有を示した。私たちは、まさしく水銀鉱床の上を歩き廻ったのであった。

これはえらいことになった、と私は分析表を前にしてすわりなおした。しかしよく考えてみると、むしろ当然の成果ともいえる。というのも、東北地方すなわち古代の陸奥および出羽は、日本でも有数の水銀地帯であることが、最近ようやくわかりはじめているからである。いままで東北六県内での水銀鉱床といえば、岩手県気仙郡の蛭子館鉱山と青森県南津軽郡の碇ヶ関鉱山との両地点が指摘されるにすぎなかった。ところが私たちは、さきほど触れた出羽の湯殿山（山形県東田川郡）をはじめ、尾花沢市そのほか三十数地点で水銀鉱床の存在を確認した。私たちはまだ宮城・秋田両県に多くの未踏査地を残しているから、綜合的な記述にはいささか時期尚早である。しかしおよその状態をいうならば、北は青森県の下北半島から、構造線に沿って岩手・宮城両県をぬけ、福島県内の阿武隈山地におよぶ一線、別に、青森県の津軽半島の突端から、南に津軽地方を縦断し、秋田・山形両県の東部を走って福島県の会津に達する一線との、二つの系列を想定できる程度にはなっている。

東北六県にかけて、これほど水銀鉱床が分布していることは、ともすればピンボケのまま足ぶみしがちな古代の様相を解明するのに、このうえもないカギといえるであろう。とくに古代の陸奥にとっては、その産金問題に大きく関連してくる。この地方の黄金が歴史上まことに有名であり、「金売り吉次」の話まで生まれていることは、誰でも知っている。この事実の上に、藤原三代の光輝も、またそのもとに残されたかずかずの文化遺産も、当然と首肯かれている。たしかに古代陸奥の特異な発展にとって、産金がその経済的基盤となったことは、疑いをいれない。しかし待ってほしい。その黄金の問題を、ただ天然の砂金の採取だけで片付けてよいであろうか。山掘りの金鉱石が、どんな方法で純金と化されたかについて、今日まで一顧も与えられていないのは、なんともふしぎである。

この点に、水銀の演じた大きな役割が見出される。なぜならば、黄金の原鉱石から純金を分離、抽出するには、アマルガム法（混汞法）によるのが、最も容易だからである。これは水銀が金や銀と任意の割合でたやすく合金する性質を利用したもので、合金して飴のようになった金アマルガムに熱を加えて、水銀を蒸発させてしまえば純金がえられ、また金アマルガムを、例えば仏像などの金属製品に塗りつけてのちに、水銀をとばせてしまえば鍍金ができる。この方法が日本ではずいぶん古くから行われていたことを、私は『万葉集』の歌によって証明しておいた。思うに、さいはての実力者として陸奥一帯に大勢力をきずきあげた藤原一家は、領内の各地から金鉱石を集めただけでなく、それを精錬するために、同様に、支配下の各方面から水銀をも集積していたにちがいない。それならば、黄金花咲くとまでたたえられた陸奥の古文化は、ただ金鉱石や砂金の採取だけでなく、それらの精錬や加工まで考慮して、はじめて正当に評価できるのではなかろうか。

中尊寺の宝物館には、平泉から北上川に沿って六〇キロほど上流にある紫波郡赤沢村の古い金山のあとから発見されたという金鉱石用のヒキウスが陳列されている。まことに稚拙なものではあるが、さてそれを平泉の繁栄期にまで遡らせてよいか、どうかは速断をゆるさない。それにしても、往古に金鉱石がたしかに現地で精錬されていた証拠物件として、見遁せないであろう。しかし、いかに山掘りの金鉱石を細かに砕いたとて、水銀がなかったら、純金を抽出することはむずかしい。それゆえにこそ、平泉の古文化は、黄金文化の所産であるとともに、水銀文化の所産であるともいえよう。

陸奥や出羽の人たちが早くから水銀に馴れ親しんでいた形跡は、先史時代の津軽や南部に展開された朱の文化にまで遡る。亀ヶ岡土器が代表する津軽の縄文土器や土偶に、朱（硫化水銀）が豊かに使用されているのを見るがよい。しかも、碇ヶ関鉱山の存在や江戸時代の産朱の記録、さらに私たちの現地調査によって、津軽一円に水銀鉱床の分布が確認された今日、これらの先史文化遺品に使用されている朱は、明らかに現地自給のものと断定されねばならない。

このようなさいはての朱文化の上に、さらに中央部から高度の水銀処理の知識や技術がもちこまれたことを考慮すれば、藤原氏の支配下に全盛を誇ったころの平泉の人たちは、水銀の利用に熟達していたと見做されて然るべきであろう。藤原氏三代にわたった北方の王者の遺体を特別に保存するにあたって、水銀が利用された可能性は、充分ではないか。

（昭和三十七年六月十八日）

附記

私は本文において自説を主張することを急ぐあまりに、中国の本草書に収められている学説を紹介して裏付けに用いることを怠っていた。まことに申訳ないが余白を以てそれを補っておく。『重修政和経史証類備用本草』すなわち証類本草の玉石部中品（巻四）に配してある水銀の条がそれである。この条に引用された雷公の説は、『隋書』の経籍志に、「神農本草・雷公集、註四巻」とあるものに他ならないが、それには、「草中より取れる者、ならびに旧（ふる）い朱漆中からの者を用（服用）うる勿れ」とある。隋（七世紀初頭）あるいはそれ以前に、中国では漆とともに用いられた朱を水銀に還元する方法があり、また草が土中から水銀を吸収し内蔵する事実が知られていたのである。

また同じ証類本草の水銀の条には政和六年（一一一六年）に寇宗奭が撰した『本草衍義』からの引用がみえ、文中に「屍中に灌げば、則ち尸をして腐を後（おく）らしむ」とある。死屍に注入すると腐敗が防げるというのである。水銀を用うるミイラの製法は、見事に示されているではないか。また同じ水銀の条には唐の開元年間に陳蔵器が撰した『本草拾遺』からの引用もあり、それには、水銀を塗って皮膚病に用うる場合、「性は滑重にして直ちに肉に入る、宜しく之を慎むべし」と注意してある。水銀を屍体に注入するだけでなく、それが皮膚面から内部に浸透することが明記してある。この事実もミイラを考えるとき絶対に無視出来ないであろう。

（「古代文化」第一五巻第四号、一九六五年一〇月）

学問と私

一

私の誕生日は十一月十五日か、または一カ月前の十月十五日であったのか。そんなことはどうでもよいではないか。どうせ役場の小吏による小さなミスは、運命判断なんて他力本願に利用されるくらいがオチだろう。要するに私は明治三十六年の秋に熊本県士族の松田好生を父とし、同じく熊本県士族の松田富子（旧姓は矢津）を母として東京市牛込区小川町三丁目十九番地（いまの東京都新宿区）で出生した。二十世紀になって三年目。日露戦争の直前だから、日本の国威は最も張っていたときだ。しかしそれよりも、生まれた場所はいまの大曲の付近で、観世の能舞台の裏にあたるという。まさに江戸川（神田上水）のほとり。川の両側に高々と土手が築かれ、桜の並木がみごとであった。まもなく麴町区上二番町二十二番地に転居した。東郷元帥の隣りだったという。庭に一本のユズの木があって、毎年たわわに黄色い実をつけ、黒く塗った木造の門のわきには人力車の宿があり、また夕方になるとどこからともなく瓦斯灯屋がハシゴをかついで現われた。東京もそんな時代だったのである。

父は熊本の春日（いまの熊本駅の西側）の人だから、家は西郷隆盛の熊本城攻撃のさいの本陣だった。当然ヤケダサレである。苦心して東京に出て、明治二十年に一ツ橋の高等商業学校（いまの一ツ橋大学）を卒業し、長崎の外国語学校で英語や数学を教えていたが、明治二十二年に高田商会に入社して、この貿易会社の重役にまでなった人である。母はやはり熊本市坪井の人で、明治十九年に熊本県から推挙されて東京の女子高等師範学校（いまのお茶の水女子大学）に入った。この学校を明治二十三年に卒業して、しばらく母校につとめていたが、やがて父と結ばれる。女性のうごきがほとんどなかった当時としては、異例だったと思う。

こういうわけで、私はけっして毛並の悪い方ではなかった。私には生活へのアガキはなかったし、立志伝らしいものはミジンもない。とくに当時は、政府に学問を保護・育成するなんて料簡は片鱗すら窺えない時代だったから、私が学問の世界に生き残れたのは、そんなところに下地があるかもしれない。もちろん現在は豹変した。敗戦による社会の激変に遇って、親が残してくれたものは一切を食いつぶしてしまった。情ない奴、気の毒な奴と思われるかもしれない。しかし私からすれば、サバサバした気持こそすれ、惜しいなんて毛頭思っていない。むしろ二〇年にわたって私に学問を守らせたばかりか、この学問にとって最も忌むべき法則化に走らせず、先人の足跡も踏まず、そして現在では西欧的な発想に一言でも口がはさめる立場を占めたことに満足すら覚えている。

さて実業家だった父は茅ヶ崎に別荘を造った。私は母につれられて一人の姉と小学校までの大半をここで暮した。週末に父が帰ってくると、月曜日の朝には姉といっしょに付近の松林に立って、父の姿が見えなくなるまで手を振っていた。父はなんにもいわなかったが、母は私を外交官にでも仕立てるつもりだったらしく、私を暁星小学校に入れた。遠足のときに、渋谷から市電を玉川電車に乗り継いで、二子玉川の終点で下車し、広い多摩川原で、学校から別送のフランス風弁当を味わったことを、生々しく覚えている。フランス・パンやハム、焼豚などのはいった弁当は、日本ではまだ珍しかった。そういえば、父に大正博覧会につれていってもらったとき、不忍の池に出張していた築地の精養軒で、初めてレモンパイを食べた。そのうまさも忘れられないでいる。フランス人によるフランス教育だったばかりか、毎日学校に着ていく洋服はもちろん、文房具でもフランス直送の品だったから、日本製をはるかに凌駕していた。だから、まだ和服が大半だった他の小学校の生徒に比べたら、ハイカラさんだったにちがいない。そのためにずいぶんいじめられたこともある。

ところが中学は、当然の進路と見られていた暁星の中学に行かずに成蹊中学（いまの成蹊大学）に通うことになった。そのころ「新教育」として令名のあった中村春二先生のもとに走ったわけで、いままでとはまったくアベコベな質実剛健の日々であり、あわせて忍耐力の涵養を目的とする五年間を送った。毎日きまって一時間ほどの凝念（座禅に類する）があり、しかも夏はワタイレ、冬はユカタであるという、かなりな苦行であった。夏休みもなかった。夏期は「夏の学校」と呼び、モッコをかついで土運びの作業をしたり、福井の永平寺にこもって一週間の禅僧生活をしたり、箱根の仙石原でキャンプ生活をしたりした。教室での試験だって、現在ではとても考え及ばないような光景だった。担当の先生は出題したきりで教員室に帰ってしまい、あとには誰ひとり試験を監督するものもいない。そのくせカンニングする生徒は一人もいなかった。曲ったことは憎むべきものとする精神が、知らず知らずに養われていくという教育であった。「波は障害に遇うごとに、その力を増すものだ」というコトワザを私のモットーにしたのもそのころであった。このセットーはいまも強く保持している。

高等学校（旧制）から大学にかけては官学を選んだ。こうして新潟高等学校の文科を経て東京帝国大学文学部東洋史学科を卒業したのは昭和三年の春であった。この間に私は、父が分家を創立した（明治四十三年十二月）ので、東京市小石川区高田豊川町五十八番地（いまの東京都文京区目白台一丁目）を本籍とする東京府平民となり、大正八年には東京府荏原郡大崎町（いまの東京都品川区上大崎二丁目）に移居した。一人の姉は結婚して松岡梅子となり、私も父が老齢というわけで、子爵故中牟田倉之助の長孫の松子と結婚していた。そして利彬、敞彬、翠子、知彬、宜彬の五人の父となったが、幸いなことには、一人も欠けていない。

ここで、いよいよ東洋史の話にはいる。私が『北魏書』西域伝に収録されている諸国の記事のうち、とくに北魏朝から使者として西域を訪れた董琬と高明らの報告に基づいたと思われる十六国の記事に、偽作里数が用いられていると気づいたのは昭和二年八月。茅ヶ崎に夏を送っていたときであった。いままでまったく平凡な、というよりも怠け学生にすぎなかった私が、東洋史に対して坐り直したのはこの時であった。この疑惑に対する私なりの解決は、西突厥の王庭を天山山中のユルドゥズ渓谷にあてる説、また唐朝が天山の北麓に配置した庭州に関する私考、あるいは砕葉城への道についての論証などとともに、その年の暮に卒業論文の一部となった。この論文は「隋代を中心として突厥と西域北道諸国との関係を論ず」と題し、藤田豊八、池内宏の両教授による審査であった。そして翌年の春に私は、東京帝国大学を卒業して文学部の副手になり、同時に東洋大学の予科教授を兼ねることになった。まずまず東洋史学の若い生徒として及第したようだ。そのためか、父がそれとなく勧めてくれたイギリス留学は消えていった。しかしいまとなって考えてみると、そのために私は、英語のトリコとなって、いたく史学的な頭をそこねることから、いくぶんでも免かれえたらしい。もちろん自分の専攻分野に関連あるコトバとして、蒙古語は藤岡勝二東大教授に、西蔵語は池田澄達東大講師に、トカラ語（クチァ語）をシルヴァン・レヴィ先生に、ロシヤ語を八杉貞利東大講師に、そしてトルコ語を大久保幸次駒大教授に手ほどきしていただいた。しかしそれらを使って中央アジア出土の古文書に手を染めるよりも、むしろ中央アジアに関する中国人の記録を、いかに整理し、いかに史料化して使うかの問題にはいっていった。はたしてこれが上策であったか、どうか、私にはわからない。しかしそのころ中央アジアをやることだけでもたいへんな仕事だったから、私の学問的な方向づけも、当面のテーマから決定されていったらしく、それがついに一生つづいたことになる。

私にイギリス留学をすすめていた父は、私が卒業した昭和三年の、十一月三日に逝去した。また私を中央アジアに方向づけ、私の論文を審査された藤田豊八博士も翌昭和四年七月十五日に逝去されてしまった。そこで危うく学界の孤児になるのを救ってくださったのは池内宏博士で、そのおすすめによって卒業と同時に東京帝国大学の大学院に進み、「隋唐時代の西域史」を研究題目とし、翌昭和四年の春には大正大学で西域史の講座をもつことになった。そして大学院の課程を「弓月に就いての考」（昭和四年五月十六日教授会通過）と「磧西節度使考」（昭和五年七月二日教授会通過）の二つの報告で修了すると、翌昭和六年春には東京文理科大学（いまの筑波大学）文学部の講師。昭和七年には九州帝国大学法文学部の講師。九州から東京に帰って國学院大学の高等師範部と神道部とに出講（昭和一一年春に教授に昇進）ということになった。

二

私は卯がエトである。人間、エトが一回りするごとに運命が変るとまでは信じていない。

それでも、一〇年ぐらいで一つのクギリがつくことは確かなようである。第二のエトを迎えたときに東洋史に身を委ねようと決心した私は、第三のエトを迎えた昭和十四年には母校の東京帝国大学文学部の講師になり、また母松田富子の死に遭遇した。しかもよくよく考えてみると、第二のエトから第三のエトに至る一二年の間に、私は実に一二のポストを兼ねたり、移ったりしているのであった。現在ではこのようなはげしい転変は、ちょっと考えられないし、おそらくは前後に比を見ないであろう。しかしもとを糺せば、アジアを勉強しているものが極端にすくないのに反して、ご時勢は刻々と東亜の急を告げつつあったためにほかならない。

それにしても、昭和六年に平凡社で『大百科事典』の企画が起こり、その東洋史の項目を先輩の松井等さんが引受けたことは、生来怠け者の私に、いやでも勉強させることになり、そのおかげで広く目を開くことができた。小林元氏との共著『乾燥アジア文化史論』(昭和十三年刊)に「シナを超えて」という副題をつけたが、それは私のこのような自信があふれだしたものといえまいか。もちろんシナは東洋史という学問が続く限り、研究の中心である。それは、日本に最も近く、歴史的に縁故が深いなんて理由ではない。シナ史の主体となった漢民族は「アジアの記録係」というニックネームをつけられているほど、その周辺にまで気をつかって、たくさんの記録を残している。そこが目のつけどころ。どうすれば記録を史料と化しうるかの方法を会得するには、これほどよい教室はほかにない。

そして会得した方法を記録の残されかたのすくない国土に及ぼす。その意味でシナ史け無視できないし、むしろ高く買わねばならない。けっしてそれ以外の土地の歴史なんか、サシミのツマにすぎないというのではない。

ところがそのころの東洋史は、まだ旧態依然たるシナ史に留まっていた。ただしその社会経済史の面を第一におしだしていた。その意味でマルクスの影響はみごとであった。だから、いくら「シナを超えて」と叫んでみても、共鳴こそすれ、自ら進んでシナを超える人はすくなかった。当時史学研究を中心にして湧きあがった新しい気運、そしてそれが凝固して『歴史学研究』を発刊したのも、はじめはいたずらに先輩先学に楯をつくわけではなく、もうすこしアジアの現実に目を向けよ、という気持だったと思う。しかし、せっかく世に出た『歴史学研究』も第一巻限りで私が編集から手をひいたのは、歴史をなんでも法則化しなければ承知しないという、マルキシズムの悪い面が私には気に入らなかったからである。それならば、〝歴史はくりかえす〟というコトバだって笑えないではないか。

同じ年（昭和八年）に平凡社ははじめて『世界歴史大系』の企画をはじめ、いわゆる歴史ブームに先鞭をつけた。もちろんこの企画には気負いに気負っていた若手が参加している。しかし結局はその主張に大幅な修正を施さざるをえなかったのは、今から考えると新旧の史学界の主張の差といえよう。幸にも後に（昭和十三年七月）四海書房から出版された『ポケット・アジア史辞典』は、その新しい動きの片鱗を伝えている。この書は東洋史イコール中国史とする考えを否定した最初の歴史辞典であるが、巻末に付載されている「アジア史叢書」の構成予報は、当時私たちの頭のなかに描かれていた構図をみごとに告げているといえるであろう。

私の『漠北と南海』を上梓してくれたのも四海書房であった。この書房は歌人の四海民蔵氏の経営で、若い学徒に理解が深かった。とくにその編集長をしていた山本三郎氏は、私たちと心からつき合い、また応援を惜しまなかった。私の『漠北と南海』は昭和十七年の一月に世に出ると、たちまち日本出版文化協会や文部省の推薦図書となったから、いくらかでも出版者の労にむくいることになったかと思っている。

そのころ、私の高等学校での恩師鳥山喜一先生は、京城帝国大学の教授で、法文学部の東洋史学第二講座を担当していられた。ところがその第一講座の担任者大谷勝真教授が病没されたので、後任として私の引出しを考えつかれた。すなわち鳥山先生が池内先生に話し、池内先生が私に告げるという順序を踏んで、昭和十七年の春には私の京城帝国大学助教授（昭和十九年七月六日付で教授に昇進）が決っている。私は長らく教授をしていた國学院大学（そのころは予科学監、つまり予科長をしていた）、それから卒業の翌年いらい西域史を講じつづけ、かつ時局の動きとともに「アジア史論」まで担当していた大正大学史学科をやめ、家族を東京に残して単身で京城府（いまのソウル）に赴任した。一切をふりきって、大陸の一角に足をつけている朝鮮で学問的に再生する意気込みであった。しかし間もなく情勢は日本に不利。その不利な情勢のうちに、西力東漸にさいしての西欧人の理不尽さを、冷静に追求してみるのも無駄ではないと考える。だから時勢を、むしろ明治いらいの欧学一辺倒でやってきた日本人の頭を改造する好機と受け取って、学問に力がはいる。もちろん私が専攻分野としてきた中央アジア史にも京城は無縁ではなかった。日本がたった一度、世界列強による中央アジア探検競争の仲間入りをした大谷探検隊によって、将来された文書、遺物、ミイラの類は朝鮮総督府の博物館にかなり多く所蔵されていた。一方、京城はさすがに大陸の一角だけに、隣接する満州（いま東北と呼んでいる）にも、華北にも直通の列車をもち、天津や北京で乗継ぎさえすれば、蒙疆（いまの内蒙古自治区）や華中にも容易に到達できた。このことは私を大陸に馴れさせるのに大きな力となっている。京城に赴任するよりも四年前の昭和十三年の春に私は回教圏攷究所（のちの回教圏研究所）から出張を命ぜられて、釜山にわたり、慶州、仏国寺などをまわって京城から平壌に出、満州の奉天や華北の天津・北京などに遊んだことがあった。このときは北京が陥落した直後だったが、まだ北京の城外ではしきりに砲声が轟いていた。しかし日本人は戦勝気分であった。鮮鉄と満鉄は手を結んで釜山・奉天間に直通の急行を走らせていたものの、奉天から北京へは北寧鉄路として別仕立であり、そのうえ山海関からはイギリス人の列車長が乗りこんでいた。ところが四年後の昭和十八年の秋に京城帝国大学助教授として蒙古善隣協会に招かれ、厚和（フヘホタ）の興亜義塾に講義に行くときには、釜山発北京行の大陸号と興亜号という二本の急行が走っていた。しかし戦局の熾烈は生活物資に響き、駅売りの弁当は茹でた地瓜（馬鈴薯）や焼芋であり、北京では関釜連絡船の崑崙丸がアメリカ潜水艦に撃沈されたという報告を耳にしている。とにかくこの旅で、私は京包鉄路の沿線を見学し、その中心の厚和市では二〇日にわたって「蒙古史」を講義した。なにぶん現地の歴史を現地で講じたわけであるから、感慨ひとしおであった。四年前に北京を訪れたとき、京包鉄路の沿線にでかけたら歩兵銃を抱いて寝なければならないと聞かされて、とりやめたことをしみじみと思いだしていた。

三

蒙疆から京城に帰ると、十一月二十日には学徒入営につき講義打切りという命令が出た。九月から日本（当時は内地と称していた）でやっていた法文系大学の教育停止がいよいよ半島（朝鮮のこと）にも及んだのである。年を越して昭和十九年の春に帰国したとき、友人の小林元君（西洋史出身の陸軍教授、中洋史という呼称の創案者）がいった。どうせ朝鮮にいても、学徒出陣で学生はいない。勉強するには時運が悪すぎる。それならば、むしろ陸軍の若い士官にアジアを説くのが当然ではないか、と。この議論に私は返す言葉がなかった。そして昭和十九年十一月三十日には、京城帝国大学教授の松田壽男を陸軍教授に任ずる、高等官五等で、予科士官学校教官に補す、という辞令を受取る。私は家族のものが東京から移っていた鎌倉の別荘に帰り十二月から朝霞にあった陸軍予科士官学校につとめたが、翌二十年五月には浅間分遣隊付となって群馬県の新鹿沢温泉に移り、間もなく敗戦。九月三日に復員ということになって、家族が疎開していた長野県小県郡滋野村の芝生田に住みついてスキ、クワを執ることになる。もう東洋史なんて一生やるものか、という考えだったのである。

それにしても、東洋史はせっかくアジア史にまで拡がって、やっと世界史の上に乗るようになった。およそ学問の大事な点は、全体の上に部分を乗せて理解することにある。もしこのまま東洋史を棄てておいて、また非科学的になっては……という考えで、とりあえず読む年表として『世紀の世界史』を、見る歴史として歴史地図の『アトラス世界史』を書いておこう。また昭和二十三年には平凡社で「平凡社全書」が計画され、その一冊として私の中央アジア史が『天山路』として選に入り、執筆の依頼を受けた。私は晴耕雨読式にこの三著作を浅間山のふもとで書きあげた。前の二著はようやく出版にこぎつけたが、これに反して平凡社に手交した約一〇〇〇枚の原稿は、社内紛失ということで、ついに陽の目を見なかった。

人間は四〇歳をふみだしてしまってからの転業は、たいへんむずかしい。まして私のように学問の世界にくらした男が、ソロバンを握ったって、ダメなことはよくわかっている。

学界から引退するのに三つの書物を残してなどと考えるのが、だいいち甘い。あれこれと思いなやんでいるうちに、あるとき高等学校の同級生の安中忠雄君に遇った。彼は当時宮崎県知事をしていたが、友人だけにさすがに私の生かしかたを知っていた。それは、世に地理的な案内書はいくらでもある。しかし地理性と歴史性とを混合した、いわば風土を基本とする国土の叙述は一冊も試みられていない。古く奈良朝に撰述された諸国の風土記は、洋学万能の風潮のうちに全く忘れ去られている。その意味で「新編日向風土記」といったものを作ってみないか、という言葉であった。彼は自分の県だけでなく、大分県知事や群馬県知事にもこの趣旨を伝えてくれた。しかし県庁が作る書物である以上、単に執筆だけではすまされない。書物の製作までやって、完本として納入するのは当然である。そのために時々はソロバンを手にしなければならなかったが、もちろん経済的に好い結果を収めたとはいえない。一方、郷里の奈良県山辺郡に復員していた井岡畯一君は、大阪市に出てきて私と協力し、近畿の風土記を計画した。そのために私は近畿日本鉄道を訪れたが、その重役に同窓の友人高橋公男君がいた。彼はこの企画を近鉄、京阪、阪急、阪神、南海の五電鉄の監修ということで実現してくれたばかりか、後に丹生を研究する端緒まで作ってくれた。

そうこうするうちに、物価は日に日にあがっていって、いい加減なソロバンではほじききれず、父が残してくれた家屋も土地も次々に手をつけて米を買う銭に化ける。ついには明日の米を求める銭にまで事欠くことになった。まさに売り食い生活だ。いまから考えると小賢しい知慧がわくかもしれないが、当時としては時流のまま流されているしか仕方がなかったのである。なにしろ経済的にも、政治的にもガンジガラメ。おかげで歴史が腑におちた。いい体験だったと思っている。

昭和二十六年になる。前年から平凡社で始まっていた『世界歴史事典』の出版に、誰がどのように配慮してくれたか知らないが、執筆陣への参加が勧誘される。翌二十七年の春には早稲田大学から佐藤輝夫、清水泰次、十河祐貞の三教授が使者として訪問された。聞けば、この大学では大学院を作るについて、史学科のそれだけが一年見送られている。その理由は教授陣に一名の不足があったためで、その欠員を私で埋めたい、という申出であった。当時の流行語ではないが「やっさもっさ」すること七年で、早稲田大学教授となり、ついに、またしても東洋史学に復帰してしまった。

東洋史学界の一角に返り咲いてみると、七年間の空白はたしかに痛かった。とにかく復帰したとなると、なにかしなければならない。昔とった杵柄というか、どうしても天山山脈の南北麓に私の頭は集中する。思い起こせば京城から鎌倉の浜辺に引きあげてきた昭和十九年は、もう敗戦がひしひしと迫っている時であった。ところが戦争の困難や生活の苦しみとは反対に、私の心にはなんとなく落着きが生まれていた。そのためか、『前漢書』の西域伝にまたしても偽作里数を発見することができた。とくに車師六国といわれた東部天山の国々について西域都護の治所（烏塁城）からの里数を見ると、八七里という数字をもつものが多い。なぜか。解答は容易ではない。しかしその疑惑をメモすることは忘れなかった。そして終戦を迎える。事態は東洋史どころではない。まずオコメとオカネを追いかけねばならなくなっていた。早稲田大学に雇われると、その八年前の覚え書からとりついていった。その成果は「漢魏の史書が伝えた天山諸国についての論証」と題する学位論文（昭和二十八年十二月二十八日文部省認可）となる。さらに同種の論考をいくつか加えた『古代天山の歴史地理学的研究』は、昭和二十八年十一月三日に毎日学術奨励金を授賞され、以後昭和二十八年、二十九年、三十年と文部省の科学研究費（個人研究）を与えられて補訂を重ね、昭和三十一年には文部省の研究成果刊行補助金をえて、同年十一月十五日に出版することができた。むろんこのテーマは私にとって本命ともいえるだけに、その後もなにかにつけて研究の一端を公表しているが、それらを集めて『古代天山の歴史地理学的研究』の再版、つまり増補版を出したのは昭和四十五年十一月十五日であった。

四

早稲田大学では、清水泰次教授（昭和三十五年春定年退職）とともに大学院文学研究科の授業を受け持った。しかし大学院は学部の基礎の上に立つ。しかも早大では文学部および教育学部の上に文学研究科が置かれていた。したがって私は本属が文学部であったが、教育学部にも出講せねばならなかった。傍ら私は頼まれて東京教育大学文学部（昭和二十九年）、東北大学文学部（昭和三十二年）、九州大学文学部（昭和三十三年）、東京外国語大学蒙古語科および同大学院（昭和三十七年四月一日から六年間）、國学院大学文学部史学科（昭和四十三年四月一日から現在まで）、弘前大学文学部（昭和四十六年）などで講義した。また文部省では、大学設置審議会の専門委員を昭和三十六年から同四十三年まで八年間もつづけ、かつ大学視学委員としても昭和四十二年から二期つとめて同四十六年まで及んだ。そしてその役職の上から高野山大学、天理大学、神戸外国語大学、追手門学院大学、仏教大学、龍谷大学、京都女子大学、名古屋同朋大学、東海大学、中央大学、お茶の水女子大学などのお世話になっている。

また早稲田大学には、学生のサークル活動の一つとして昭和三十一年十一月にアジア学会が誕生した。その誕生と同時に私は会長として会務に参与し、ネパールや沖縄（はじめは海外だった）にたびたび学生を派遣して、今日に及んでいる。さらに昭和四十五年には、文学部の教授・助教授のあいだから西南アジア学術調査委員会が生まれ、私はその委員長に推された。そして第一回の学術調査隊をパキスタン、アフガニスタン、イランに派遣するにあたって私は第一回の調査隊長を兼ねることになり、教授三名に学生八名を加えて調査団を組織した。この程度のスケールは、経済的にはギリギリの線であったが、早大当局は前例がないほどの力の入れようで「悪平等だ」というウワサを吹きとばすほどであった。私たちは毎日新聞社とのタイアップによって三菱からジープを一台寄贈してもらい、都合三台のジープを使って、大砂漠地帯の南側のあまり人の行かない部分を四五〇〇キロもかけまわった。ペルシア湾岸のバンダル・アッバースに着いたときは、十二月六日であったが、そのあたりの砂漠を点々と彩るラクダ草は緑色に輝き、町には赤い花が咲き、宿には扇風機がまわり、クーラーが音をたてていた。学生たちは桜井（清彦）教授が指導してここからケッタを経てカラチにむかった。

隊長としてなぜこんな部分を選んだか。別項の「イラン南道論」（『東西文化交流史』）に説明しておいたが、要するにこの大砂漠をはさんでその南北両側に重要な東西交通路が走り、イランやアフガニスタンの生命線になっていた。ところがイラン北道にはいままでたくさんの調査隊や探検隊がはいりこんで、かなりな成果をあげている。しかしイラン南道にはそれが稀有といってよいほどすくない。また従来の調査は一地点に集中して行なわれることが多く、莫大な費用と長い月日がかけられている。私たちがそのようなマネでもしたら、忽ち経済的にも行詰まる。というわけで、私たちの調査は、カイバル峠を西に越して、カーブル、ガズニ、カンダハルと辿ってアフガニスタン南部のヘルマンド川に沿い、またイランの大塩砂漠の南にあたるザーブル、ナスラバード、バーム、ケルマン、シルジァン、シーラーズ、ブシール、バンダル・アッバースなどを結ぶイラン南道に集中したわけで、地上採取ながらかなりの成果をあげている。その一端は翌四十六年の七月から八月にかけて池袋の西武百貨店その他で催された「アレキサンダー大王の道展覧会」となっている。ただし、アフガニスタンのような秘境では、文化政策がきまっていないので、私たちの調査隊が地上で拾った遺物の断片に対してすら処置が猫の目のように変り、ついに展覧会にさえ間にあわないものがあった。かえすがえすも残念である。

しかし隊長であった私の研究目的はそのような遺物にはなかった。むしろこの大砂漠地帯に点在し、キャラバン・ルートで他とさかんに交渉したために、思いもかけない繁栄ぶりを見せていたオアシスと、そのオアシスの生命を支えていた灌漑とにあった。すこし説明しておこう。私は、一般にオアシスを地理的な産物すなわち自然現象として説明しているのに、早くから疑問をもっている。このコトバを沃地とか膏地とか訳すのは、単に欧米の学者がオアシスを砂漠中の fertile spot とする定義づけを忠実に日本訳したにすぎない。しかし実は欧米学者の定義そのものが第二次的な現象を捕えたという誤りから起っている。肥沃と化する前の過程として、人間がその spot に住みつき耕作に従事する努力が忘れ去られていないか。砂漠のなかだから耕作にはとくに水利が第一である。したがって地理的に定義づければオアシスは単なる砂漠中の可耕地点にすぎない。この可耕地を耕地と化するのが人間の努力であり、そこに歴史の基礎がなければならない。歴史は人間の生活への努力を主軸として展回するからである。だからオアシスは明らかに歴史的な産物で、和訳すれば砂漠島である。乾燥アジアには、このようなオアシス生活だけでなく、これと全く相反する遊牧生活が存在する。そして根本的に異なる二つの生活様式が共存し、協力するところに歴史的な特性が生まれている。

このような考えを実地に即いて確かめたいために、私は昭和四十一年の六・七月に、そのころ「解放」されたばかりのソ連領中央アジアにとびこんだ。折あしく大地震があって混乱中のために、タシュケントだけは見学できなかったが、アルマアタ、サマルカンド、ブハラ、ドシャンベ、アシハバードなどの諸都市とその周辺を巡遊できた。この経験が買われたのか、三年後の昭和四十四年には、はじめて「シルクロードの旅」を企画した毎日新聞から講師を頼まれて旅行団に同行する。なにしろ日本人がシルクロード熱に犯されはじめた当初のことで、応募者が予測を裏切って多数となり、また受けいれる側のソ連でも宿泊施設が間に合わず、仕方なく隊員を二団に分け、さらにそれぞれを数組の組に分けて、半分は逆まわりをさせるという切りぬけかたをする。したがって私はサマルカンドとブハラの二つの都市に二週間も滞在して、朝に一組を送り、夕に他の一組を迎えて解説する有様だった。そのおかげでこの二つの都市だけは裏通りまで知りつくす。私が宿題としていたオアシス論にもたいへん好い結果をもたらした。

ソ連領中央アジアには、その翌年（昭和四十五年）の八・九月にも訪れている。こんどは南側のカーブルからヒンドゥ・クッシュ山脈をこえてタシュケントに飛ぶコースを採った。

この機会にインド、パキスタン、アフガニスタンにも見学の足をのばしているから、上記の早大調査隊にとっては予備行動の形になってしまった。バミアーンからカーブルに帰りかけていた九月四日の午後に、バスのなかでラジオ放送によって早大の学生隊がカラチ港に着いたことをキャッチしたのは、生々しい感激であった。もちろんイランにもその前年に「シルクロードの旅」を終ってから、七・八月に訪れているから、早大調査隊の動きにはかなりの自信がもてた。しかし、アフガニスタンではガズニ以南の砂漠を踏んでいないし、イランではテフラーン、イスファハーン、シーラーズと経過する近代的イランの軸線以外に見学の目が及んでいない。それにも拘わらず私が自信をもちえたというのは、オアシスの世界は点の世界であって、いままで面の世界だけの処理に限られていた史学の理論や方法は通用しないからである。

しかも点の世界、正しく表現すれば点と線の世界は、中央アジアやアフガニスタン、ないしイランだけではなかった。その西隣のイラクも、地中海にのぞむシリアやレバノンもみなそうである。このことは昭和四十四年いらい毎日新聞の移動教室「イスラーム世界の旅」に講師として同行してみて、はじめて断言できるようになった。このイスラーム世界の旅はいままでに三回実施されている。昭和四十四年七・八月の旅では、イラン、イラク、エジプト、トルコ、ギリシア、イタリア、スペイン、フランスと巡り、昭和四十六年八・九月にはイラン、イラク、ギリシア、イタリア、チュニジア、モロッコ、スペイン、ソランスを訪れ、そして昭和四十七年十二月から四十八年一月にかけてはイラン、クウェート、イラク、イタリア、ポルトガル、スペイン、フランスと歩いた。その結果、ギリシア、イタリア、またスペイン、ポルトガルは、南欧といわれているけれども、明らかに西欧(英・独・仏)とは異質な風土をもち、それが歴史を方向づけていることがわかった。チュニジアからモロッコにかけての西北アフリカが地中海世界に属することはいうまでもない。だから、地中海の周辺すなわち地理学でいう「オリーブの世界」は、乾燥アジアと同じく点と線の世界であった。

五

点の世界の設定は、私に乾燥アジア史をまとめあげさせる骨子となった。しかもそれだけではなかった。世界史の構成問題に対しても一つのヒントとなっている。私は昭和三十一年の五月に、帝国書院の高等学校用世界史教本を執筆し編集する仕事に参加した。これいらい世界史の上にアジア史をどう乗せ、全体をどう総合するかの問題に、折あらば触れている。現在の日本で使っている世界史はずいぶん地域的に広くとりいれてある。おそらくこの点では世界一であろう。しかし吟味を加えてみると、それは単にいくつかの地方史のよせ集めにすぎない。そしてそれに真に綜合された形をもたせるには、まだいくつかの大問題が横たわっている。もちろん現在では、ランケにはじまる西欧世界一本で世界史を構成するという考えかたは否定されて、いくつかの文化圏（歴史的世界）を並列させる段階にまで達している。しかしもちろんそれでは地方史の並存状態で、統一ある世界史にはほど遠い。その解決の一策として私は面の世界に対する点と線の世界という考えをもちだしたのである。しかしよくよく考えてみると、私のこの方法はけっして今にはじまってはいない。思いかえせばいまから三五年も前に、この傾向が出ている。その意味で私は、次の五つの論考を頭に浮かべる。

第一には拙著の『漠北と南海』（昭和十七年刊）である。これは私が単独でものした著書の最初のものといえるが、これに「アジア史における砂漠と海洋」という副題をつけた。そのわけは、漠北の遊牧民の集団（アイル）や砂漠島生活者は、南海の海洋民の住む港市と同様に、それぞれ点の世界をつくっていた。たとえ一方は砂漠に、他方は海洋に活躍していようとも、歴史的な在り方は同様であったと論じている。暗々のうちに、それまで六年にわたって考えてきた結果が、このようにまとめられたと思われる。

第二は「蒙古遊牧民とその歴史的役割」（昭和十二年刊）である。遊牧民が依って立っていた遊牧経済は単純であり、一面的であるために、それ自体では社会を発展させ、国家を拡勢させる力に乏しいとする。だから遊牧民が社会を発展させ、国家を躍進させる原動力はむしろ遊牧経済に x が加わった結果であるとして「遊牧経済＋x＝発展」という方式を打出した。つまり「点」それ自体は発展力に乏しく、「線」を加えることによってのみ発展することの実証にほかならない。いうまでもなく「線」はこのばあいキャラバン・ルートである。しかし政治力も軍事力も、ないし経済・文化のすべてはその上を走る。いわば歴史の軸線であった。

第三は「吐谷渾遣使考」（昭和十二年刊）である。西方の山地青海地方でうごめいていた蛮族としか歴史家の目に映じていなかった吐谷渾が、意外や、中国と西域とを青海路で結び、その上に立って東西貿易の中継に活躍したことを論証している。しかしこの論文のもつ意味はそれだけではない。東西交通の本筋と見られ、ある場合には唯一のシルクロードとされている河西路には、平行線があった。それを明らかにするばかりか、その平行線的交易路はただ華北だけでなく、華中の成都にまで達していたことを注意している。これは点と線の世界と面の世界との結びつきかたをも考慮しているのではあるまいか。

第四は「禺氏の玉と江漢の珠」（昭和十四年刊）である。これは古代の史書が一般に政府の記録によって作製されているという史書の性格づけから発足した論文である。こういう史書の性格からすれば、有名な張騫の遠征（紀元前二世紀末）は漢の政府が西域貿易にタッチした時点を示すにすぎない。むろんこの遠征以前に中国と外国との交渉は存在したとしなければならないが、それは私的な関係であったから政府の関心をひかず、史書には記録されていない。その欠を補うものとして戦国時代（紀元前四、三世紀）に中国で流行した表題の慣用句をとりあげる。「禺氏の玉」とは河西に占住した遊牧民月氏族が西域産の玉を漢人に中継したことから起こり、また「江漢の珠」とは嶺南ないし南海産の真珠が楚によって転送され、漢人の手に入っていた事実に基づく。つまり東西交渉という現象は、一つの事件に起原を求めうるほど単純でないことを論じている。同時に、慣用句をはじめて史料として使った論文としても、私にとっては記念的である。

第五は「絹馬交易覚書」(昭和十一年刊)である。これは中国農民と蒙古遊牧民との交渉を扱ったもの。在来この南北関係は掠奪・戦争といった対立を基本として説かれているが、史書の性格から見て疑わしい。史的記録は非常態を伝えたもので、常態は日常茶飯事であるがゆえに記録に残らないのが普通である。その常態の交渉こそは、生産様式のちがいから起こる有無交換の現象で、これを絹馬交易と表現する。この絹馬交易がアンバランスに陥ったときに、生産が一面的であり、それだけに欲求度の高い遊牧民は、掠奪に訴え、戦争にまで発展する。したがって南北関係は常態である絹馬交易を基本として論じられるべきで、それゆえにこそステップ・ルートの存在も考えられるのではないか。のちにこのテーマは「絹馬交易に関する史料」(昭和三十四年刊)として再論してある。

以上、五つの論考に代表させて、すでに早くから、世界史の構成に役立つであろう諸テーマが、アジア史側で準備してあったことを語った。しかし私もまた世界史ということに不用意だったから、これらのテーマをどう活用するかは見当もつかなかった。いや、それだけではなかった。東洋史にも、中国史いなシナ史を一元世界として、そのカラのなかにとじこもって、他の世界を見ようともしない人だってあった。西欧一辺倒のイデオロギーに骨の髄まで犯されていた人たちもあった。そういう人たちには、交通路が歴史構成の主軸であるという理論がわからない。したがってこれに「歴史地理」というワクをはめ、正統な歴史から除外した待遇を与える。また地理的唯物論という評言だけで片付け、あるいは交渉の核心をつく中継貿易を、いたずらにマンネリズムとして笑っていた。西欧という一元世界のなかですべての事象を処理する。そして他の世界は全く自己との関連だけでしか見ないという、従来の世界史の理論や方法では、交通路とか、その上を動く貿易などの問題は、あまり大きく反映しないかもしれない。ところが多元世界を扱うとなると、そうはいかない。この理窟が批判者には何としても呑みこめなかったのであろう。

なにしろ歴史学というのは、なかなかのクセモノである。一〇人の人に、一つのテーマとそれに関する一切の記録を、すべて平等に与えて研究させても、一つの結論は出てこない。甚だしい場合には十人十色の成果に達してしまう。そこに人文科学としての大きな特色がある。では、なぜそういう結論に進むのか。記録が全部残っていないのも大きな理由になろう。しかし最も大きなちがいは、記録を史料化する作業いかんにかかっている。とくに記録の性格にまで注意するかどうかは、結論の価値に大きく響いてくる。一般には、記録を集めて並べさえすれば、結論が出てくると思いこまれている。それだからこそ歴史という学問は軽く見られ、素人にもできると考えられてしまう。歴史と年代記とが混同されるほど、学問としてのスジがぼけてしまう。その結果、歴史は記憶一点ばりの学問にされてしまう。

こんな甘い考えが横溢していたから、せっかく今から七〇年ほど前に、甲骨文字という絶好の材料が世にあらわれても、中国の原始時代はいっこうにハッキリしないではないか。ついこのあいだまで、中国では殷の時代の漢人は遊牧の段階にあったなんて説かれていたし、日本でもそれを受け売りしていたのである。私は甲骨文や甲骨文字を史料とした研究である以上、当然にその性格を明らかにしているとのみ思っていたが、調べてみるとそうではなかった。甲骨文の性質を吟味してみると当時の一般生活の基礎は農耕であった。そのことを記したのが「殷の卜辞と古代支那人の生活」(昭和十六年刊)である。この論考で私が述べているのは全く東洋史学のＡＢＣにすぎないのだが、いつの間にか中国の学者に読まれたと見えて、彼らが知らず知らずのうちに殷人農耕生活説と変わり、それを日本の学者も受け入れて現在のように原始中国人の生活は農業と説かれるようになったのである。こういう意味で私にはいろいろな思い出のからんだ論文もある。

六

私は、早稲田大学に出講するようになっても、面の世界と点と線の世界を二元的に考えることをやめなかった。したがって、私が点の世界の特異な在り方に気づいてから、もう三五年も経ったことになる。学界の無関心ということがあるかもしれないが、すでに三五年も生きつづけたこの学説は、いま世界史の総合という新しい問題に当面して、一段と意義を増してきたといえまいか。

さきほど述べたように私は昭和四十一年に初めてソ連領中央アジアを見学した。このときソ連の近代的な大土木事業によって砂漠のなかにいくつかの大運河ができ、その結果、砂漠島という「点」の在り方が変りつつあるのに注意し、そのあらましを『砂漠の文化』（昭和四十一年刊）で報告しておいた。それいらい私は、点の世界が面の世界に変っていくにはどのような場合があったか、いろいろと検討をしているが、華北の黄土地帯がそのよい例となることだけは確言できる。この黄河の流れる半乾燥地は、極寒極暑をくりかえす大陸的な気候をもち、雨も少なくかつ不定である。現在では一望千里の畑の広がりであるが、それを基礎にして原始時代の中国を解釈することはできない。広がる畑地こそは何千年にわたる漢人農民の努力の結晶にほかならないからである。だから、はじめて漢人が住みついた原始時代のこの地方は、黄灰色の半砂漠の上にオアシス作りが行なわれ、緑の点が散在する状態であった。この時代と春秋戦国時代と呼ばれる畑作農耕時代とを同じワクのなかに入れて、中国の古代史としているではないか。すでに『アジアの歴史』（昭和四十六年刊）でも説明したように、これはどうもおかしい。漢人の古代史は井田時代と仟佰時代に二分する必要がある。前者はオアシス農耕期で点の世界であり、後者は畑作農耕期で面の世界なのである。古代史の材料となる中国の古典は畑作農耕時代に現在のようにまとめられているから、それによってオアシス農耕時代を推考するには史料の吟味が第一である。「汾水流域における原始農耕の問題」（昭和四十年刊）はその一例として書いたもので、原始時代の邑制国家をオアシス国家と規定している。また「大人考」（昭和三十三年刊）は、その邑制国家すなわちオアシス国家で、リーダーとして存在した大人について考えた。大人はもともとは氏族社会が選挙によって推戴したものであるが、時代の推移とともに工にとって代られて消えてゆく。ところが大人は君長であるという、意味だけは漢人に保存されていたから、紀元二世紀には中国周辺諸族の君長にあてられ、また日本にも伝播して、ついに大人すなわちオトナとなっている。以上の二論にさきほどの「殷の卜辞と古代支那人の生活」を加えて、私の中国原始時代に関する論考は三つになった。いうまでもなくこの時代の史料としては中国古典のなかに混在する古伝があるほかに、何といっても卜辞およびそれに使用されている甲骨文字をあげねばならない。

ところが甲骨文字は漢代に選述された許慎の『説文解字』によって解釈されるのが普通になっている。中国であれ、日本であれ、この方法は甲骨学の基礎とさえ見なされている。とんでもない。私はこのことに大きな疑をもつ。というのも紀元一〇〇年ごろの『説文解字』に伝わる字義をとりあげて、それより一五〇〇年ないし二〇〇〇年も前の字義とするのは、明らかに非科学的方法だからである。一〇〇〇年も二〇〇〇年もの間、コトバの意義が変らなかったと見るのは明白な誤りであって、コトバは社会の変遷とともに意義を変え、あるいはニュアンスをかえる。コトバとはそういう歴史性をもつものであって、史料としてけっこう使える。そういう立場からする私の甲骨文字論とそれに基づく中国原始時代考は、いま草稿となって机上にのっている。しかし私はもはや老齢。この業績の適否は棺を覆ってみなければわからないと思う。

私は他人が手をつけないテーマや気のつかないテーマにとびつくクセがある。どう解くか、キメテを工夫することが大好きだからである。こういうわけで『丹生の研究——歴史地理学から見た日本の水銀』（昭和四十五年刊）ほど、おもしろい記録の操作がつづいたテーマはすくなかった。このテーマは、戦後に私が職をはなれ、浪々して、近鉄の庇護下に関西地方の風土記を編集していたころ、関西に意外に多く残っている丹生《にう》という地名および丹生という神社の正体に疑問を抱いたことにはじまる。早稲田大学に出講するようになって、天山路に関する論考を復活したものの、この問題が気になってならなかった。無職時代のトレーニングで、日本の古代史や古代語についていささかかじってみた結果、丹生とはおそらく水銀を産出する地点を意味し、また丹生神社とは水銀の女神ニウヅヒメを祀りこんだ祠にはじまることがわかった。そうなると縄文期の土器や土偶にまで赤色塗料として使用されている水銀でありながら、なぜ、いままで学問的にとりあげられていないのか、ますます疑惑に満ちてくる。その原因が、記録のすくないうえに、その扱いのたいへん困難な点に存するとわかってくると、私の心はいっそうはずんでくる。しかも水銀の研究は、中国の丹薬や錬金術の解明にもつながっているではないか。そこで、とりあえず私の考えを「丹生考」（昭和三十二年刊）としてまとめてみた。これを読まれた矢嶋澄策理学博士は私に共同研究を呼びかけられ、私には幸運がとびこんだ。博士は日本最人の水銀鉱山として名高い北海道のイトムカ鉱山の発見者であり、水銀の研究では唯一の存在であり、同じ早稲田大学の理工学部に講師（のちに教育学部客員教授）をしていられる。その中出とは、私が文献や古伝承の操作によって古代の水銀産地をさぐり、その地点に実地調査をする。そのとき採取した試料を矢嶋博士が化学分析にかけて、私の論証を科学的に裏付ける。こうして人文科学と自然科学との、おそらくは史上最初であろう共同研究が一四年にわたって続いた。その結果、実地調査を行なった地点は三六五カ所を越える。考えてみると踏査の時期にも私はたしかに恵まれていた。というのは、折から戦後の日本の道路網の根本的な改修、整備のときであったから、至るところ掘りかえされていて、崖などにカッティングが多く、観察にたいへん便利だったからである。すでに述べたように近鉄の高橋公男君の後援も忘れられない。

私はこのような実地の踏査で日本中を限なく駆けまわった。春や夏の休暇のときなどは、ほとんど家にいなかったものである。それと平行して、私はいろいろな古記録や伝承の操作をして、キメテを工夫した。とくに、神社を史料として使ったことは、おそらく日本史はじまって以来、最初のことであったろうし、また『万葉集』の和歌の一首から日本古代の鉱業技術を推知したことは、私にとってまことに記念的であり、また愉快であった。この研究のために早稲田大学は指定課題研究助成金（昭和三十五年度および同三十六年度）を、文部省は科学研究費（昭和四十年度）を与えられ、かつ早稲田大学は水銀に対する私の歴史地理学の研究だけでもまとまったら出版するようにと、出版助成金（昭和四十四年度）を支出してくれた。まことに感謝に堪えない。もちろんこの書は研究の途上で一応書物にまとめたものであるから、長く継続するであろう研究のはじまりにすぎないと心得ているが、それにしても矢嶋博士の鉱物学・地質学からする水銀研究が一日も早く上梓されんことを望んでやまない。

顧れば早稲田大学の二〇年あまりは、ずいぶん忙しくくらしてきた。一週間に二〇時間も講義や演習をしたことがある。私立大学はノルマがきついうえに、私の専攻する東洋史には学者が体質的に不足しているからである。だから私は、本職がありながら、いろいろな学校に出講したり、文部省のいろいろな役職を経験しなければならなかった。それらについてはすでに述べたが、ここにどうしても報告しておかねばならないのは、昭和三十五年にはじめて「内陸アジア史学会」が成立したときに、初代の会長に推挙されたことであろう。昭和のはじめのこの分野の状態を味わっているだけに、日本の中央アジア学もここまで到達したのかと、私はまったく感慨無量であった。

同じ年には「日本イスラム協会」に常任理事として関係する。やがて理事長の大村謙太郎氏がなくなると、昭和三十八年六月には理事長として協会の基金まで引受けさせられる。この基金を看板として法人化を申請したが、昭和四十三年の一月に外務省所管の社団法人として許可され、依然として私が理事長をつとめている。信仰団体としてのイスラムの協会は他にもあるが、純学術団体としてはたった一つである。

さらに日本の各大学がもっている史学会、ならびに研究団体のすべてを総括する立場をもつ「日本歴史学協会」がある。またこの協会と日本学術会議とを直結する役目をもつ「日本学術会議歴史学研究連絡委員会」と称する、たいへん長たらしい名前をもつ会がある。この二つの会とも私は関係せざるをえなかった。早稲田大学教授という私の地位がそういう立場をとらせたのであろう。で、私は昭和四十三年五月から同四十五年七月まで日本歴史学協会の委員長をつとめ、昭和四十四年八月から昭和四十八年まで日本学術会議歴史学研究連絡委員会委員長になっている。日本歴史学協会では早くからアジア・アフリカの言語と文化のために国立の研究所を設けよと主張し、そのための特別委員会まで作っていた。私は昭和三十四年八月いらいその特別委員会の委員長をやっていたが、いよいよこの研究所が文部省の研究所として東京外国語大学に付置されることに決定すると、昭和三十九年一月にその設立準備委員会委員となり、同年九月には運営委員に選ばれて、いままで五期に及んでいる。

いよいよ来年（昭和四十九年）の春には、私に定年退職の運命が訪れる。今年の十一月に七〇歳になるからである。しかし私は、満六五歳になった昭和四十三年の誕生日に隠居の宣言をして家事から遠ざかり、翌年早々にはいままで住みなれていた上大崎長者丸（ちかごろは上大崎二丁目という）の家を居抜きのまま子供たちに譲って、近所に新設されたマンション（パレス三条）に移った。激変に応ずる心の準備はできたわけで、これからは学界の一匹狼として自由にふるまえることを楽しみにしている。思えば、私の所属する東洋史学は、とても共同研究なんてできる分野ではない。記録の史料化という点をたった一つだけ取上げても、首肯できよう。それは刺激を与えあう程度に留まって、結局は一匹狼となるほかはないのである。

私の出身した東京大学の東洋史学科は、むかしから連帯意識に欠けている。とくに私は学界からほうりだされた人間である。だから私は学界に出たときすでに一匹狼としての運命を背負っていたといえる。それにも拘わらず、私はいままで自分の進路を自分で運動して求めたことは、いちどもない。いわば世間さまが私を一匹狼として育ててくれたのである。おかげで私は思考第一に生きてこられた。まことにありがたいことである。もし定年後も生命が続くようであったならば、これに答えて、一匹狼として踏みちがいをしないよう、心して歩みたいと思っている。

（昭和四十八年七月二十三日記）

（『東西文化交流史』一九七五年五月）

本書は『松田壽男著作集』第六巻（『人間と風土』、六興出版、一九八七年七月二十五日刊行）から三篇を抜粋したものである。

考える英文法　吉川美夫

知識ではなく理解こそが英文法学習の要諦だ。簡明な解説と豊富な例題を通して英文法の仕組みを血肉化させていくロングセラー参考書。（斎藤兆史）

わたしの外国語学習法　ロンブ・カトー　米原万里訳

16ヵ国語を独学で身につけた著者が明かす語学学習の秘訣。特殊な才能がなくても外国語は必ず習得できる！　という楽天主義に感染させてくれる。

英語類義語活用辞典　最所フミ編著

類義語・同意語・反意語の正しい使い分けが、豊富な例文から理解できる定評ある辞典。学生や教師・英語表現の実務家の必携書。（加島祥造）

日英語表現辞典　最所フミ編著

日本人が誤解しやすいもの、英語理解のカギになるもの、まぎらわしい同義語、日本語の伝統的な表現・慣用句・俗語を挙げ、詳細に解説。（加島祥造）

言海　大槻文彦

統率された精確な語釈、味わい深い用例、明治の刊行以来昭和まで最もポピュラーで多くの作家に愛された辞書『言海』が文庫で。（武藤康史）

名指導書で読む　筑摩書房　なつかしの高校国語　筑摩書房編集部編

名だたる文学者による編纂・解説で長らく学校現場で愛された幻の国語教材。教室で親しんだ名作と、珠玉の論考からなる傑作選が遂に復活！

柳田国男を読む　赤坂憲雄

稲作・常民・祖霊のいわゆる「柳田民俗学」の向こう側にこそ、その思想の豊かさと可能性があった。テクストを徹底的に読み込んだ、柳田論の決定版。

夜這いの民俗学・夜這いの性愛論　赤松啓介

筆おろし、若衆入り、水揚げ……。古来、日本人は性に対し大らかだった。在野の学者が集めた、柳田が切り捨てた性民俗の実像。（上野千鶴子）

差別の民俗学　赤松啓介

人間存在の病巣〈差別〉。実地調査を通して、その実態・深層構造を詳らかにし、根源的解消を企図した赤松民俗学のひとつの到達点。（赤坂憲雄）

日本の外交　添谷芳秀

憲法九条と日米安保条約に根差した戦後外交。それがもたらした国家像の決定的な分裂をどう乗り越えるか。戦後史を読みなおし、その実像と展望を示す。

世界史のなかの戦国日本　村井章介

世界史の文脈の中で日本列島を眺めてみるとそこには意外な発見が！　戦国時代の日本はそうとうにグローバルだった！　（橋本雄）

増補 中世日本の内と外　村井章介

国家間の争いなんておかまいなし。中世の東アジア人は海を自由に行き交い生計を立てていた。私たちの「内と外」の認識を歴史からたどる。（榎本渉）

武家文化と同朋衆　村井康彦

足利将軍家に仕え、茶や花、香、室札等を担ったクリエイター集団「同朋衆」。日本らしさの源流を生んだ彼らの実像をはじめて明らかにする。（橋本雄）

古代史おさらい帖　森浩一

考古学・古代史の重鎮が、「土地」「年代」「人」の基本概念を徹底的に再検証。「古代史」をめぐる諸問題の見取り図がわかる名著。

大元帥 昭和天皇　山田朗

昭和天皇は、豊富な軍事知識と非凡な戦略・戦術眼の持ち主でもあった。軍事を統帥する大元帥としての積極的な戦争指導の実像を描く。（茶谷誠一）

明治富豪史　横山源之助

維新そっちのけで海外投資に励み、贋札を発行してまで資本の蓄積に邁進する新興企業家・財閥創業者たちの姿を明らかにした明治裏面史。（色川大吉）

つくられた卑弥呼　義江明子

邪馬台国の卑弥呼は「神秘的な巫女」だった？　明治以降に創られたイメージを覆し、古代の女性支配者たちを政治的実権を持つ王として位置づけなおす。

北一輝　渡辺京二

明治天皇制国家を批判し、のち二・二六事件に連座して刑死した日本最大の政治思想家北一輝の生涯。第33回毎日出版文化賞受賞の名著。（臼井隆一郎）

邪教・立川流　真鍋俊照

女犯の教義と髑髏本尊の秘法のゆえに、徹底的に弾圧、邪教法門とされた真言立川流の原像を復元し、異貌のエソテリズムを考察する。貴重図版多数。

増補 チベット密教　ツルティム・ケサン　正木晃

インド仏教に連なる歴史、正統派・諸派の教義、個性的な指導者、性的ヨーガを含む修行法。真実の姿を正確に分かり易く解説。（上田紀行）

密教　正木晃

謎めいたイメージが先行し、正しく捉えづらい密教。その歴史・思想から、修行や秘儀、チベットの性的ヨーガまでを、明快かつ端的に解説する。

増補 性と呪殺の密教　正木晃

性行為を用いた修行や呪いの術など、チベット密教に色濃く存在する闇の領域。知られざるその秘密に分け入り、宗教と性・暴力の関係を抉り出す。

大嘗祭　真弓常忠

天皇の即位儀礼である大嘗祭は、秘儀であるがゆえ多くの謎が存在し、様々な解釈がなされてきた。歴史的由来や式次第を辿り、その深奥に迫る。

正法眼蔵随聞記　水野弥穂子訳

日本仏教の最高峰・道元の人と思想を理解するうえで最良の入門書。厳密で詳細な注、わかりやすく正確な訳を付した決定版。（増谷文雄）

空海　宮坂宥勝

現代社会における思想・文化のさまざまな分野から注目をあつめている空海の雄大な密教体系！　空海密教研究の第一人者による最良の入門書。

一休・正三・白隠　水上勉

乱世に風狂一代を貫いた一休。武士道を加味した禅をとなえた鈴木正三。諸国を行脚し教化につくした白隠。伝説の禅僧の本格評伝。（柳田聖山）

治癒神イエスの誕生　山形孝夫

「病気」に負わされた「罪」のメタファから人々を解放すべく闘ったイエス。古代世界から連なる治癒神の系譜をもとに、イエスの実像に迫る。

神社の古代史　岡田精司

古代日本ではどのような神々が祀られていたのか。《祭祀の原像》を求めて、伊勢、宗像、住吉、鹿島など主要な神社の成り立ちや特徴を解説する。

中国禅宗史　小川隆

唐代から宋代において、禅の思想は大きく展開した。各種禅語録を思想史的な文脈に即して読みなおす試み。〈禅の語録〉全二〇巻の「総説」を文庫化。

原典訳 チベットの死者の書　川崎信定訳

死の瞬間から次の生までの間に魂が辿る四十九日の旅――中有（バルドゥ）のありさまを克明に描き、死者に正しい解脱の方向を示す指南の書。

インドの思想　川崎信定

多民族、多言語、多文化。これらを併存させるインドという国を作ってきた考え方とは。ヒンドゥー教や仏教等、主要な思想を案内する恰好の入門書。

旧約聖書の誕生　加藤隆

旧約聖書は多様な見解を持つ文書を寄せ集めて作られた書物である。各文書が成立した歴史的事情から旧約を読み解く。現代日本人のための入門書。

神道　トーマス・カスーリス　衣笠正晃訳　守屋友江監訳

日本人の精神構造に大きな影響を与え、国の運命をも変えてしまった「カミ」の複雑な歴史を、米比較宗教学界の権威が鮮やかに描き出す。

ミトラの密儀　フランツ・キュモン　小川英雄訳

東方からローマ帝国に伝えられ、キリスト教と覇を競った謎の古代密儀宗教。その全貌を初めて明らかにした、第一人者による古典的名著。（前田耕作）

生の仏教　死の仏教　京極逸蔵

アメリカ社会に大乗仏教を根付かせた伝道師による、世界一わかりやすい仏教入門。知識としてではなく、心の底から仏教が理解できる！（ケネス田中）

空海コレクション1　空海　宮坂宥勝監修

主著『十住心論』の精髄を略述した『秘蔵宝鑰』、及び顕密を比較対照して密教の特色を明らかにした『弁顕密二教論』の二篇を収録。（立川武蔵）

空海コレクション2
空海
宮坂宥勝監修

真言密教の根本思想『即身成仏義』『声字実相義』『吽字義』及び密教独自の解釈による『般若心経秘鍵』と『請来目録』を収録。（立川武蔵）

空海コレクション3
秘密曼荼羅十住心論（上）
福田亮成校訂・訳

日本仏教史上最も雄大な思想書。無明の世界から抜け出すための光明の道を、心の十の発展段階（十住心）として展開する。上巻は第五住心までを収録。

空海コレクション4
秘密曼荼羅十住心論（下）
福田亮成校訂・訳

下巻は、大乗仏教から密教へ。第六住心の唯識、第七中観、第八天台、第九華厳を経て、第十の法身大日如来の真実をさとる真言密教の奥義までを収録。

修験道入門
五来重

国土の八割が山の日本では、仏教や民間信仰と結合して修験道が生まれた。霊山の開祖、山伏の修行等を通して、日本人の宗教の原点を追う。（鈴木正崇）

鎌倉仏教
佐藤弘夫

宗教とは何か。それは信念をいかに生きるかということだ。法然・親鸞・道元・日蓮らの足跡をたどり、鎌倉仏教を「生きた宗教」として鮮やかに捉える。

観無量寿経
佐藤春夫訳・注
石田充之解説

我が子に命狙われる「王舎城の悲劇」で有名な浄土仏教の根本経典。思い通りに生きることのできない我々を救う究極の教えを、名訳で読む。（阿満利麿）

道教とはなにか
坂出祥伸

「道教がわかれば、中国がわかる」と魯迅は言った。伝統宗教として現在でも民衆に根強く崇拝されている道教の全貌とその究極的真理を詳らかにする。

増補
日蓮入門
末木文美士

多面的な思想家、日蓮。権力に挑む宗教家、内省的な理論家、大らかな夢想家など、人柄に触れつつ遺文を読解き、思想世界を探る。（花野充道）

反・仏教学
末木文美士

人間は本来的に、公共の秩序に収まらないものを抱えた存在だ。〈人間〉の領域＝倫理を超えた他者／死者との関わりを、仏教の視座から問う。

禅に生きる
鈴木大拙コレクション
鈴木大拙
守屋友江編訳

静的なイメージで語られることの多い大拙。しかし彼の仏教は、この世をよりよく生きていく力を与えるアクティブなものだった。その全貌に迫る著作選。

文語訳聖書を読む
鈴木範久

明治期以来、多くの人々に愛読されてきた文語訳聖書。名句の数々とともに、日本人の精神生活と表現世界を豊かにした所以に迫る。文庫オリジナル。

内村鑑三交流事典
鈴木範久

近代日本を代表するキリスト者・内村鑑三。その多彩な交流は、一個の文化的山脈を形成していた。事典形式で時代と精神の姿に迫る。文庫オリジナル。

ローマ教皇史
鈴木宣明

二千年以上、全世界に影響を与え続けてきたカトリック教会。その組織的中核である歴代のローマ教皇に沿って、キリスト教全史を読む。（藤崎衛）

空海入門
竹内信夫

空海が生涯をかけて探求したものとは何か——。稀有な個性への深い共感を基に、著作の入念な解釈と現地調査によってその真実へ迫った画期的入門書。

釈尊の生涯
高楠順次郎

世界的仏教学者による釈迦の伝記。パーリ語経典や漢訳仏伝等に依拠し、人間としての釈迦の姿を生き生きと描き出す。貴重な図版多数収録。（石上和敬）

キリスト教の幼年期
エチエンヌ・トロクメ
加藤隆訳

キリスト教史の最初の一世紀は、幾つもの転回点を持つ不安定な時代であった。この宗教が自らの独自性を発見した様子を歴史の中で鮮やかに描く。

原始仏典
中村元

釈尊の教えを最も忠実に伝える原始仏教の諸経典の数々。そこから、最重要な教えを選りすぐり、極めて平明な注釈で解く。（宮元啓一）

原典訳 原始仏典（上）
中村元編

原パーリ文の主要な聖典を読みやすい現代語訳で。上巻には「偉大なる死」（大パリニッバーナ経）「本生経」「長老の詩」などを抄録。

ちくま学芸文庫

古《こ》代《だい》の朱《しゅ》

二〇〇五年 一月十日 第一刷発行
二〇二二年十二月五日 第四刷発行

著 者 松田壽男（まつだ・ひさお）
発行者 喜入冬子
発行所 株式会社 筑摩書房
東京都台東区蔵前二―五―三 〒一一一―八七五五
電話番号 〇三―五六八七―二六〇一（代表）
装幀者 安野光雅
印刷所 中央精版印刷株式会社
製本所 中央精版印刷株式会社

ISBN4-480-08900-4 C0139